FRIEDRICH HEILER

DIE FRAU
IN DEN RELIGIONEN DER MENSCHHEIT

DIE FRAU
IN DEN RELIGIONEN
DER MENSCHHEIT

VON

FRIEDRICH HEILER

WALTER DE GRUYTER · BERLIN · NEW YORK
1977

THEOLOGISCHE BIBLIOTHEK TÖPELMANN

HERAUSGEGEBEN VON
K. ALAND, K. G. KUHN, C. H. RATSCHOW UND E. SCHLINK
33. BAND

HERAUSGEGEBEN VON ANNE MARIE HEILER

CIP-Kurztitelaufnahme der Deutschen Bibliothek

Heiler, Friedrich
Die Frau in den Religionen der Menschheit. -
1.Aufk. - Berlin, New York: de Gruyter. 1976
(Theologische Bibliothek Töpelmann; Bd. 33)
ISBN 3-11-006583-5

Satz, Druck und Einband: ČGP Delo, Ljubljana.

INHALTSVERZEICHNIS

VORWORT

Es war gewiß ein bemerkenswertes Ereignis, als am Ende der 2. Sitzungsperiode des II. Vatikanischen Konzils, am 3. Dezember 1963, der fortschrittsfreudige Kardinal Suenens aus Belgien, offensichtlich im Einverständnis – wenn nicht auf Anregung – von Papst Paul VI. den Antrag stellte, daß künftig als Beobachter *(auditores)* auch Frauen zum Konzil zugezogen werden möchten, eine Anregung, welche die Konzilsväter mit Beifall begrüßten. Sie hatte die Einladung von mehreren Ordensfrauen und weiblichen Laien vom Beginn der 3. Sitzungsperiode an zur Folge. Kardinal Suenens begründete diesen Antrag damit, daß die Hälfte der Menschheit – eben: die Frauen – nicht von den göttlichen Gnadengaben ausgeschlossen seien.

Diese Forderung macht die heutige Lage der Kirche deutlich. Sie erlaubt es dieser nicht mehr, eine ausschließlich von Männern geleitete Kirche zu sein. In den protestantischen Kirchen Europas hat sich das Problem, das in der Frage nach dem Dienst der Frau in der Kirche zum Ausdruck kommt, noch mehr zugespitzt. Eine Reihe von deutschen Landeskirchen z. B. haben den Frauen den Zutritt zur Kanzel und zum Altar geöffnet, während andere sich noch dagegen sträuben. Die lutherischen Kirchen sind gespalten; ein Teil von ihnen, darunter die schwedische, hat die Ordination von Frauen zum Pfarramt eingeführt und damit häufig innerkirchliche Konflikte entfesselt; ein anderer Teil hat sie abgelehnt – teils aus biblischen Gründen mit Hinweis auf die Schöpfungsordnung und das neutestamentliche *mulier taceat in ecclesia* – teils im Hinblick auf eine mögliche Einigung mit der römisch-katholischen Kirche sowie mit den orthodoxen Kirchen, deren kanonisches Recht ein weibliches Priestertum ausschließt.

Bei all den Auseinandersetzungen, die um diese Frage geführt werden – oft genug mit großer Erbitterung von Seiten der Männer – ist der Mangel an Sachkenntnissen empfindlich spürbar. Ich bin Bischöfen begegnet, die nicht wußten, daß es in der frühen christlichen Kirche ein Diakonissenamt als Entsprechung und Seitenstück zum Diakonenamt gegeben hat, ein Frauenamt, welches ein anerkanntes Glied in der kirchlichen Hierarchie bildete, eingefügt in den durch Handauflegung und Herabrufung des Heiligen Geistes begründeten sakramentalen *ordo*.

Ein wirklich fruchtbares, sachliches Gespräch über die Fragen der weiblichen Ordination, die bereits vor mehr als 100 Jahren weitblickende anglikanische Theologen als ein besonders dringliches Anliegen empfanden, ist nur möglich bei gründlicher, vorurteilsfreier Untersuchung der geschichtlichen Fakten bezüglich der Stellung der Frau vor allem in der frühen Kirche und weiter zurück: Jesu Stellung zu den Frauen. Dabei muß man allerdings auch bereit sein, einzugestehen, daß viele der festgehaltenen Urteile in bezug auf diesen Fragenkomplex im Grunde Vorurteile waren und sind und daß diese Urteile oft genug nicht eigentlich dogmatischer Natur sind, sondern in jener patriarchalischen Einstellung der Männer wurzeln, welche lange genug den Frauen den Zugang auch zu öffentlichen Ämtern, insbesondere zum politischen Leben verwehrt hat. Während man auf politischem Gebiet wenigstens grundsätzlich und – von wenigen Ausnahmen abgesehen – weitgehend auch praktisch die sogenannte Gleichberechtigung (besser gesagt: Rechtsgleichheit) den Frauen zuerkannte, hält das patriarchalische System auf kirchlichem Gebiet noch eine letzte Bastion: das Priester- und Hirtenamt wird – wie man meint und betont: auf Grund göttlichen Rechtes – dem Manne vorbehalten.

Dieses Problem kann nur auf Grund historischer Einsicht gelöst werden. Die Geschichte zeigt uns, daß in der christlichen Urzeit die Frau im Leben der Kirche einen entscheidenden Platz eingenommen hat, daß es ein regelrechtes Frauenamt in der Kirche gegeben hat und daß die Frau erst allmählich aus diesem Amt verdrängt worden ist – und nicht nur verdrängt, sondern auf die Stufe religiöser und ethischer Minderwertigkeit, in den sogen. *status subiectionis* herabgedrückt worden ist. Wenn darum die Kirche nach einem Wort von Papst Johannes XXIII. wieder nach den einfacheren und reineren urchristlichen Linien reformiert werden soll, muß auch der Frau wieder die Stellung eingeräumt werden, die sie ursprünglich in ihr eingenommen hat.

Die Frage nach der Stellung der Frau in der Kirche muß aber in einen noch weiteren Rahmen gestellt werden, in den der ganzen Menschheitsgeschichte. Das Christentum bildet nun einmal nur einen Ausschnitt aus dieser Geschichte der Menschheit. Jahrtausende – nach den modernen naturwissenschaftlichen Erkenntnissen Jahrhunderttausende – sind der Entstehung des Christentums und der Kirche vorausgegangen, und auch heute noch stellt die Zahl der Christen weniger als ein Drittel der Menschheit dar. Dabei ist zu bedenken, daß der Prozentsatz der Christen trotz ausgedehnter Missionsarbeit in ständiger Abnahme begriffen ist – einfach durch das Faktum, daß die nichtchristliche Bevölkerung sich stärker vermehrt als die christliche, wenigstens so weit es die westlichen zivilisierten Völker betrifft. Dazu muß man beachten, daß die Entstehung und Entwicklung des Christentums so stark mit der gesamten menschlichen Geistesgeschichte verkettet ist, daß ein Herauslösen der Christenheit aus der Menschheit gar nicht möglich ist. Die Menschheitsgeschichte ist ein Ganzes, und auch – ja, gerade die religiöse Geschichte der Menschheit muß als ein unteilbares Ganzes betrachtet werden. Die Stellung der Frau im Christentum läßt sich nur in dem weitgespannten Raum der Menschheitsgeschichte verständlich machen. Je mehr diese Menschheitsgeschichte von Urzeiten her in ihrem Werden erkennbar wird, desto deutlicher erkennen wir auch die bedeutsame und hohe Stellung, welche die Frau in den Religionen eingenommen hat, allerdings auch, wie sie weithin immer wieder von Männern aus dieser Stellung herausgedrängt worden ist. Der Indologe Winternitz hat einmal sehr treffend gesagt: „Die Frau ist immer die beste Freundin der Religion gewesen, aber die Religion keineswegs immer die beste Freundin der Frau".[1] Die Frau genießt in zahlreichen Religionen hohes Ansehen; der priesterliche Dienst der Frau bildet ein wesentliches Element in ihrem Leben. Ja, die Frau wird als Trägerin des Heiligen und Verkörperung des Göttlichen verehrt. In anderen, gerade den höheren Religionen, war die Frau in bestimmten Perioden gering geschätzt; sie ist nicht nur vom Priesteramt, sondern vom kultischen Gemeinschaftsleben überhaupt ausgeschlossen und in den engen Umkreis der privaten Frömmigkeit verbannt. Ja, es fehlt gerade in den höheren Religionen nicht an Stimmen, welche in der Frau die große Gefahr für das religiös-sittliche Leben des Mannes erblicken – eine förmliche Frauenfeindlichkeit hat nicht nur im vorchristlichen wie im christlichen Mönchtum um sich gegriffen, sondern auch in den großen Gesetzesreligionen des späteren Judentums und des Islam. Christliche Theologen haben sogar die Frage aufgeworfen, ob die Frau überhaupt

---

[1] Moriz W i n t e r n i t z, Die Frau in den indischen Religionen: I Die Frau im Brahmanismus, Leipzig (1920) 121.

eine Seele habe. Unter dem Einfluß des Mönchtums und der Theologie ist im Mittelalter eine ausgedehnte frauenfeindliche Literatur entstanden.

So zeigt die Geschichte der Religionen ein vielfältiges Auf und Ab in der Einschätzung der Frau, die oft als göttlich, oft genug aber auch als dämonisch vorgestellt wird. Unsere Aufgabe muß es sein, vorurteilsfrei die Fakten, so weit sie erkennbar sind, darzustellen und daraus Schlüsse zu ziehen.

Friedrich Heiler

ABKÜRZUNGEN

ARW	Archiv für Religionswissenschaft. 1898 ff.
Bächtold-Stäubli	Handwörterbuch des deutschen Aberglaubens, hsg. H. Bächtold-Stäubli, Berlin–Leipzig 1927 ff.
BHG	Bibliotheca hagiographica graeca, Brüssel 1910.
BKV	Bibliothek der Kirchenväter. Kempten 1869–88. BKV² Kempten 1911 ff.
Chant.	Lehrbuch der Religionsgeschichte von P. D. Chantepie de la Saussaye. 4. Aufl. hsg. A. Bertholet u. E. Lehmann, 1925.
CIL	Corpus Inscriptorum Latinorum. Berlin 1863 ff.
CSEL	Corpus scriptorum ecclesiasticorum latinorum. Wien 1866 ff.
EhK	Eine heilige Kirche. Zeitschrift für Kirchenkunde und Religionswissenschaft, hsg. Friedrich Heiler, München 1934 ff.
ERE	Encyclopedia of Religions and Ethics, ed. J. Hastings, 1908–26, ²1925–40 (vol. 1–12).
EWR	Friedrich Heiler, Erscheinungsformen und Wesen der Religion (Die Religionen der Menschheit, hsg. Chr. M. Schröder, Bd. I) Stuttgart 1961.
GCS	Die griechischen christlichen Schriftsteller der ersten drei Jahrhunderte. Leipzig 1897.
GB	The Golden Bough, ed. J. G. Frazer. 12 Bde., London ³1911–20.
LThK	Lexikon für Theologie und Kirche, Freiburg ²1967 ff.
MPG	J. P. Migne, Patrologia Graeca 1857–1866.
MPL	J. P. Migne, Patrologia Latina 1844–1855.
Monumenta	Monumenta de viduis, diaconissis virginibusque collegit, notis et prolegominis instruxit Josephine Mayer (Florilegium patristicum 72), Bonn 1938.

OekE	Oekumenische Einheit. Archiv für ökumenisches und soziales Christentum, hsg. F. Heiler und F. Siegmund-Schultze, München 1948 ff.
RE	Realencyclopädie für protestantische Theologie und Kirche, begr. J. J. Herzog, hsg. A. Hauck. Leipzig ³1896–1913.
RGG	Religion in Geschichte und Gegenwart, Tübingen ²1927–32, ³1956–65.
RHE	Revue d'histoire ecclésiastique, Löwen 1900 ff.
RLV	Reallexikon für Vorgeschichte, hsg. M. Ebert, Berlin 1924–32.
RM	Friedrich Heiler, Die Religionen der Menschheit in Vergangenheit und Gegenwart (zus. mit anderen Autoren) Stuttgart 1958, ²1962.
RVV	Religionsgeschichtliche Versuche und Vorarbeiten. 1903 ff.
SBE	The sacred Books of the East, ed. F. M. Müller, Oxford 1879–1910.
TU	Texte und Untersuchungen zur Geschichte der altchristlichen Literatur. Leipzig–Berlin 1882 ff.
ZDMG	Zeitschrift der Deutschen Morgenländischen Gesellschaft, Leipzig 1847 ff.
ZKTh	Zeitschrift für katholische Theologie (Innsbruck) Wien 1877 ff.
ZNW	Zeitschrift für die neutestamentliche Wissenschaft, Gießen 1900 ff., Berlin 1934 ff.

I. STAMMESRELIGIONEN UND RELIGIONEN DER ANTIKE

Am Anfang der Geschichte der religiösen Bewertung der Frau steht ihre Hochschätzung als Trägerin göttlicher Kraft, und zwar kraft ihres Weib-Seins. Der erste Forscher, der erkannte, daß es am Anfang menschlicher Kulturentwicklung nicht nur eine H o c h s c h ä t z u n g , sondern eine Höherwertung der Frau gegenüber dem Manne gibt, war der Basler Jurist und Geschichtsphilosoph Johann Jakob Bachofen. Er glaubte, im Mutterrecht (Matriarchat)[2] die ursprüngliche menschliche Gesellschaftsform gefunden zu haben: die Mutter war das verbindende, ja, das herrschende Glied in der ursprünglichen Familie. Die wichtigsten Elemente des Mutterrechtes sind:

1. das Vorstandsrecht in der Familie;
2. die uxorilokale Heirat (der Mann zieht an den Wohnsitz der Frau) und die Besuchsehe (der Mann wohnt nicht dauernd bei der Frau, sondern besucht sie nur);
3. die Rückführung der Abstammung nach der mütterlichen Linie (matrilineare Deszendenz) und die matrilineare Vererbung (die Frau an die Töchter, der Mann an die Söhne der Schwester);
4. das Onkelrecht (die Verantwortung haben in bestimmten Belangen die Brüder der Frau);
5. die Abhängigkeit des Häuptlings von der Vorsteherin der Großfamilie.

Diesen juristischen Eigentümlichkeiten entsprechen auf religiösem Gebiet die Verehrung der Muttergöttin (wobei diese teils mit der Erde, teils mit dem Mond in Verbindung steht, d. h. Erdmutter oder Mondmutter), zugleich weibliche Mysterienbünde und das weibliche Priester-

---

[2] Johann Jacob B a c h o f e n , Das Mutterrecht (1861) hsg. K. M e u l i , Basel 1948; Mutterrecht und Urreligion. Eine Auswahl von Rud. Marx. Kröners Taschenbuch-Reihe. Leipzig 1927. Vgl. dazu A. D i e t e r i c h , Mutter Erde, 1900, 1913[2]. E. N e u m a n n , Die große Mutter, Zürich 1953. F r i e d r i c h H e i l e r , Erscheinungsformen und Wesen der Religion, Stuttgart (1961) 411 ff.; dort weitere Literaturangaben.

tum. Bachofen fand das Matriarchat vor allem bei den kleinasiatischen Lykiern. Die moderne Ethnologie entdeckte es bei einer Reihe von nordamerikanischen Indianern, in Südamerika, bei den Stämmen Mikronesiens und Afrikas. Spuren des Mutterrechtes lassen sich auch bei vielen anderen Völkern finden, besonders in China und Indien. Die religiösen Eigentümlichkeiten der matriarchalen Kultur (Muttergottheiten, Mysterienbünde, Priestertum) bestehen aber auch dort, wo eine eigentlich mutterrechtliche Gesellschaft nicht besteht. Bachofen glaubte, daß diese mutterrechtliche Gesellschaftsform die allgemeine soziologische Gestalt in der menschlichen Frühzeit gewesen sei, die erst später durch die vaterrechtliche (patriarchalische) abgelöst worden sei.

Demgegenüber vertrat die ethnologische Schule, deren geistiger Führer P. Wilhelm Schmidt[3] war, den sekundären Charakter des Matriarchats als „einer späteren und örtlich begrenzten Episode der Menschheitsgeschichte". Dabei brachte er das Mutterrecht mit dem Pflanzen- und Hackbau in Verbindung. – Auch die Schmidt'sche These ist einseitig und, wie seine ganze ur-monotheistische Theorie, nicht frei von dogmatisch bedingten Voraussetzungen.

Was aber angesichts dieser Thesen unleugbar ist, das ist die weite Verbreitung der Verehrung der G r o ß e n M u t t e r , zumal in der ganzen Mittelmeerwelt, die zurückreicht in die prähistorische Steinzeit. Unzählig sind die Darstellungen dieser Großen Mutter in der prähistorischen und frühhistorischen Zeit, bei denen die Geschlechtsmerkmale (Vulva und Brüste) stark betont sind; zahllos auch die Namen, unter welchen diese Große Mutter bei den verschiedenen Völkern erscheint, bei Sumerern, Babyloniern, Hurriten, Phönikiern, Ägyptern, Indern, Kretern, Griechen. Diese Große Mutter erscheint als ursprünglich selbständige Gottheit; der mit ihr verbundene männliche Gott ist ihr als Sohn oder Geliebter zugeordnet – so in Babylonien der Ishtar: Tammuz; in Kleinasien der Magna Mater: Attis. Erst unter dem Einfluß der vaterrechtlichen Kultur wird die Große Mutter einem männlichen Gatten zu- und untergeordnet. Der Selbständigkeit der großen Muttergöttin entspricht aber auch die Selbständigkeit des weiblichen Priestertums, das erst später einem männlichen Priester oder Hohenpriester untergeordnet wurde. Daß auch in der griechischen Religion der höchste

---

[3] Wilhelm S c h m i d t , Der Ursprung der Gottesidee. 12 Bde. Münster 1926–1955.

Gott Zeus der Großen Mutter untergeordnet war, zeigt sich sehr eindringlich in einem uralten griechischen Gebet bei Aischylos, in dem
der Mutter- und Vatername in der alten äolischen Form erscheinen:

Μᾶ Γᾶ, μᾶ Γᾶ, βοὰν   Mutter Erde, Mutter Erde, wende ab
φοβερὸν ἀπότρεπε.   das furchtbare Geschrei.
ὦ βᾶ, Γᾶς παῖ, Ζεῦ.   o Vater, Sohn der Erde, Zeus.[4]

Die Verbreitung der mutterrechtlichen Institutionen wie des Kultes
der Muttergöttin ist jedoch nicht der einzige Grund für die Entstehung
eines weiblichen Priestertums. Daneben waren noch andere Motive
wirksam.[5] Die Frau steht in ihrem Weibsein in enger Beziehung zu geheimnisvollen, zugleich wertvollen und gefährlichen Mächten; in ihren
weiblichen Funktionen (Menstruation, Empfängnis, Geburt) erkennt der
primitive Mensch das Wirken der wunderbar-zauberartigen Kraft, des
Mana und Tabu, welche die Frau zum religiösen Dienst besonders befähigt. Zu diesen „übernatürlichen" Kräften kommen die besonderen
seelischen Eigenschaften der Frau. Ihre starke Sensibilität und Suggesti-
bilität machen sie zum ekstatisch-visionären Erleben und zur Begeiste-
rungsmantik noch geeigneter als den Mann. Die berühmten Worte
des Tacitus (Germ. 8) von den Germanen, welche glauben, daß „den
Frauen etwas Heiliges und Ahndevolles innewohne" *(inesse quin etiam
sanctum aliquid et providum putant)* gelten ebenso von zahlreichen
primitiven und antiken Völkern. Die Frau wird als erfüllt von übersinn-
lichen Kräften verehrt. Mannigfach sind die Funktionen, welche der
Frau als Trägerin der göttlichen Kräfte zukommen.
    Die älteste und unvergängliche Funktion der Frau ist die des H e i -
l e n s   u n d   H e l f e n s. Die Frau ist „Ärztin" und zwar sowohl als
Geburtshelferin ihrer Geschlechtsgenossinnen wie als Heilerin von Männern, Frauen und Kindern. In der Sprache alter Stammesreligionen ausgedrückt ist sie „M e d i z i n f r a u" und „Z a u b e r i n".[6] Sie kennt
die geheimnisvollen Stoffe und Pflanzen, welche dem kranken oder
verwundeten Leib Heilung bringen, sie kennt vor allem die Zauberformeln und -sprüche, welche heilende Kraft in sich tragen. Doch nicht

---

[4] A e s c h y l o s , Supplices 890 ff. (899 ff.).
[5] August H o r n e f f e r , Der Priester. Jena (1912) I 21 ff.
[6] s. Artikel Arzt in O. S c h r a d e r , Reallexikon für nordgermanische Alter-
tumskunde I, Berlin (1923) 60 f.

nur bei Krankheit und Verwundung, sondern in allen Nöten des Leibes und der Seele, in allen Gefahren der Familie und des ganzen Volkes vermag sie mit Zauberhandlung und Zauberwort Hilfe und Beistand, Glück und Erfolg zu verschaffen. Wenn die Männer in den Kampf ziehen, stehen ihnen die Frauen mit ihren zauberkräftigen Sprüchen und Handlungen bei. So glauben z. B. die Roco-sprechenden Stämme auf Neuguinea, daß ihre Kampfzauberinnen („Kampffeen") durch Kriegstänze den günstigen Ausgang der Schlacht bewirken.[7] Ob dieser Kraft zu helfen stehen die Zauberinnen, die ihre Kunst in den Dienst des Stammes, der Sippe und Familie stellen, in hohen Ehren.

Im ersten „Merseburger Zauberspruch" tragen die zauberkundigen Frauen, welche die Kraft haben, durch ihre Zauberformeln Fesseln zu sprengen, den Namen *idisi* d. h. „hohe Frauen".[8] Bei den Nordgermanen wird die zaubernde Frau als *völva*, d. h. wahrscheinlich als „Trägerin des Zauberstabes"[9] bezeichnet.

Im alten Griechenland erscheint Medea als Typus der zauber- und pflanzenkundigen Frau.[10] Homer (Il. XI 740) preist Agamede, „die so viele Heilmittel kannte, als die weite Erde hervorbringt" (ἡ τόσα φάρμακα ἤδη ὅσα τρέφει εὐρεῖα χϑών). Ganz ähnlich heißt es in Gottfrieds Tristan (X, 6946 ff.):

> Îsot, diu künegin von Îrlande,
> diu erkennet maneger hande
> wurze und aller krute kraft
> und arzatliche meisterschaft.

In der slavischen Welt verkörpert die russische Dorf-znacharka d. h. die „Wissende" den Typus der weisen Zauberin und Heilerin.[11]

---

[7] S e l i g m a n n , Melanesians of British New Guinea (1910) 296 (RLV IV 1,98).

[8] Jan de V r i e s , Altgermanische Religionsgeschichte, 2 Bde. Berlin I (1936) 264. Bd. II (1937) 1956/57[2].

[9] ders. a. a. O. II (1937) 64. Vgl. Hugo G e r i n g , Ueber Weissagung und Zauber im nordischen Altertum. Rektoratsrede, Kiel 1902.

[10] F. G. W e l c k e r , Medea und die Kräuterkunde bei den Frauen. Kleine Schriften III, Bonn (1850) 20–27.

[11] vgl. die Schilderung von Pavel M e l n i k o v , Vlesach (In den Wäldern) III, Kap. 12, Moskau (1875) 245 f.

Das Zauberwort wird in der primitiven Welt gesungen.[12] Als Zauberin ist die Frau zugleich die U r h e b e r i n   d e s   G e s a n g e s. Der zauberträchtige Frauengesang findet bei den wichtigsten Begebenheiten des Lebens statt, bei der Geburt und beim Tod. Als Hebamme singt die Frau im Rhythmus der Wehen, um das Gebären der Geschlechtsgenossin zu unterstützen. Sie tut dies zugleich durch zauberhafte Gesten. Nicht minder wichtig ist diese Zauberfunktion der Frau beim Tode. Die Totenklage hat als Beschwörung nicht nur den Zweck, die Seele des Toten, die Unheil bringen kann, von den Lebenden fernzuhalten, sondern auch die Wiedergeburt des Toten zu erleichtern. Die zaubermächtige Trauerfrau heißt bei den Russen „die Schluchzende" *(voplenica)*, bei den Korsen *praefica* (zusammenhängend mit *praefatio*), bei den Kalabresen und Sardiniern *reputatrica*, „die die Geschichte der Toten Erzählende". Da der zauberträchtige Frauengesang oft von primitiven Musikinstrumenten begleitet wird, steht auch der Ursprung der Instrumentalmusik mit der Frau in Verbindung.

Mit der Zauberkunst ist eng verbunden das Mantik- und Orakelwesen. Die Frau ist   S e h e r i n   und   W e i s s a g e r i n, entweder mittelbar auf Grund der erlernbaren Orakeltechnik, insofern sie die Zukunft aus bestimmten Vorzeichen (Traum, Vogelflug, Eingeweide usw.) deutet, oder auf Grund ihrer individuellen ekstatisch-prophetischen Veranlagung, insofern sie im Zustand der Entrückung und Begeisterung, von einem Dämon oder Gott erfüllt, die künftigen Dinge im Geist erschaut. Die Weissagung gilt aber nicht nur als Vorherverkündigung, sondern zugleich als ein Bewirken der Zukunft durch die zauberhafte Macht des Wortes, das die Kraft der Realisierung in sich selber trägt.[13]

In den sibirischen Stämmen, in denen das ekstatische Sehertum der S c h a m a n e n   blüht, gibt es ebenso viele, in einzelnen sogar mehr schamanistisch begabte Frauen als Männer; sie sind berühmt wegen ihrer Fähigkeit der Traumdeutung, des Wahrsagens, des Findens verlorener Gegenstände und der Heilung von Geisteskranken.[14]

---

[12] S o p h i e   D r i n k e r, Music and Woman, New York 1948. Deutsch: Die Frau und die Musik. Zürich 1955.
[13] J.   d e   V r i e s a. a. O. (vgl. Anm. 8) II 64.
[14] C z a p l i c k a, Aboriginal Siberia (1914) 243, 245. RLV IV, 1,98.

Das weibliche Schamanentum ist stark im alten C h i n a[15] hervor-
getreten und zwar besonders in Gegenden der mutterrechtlichen Kultur,
nämlich der Zentral-Kultur der *Tai,* der Küsten-Kultur der *Yüe* und
der tungusischen Nordkultur. Die Eigentümlichkeit der Schamanin
drückt sich in der chinesischen Bildschrift aus. Das Schriftzeichen für
wu, Schamanin 巫 stellt eine weibliche Menschengestalt dar, die mit
zwei flatternden Armen tanzt, um das Hierniedersteigen der Geister zu
bewirken. In den Reichsgesprächen (K. 18) heißt es im Kapitel vom
Staate *Tschu,* der der Hauptvertreter der Zentralkultur der *Tai* im
Altertum war:

„Von denjenigen, die unter dem Volk in Lebenskraft und in glän-
zender Verfassung waren und nicht in verschiedener Richtung abgelenkt
wurden, die außerdem die Fähigkeit hatten, ihre Gefühle der Ehrfurcht
zu konzentrieren und innere Geradheit besaßen, deren Erkenntnis war
fähig, zu den oberen Sphären hinauf und zu den unteren hinabzusteigen
und dort die Dinge in ihrer eigentlichen Bedeutung zu unterscheiden.
Ihre Weisheit konnte dann die Dinge der fernsten Zukunft klar schauen
und deuten, durch ihr Hellsehen konnten sie diese in ihrer strahlenden
Klarheit erscheinen sehen und durch ihr Hellhören vernehmen und
beurteilen. Wenn sie in einem solchen Zustand waren, stiegen die strahlenden Geister in sie hinab, und zwar nannte man, wenn sie in einen
Mann eingingen, diesen einen Schamanen *(hi),* wenn sie in eine Frau
eingingen, nannte man diese eine Schamanin *(wu)“* (Rousselle a. a. O.
136).

Noch ein anderes Schriftzeichen gibt uns Auskunft über die Eigenart
der altchinesischen Schamanin: *ling* 靈 d. h. Geist, magische Kraft, zusammengesetzt aus *ling,* „Regentropfen" und *wu,* „Schamanin". Das
Zeichen weist auf die magische Macht der Schamanin hin, die sich
besonders in der Beschwörung des Regens und beim Regenopfer offen-
barte. Noch in der Neuordnung der Riten im 2. Jahrhundert vor Christus wurde trotz des Zurücktretens der Schamaninnen diesen die Regen-
beschwörung zugewiesen.

---

[15] Erwin R o u s s e l l e , Die Frau in Gesellschaft und Mythos der Chinesen.
Sinica 16 (1941) 130–151; A l b e r t R i c h a r d O ' H a r a , The position
of woman in early China according to the Lieh nu chuen, The biography
of eminent Chinese Women, Washington 1945.

Die ekstatisch-enthusiastische Begabung der chinesischen Schamanin wirkte sich schöpferisch aus auf dem Gebiete des Tanzes, der Musik, des Gesanges, der inspirierten Rede und der prophetischen Dichtung und „hat so der chinesischen Geisteskultur verborgene Ströme der Inspiration zugeleitet" (Rousselle 138).

Aber der Stand der Schamanin hat sich auf die Dauer nicht im alten Glanze erhalten können. Mit dem immer stärkeren Vordringen der patriarchalischen Verfassung, vor allem mit dem endgültigen Sieg der konfutianischen Welt- und Staatauffassung vollzogen sich starke Veränderungen. Die Schamanin wurde im offiziellen Staatskult durch die männlichen Kultbeamten verdrängt. Die geistige Bedeutung der Seherin sank herab, das inspiratorische und künstlerische Erbe der Schamanin, „die ehedem als Zauberin alles bezauberte", ging an die Hetäre über, der in der chinesischen Geschichte eine wichtige Rolle zufiel. Zwar bestand das Amt der Schamanin im Kaiserpalast weiter, bis der alte chinesische Staatskult 1911 mit dem Aufhören des Kaisertums ein Ende fand. Aber das Amt des Opferdienstes hatte die wunderbare Gabe der Inspiration vollständig verschlungen. Doch war ihre ursprüngliche Bedeutung noch daran erkennbar, daß die vier Schamaninnen des Kaiserpalastes stets wie die Kaiserin-Mutter im Wagen gefahren und von der regierenden Kaiserin mit dem Ehrentitel „Mutter Schamanin" angeredet werden mußten.

Auch bei den s ü d - u n d n o r d g e r m a n i s c h e n V ö l k e r n hatte das weibliche Sehertum große Bedeutung. Ariovist wagte es nicht, den Kampf vor dem Neumond anzufangen, weil die *matres familiae* sich auf Grund der Orakel dagegen entschieden hatten.[16] Bei den Nordgermanen hießen die zauberkundigen Frauen auch *spákona*, d. h. solche, welche eine *spá* (Prophezeiung) hatten.[17] Eine Reihe von solchen germanischen Seherinnen lenkte sogar die Aufmerksamkeit der Römer auf sich. Die Veleda der Brukterer, die zur Zeit Vespasians lebte und schließlich von den Römern gefangengenommen wurde, genoß nach Tacitus geradezu göttliche Verehrung. Sie wohnte auf einem hohen Turm, aber niemand außer den nächsten Verwandten durfte ihr Angesicht sehen; den zahlreichen Fragestellern aus den umliegenden Stäm-

---

[16] C a e s a r, De bello Gall. I 5.
[17] d e   V r i e s a. a. O. (Anm. 8) II 64.

men ließ sie durch einen ihrer Verwandten die Antwort übermitteln.[18] Die Seherin der Semnonen, Ganna, deren Name (gandnô – Zauberkunst) auf ihre Zauberkräfte hinwies, wurde von Kaiser Domitian empfangen.[19] Sueton berichtet von einer *Chatta mulier,* die dem Vitellius eine lange Regierungszeit weissagte.[20] Dio Cassius erzählt, daß ein Weib von übermenschlicher Größe dem Konsul Drusus 9 v. Chr. an der Elbe entgegentrat und ihm sein baldiges Ende voraussagte.[21] Die Vinniler (Langobarden) hatten eine Seherin namens Gambara (vielleicht gandbera, Trägerin des Zauberstabes), welche für ihr Volk zur Göttin Freja flehte und von ihr eine Antwort empfing.[22] Solche Seherinnen begleiteten die germanischen Hilfstruppen bei ihren Heereszügen durch das römische Reich. So erklärt sich die merkwürdige Tatsache, daß auf einem griechischen Ostrakon aus dem 2. Jahrhundert, das auf der Nilinsel Elephantine gefunden wurde, neben vielen anderen der Name steht: Βαλουβουργ Ση[μ]νονι σιβυλλᾳ (Waluburg, der semnonischen Sibylle).[23] Zahlreiche Frauennamen, die mit *rûna* zusammengesetzt sind, künden bis heute, welch breiten Raum das Seherinnenwesen bei den alten Germanen eingenommen hat. Schon Tacitus nannte als Vorgängerin der Veleda eine Albrûna, d. h. ein Weib, „dessen göttliche Seherkraft und Zaubermacht der Elbe gleichkommt".[24] Andere Namen sind Rûnhild, „mit Runenkraft begabt", Fridurûn, „die durch runische Kraft Frieden bewirkt", Hiltrûn, „die durch Runenkraft den Kampf bewirkt", Sigrûn, „die durch Runenkraft Sieg verleiht", Alarûn, „aller Runen Macht".[25]

Ähnlich wie in der germanischen Religion kam auch in der k e l - t i s c h e n R e l i g i o n den Seherinnen und Weissagerinnen große

---

[18] Tac., Germ. 8; Hist. IV 61 f.; vgl. Georg M ü l l e r , Zeugnisse germanischer Religion, München 1935, 116 f.; Paul H e r r m a n n , Das altgermanische Priesterwesen, Jena 1929, 17.

[19] D i o C a s s i u s , Hist. Rom. 67, 5.

[20] V i t e l l i u s , 14, 5.

[21] Hist. Rom. 55, 1.

[22] Paulus D i a c o n u s , Hist. Lang. I 8 f.; M ü l l e r , Zeugnisse 73 f.

[23] E. S c h r ö d e r , Walburg, die Sibylle, ARW 19, 196 ff.; K. H e l m , Waluburg die Wahrsagerin, Paul und Braunes Beiträge zur Geschichte der deutschen Sprache und Literatur 43 (1918), 337 ff.

[24] Germ. 8; H e r r m a n n , Altgermanisches Priesterwesen 18.

[25] H e r r m a n n , a. a. O., 19.

Bedeutung zu.[26] Römische Schriftsteller des 3. Jahrhunderts berichten von den keltischen Druidinnen *(druidae, dryades)*, deren Weissagekunst hoch geschätzt war. Eine solche Druidin wurde von Kaiser Aurelian befragt; eine andere weissagte dem Alexander Severus seinen Tod; eine dritte verhieß dem Diokletian, daß er Kaiser werde.[27] Diese Druidinnen scheinen fortbestanden zu haben, nachdem die männliche Priesterkaste der Druiden bereits verschwunden war. Auch im keltischen Irland gab es Prophetinnen und Weissagerinnen *(ban-filid* oder *ban-fáthi)*, die bisweilen auch Druidinnen *(ban-drui)* genannt wurden. Besonders berühmt waren die neun Gallizenae, Zauber-Priesterinnen der Orakelstätte auf der britischen Meeresinsel Sena. Sie konnten nicht nur die Zukunft vorhersehen und künden, sondern auch Wind und Meer beschwören, Krankheiten heilen und sich in alle möglichen Tiere verwandeln.[28]

Auch bei den G r i e c h e n blühte das weibliche Sehertum, und zwar nicht nur in frühgeschichtlicher Zeit, sondern noch in der Zeit der hellenischen Hochkultur.[29] Dabei sind zu unterscheiden Seherinnen, die im Dienst einer bestimmten Gottheit an einem großen Heiligtum stehen, und solche, die ohne jede kultische Bindung allein auf Grund der persönlichen Ausrüstung und des inneren Zwanges weissagen. Das Urbild der priesterlichen Tempelprophetin Griechenlands ist die ehelose Pythia im Apollo-Heiligtum zu Delphi,[30] einem alten Erdorakel. Sie versetzt sich durch verschiedene äußere Hilfsmittel in den ekstatischen

---

[26] J. A. M a c C u l l o c h , The Religion of the Ancient Celts, Edinburgh 1911, 316 f.; Die Kelten in Chant. II 627; T. D. K e n d r i c k , The Druids, A Study in Celtic Prehistory, London 1927, 95 ff.

[27] V o p i s c u s , Aurelianus 44, 4 f.; L a m p r i d i u s , Alexander Severus 60; V o p i s c u s , Numerianus 14.

[28] Pomponius M e l a , De chronographia III 6, 48; Fontes Historiae Religionis Celticae coll. J. Zwicker, Berlin 1934.

[29] A. B o u c h é , - L e c l e r c q , Histoire de la divination dans l'antiquité, Paris 1880, vol. II., III. Erwin R o h d e , Psyche, Seelenkult und Unsterblichkeitsglaube der Griechen, Tübingen 1921⁷, II 20 f., 58 ff., 63 f., 66 ff.; Eugen F e h r l e , Die kultische Keuschheit im Altertum (RVV 6), Gießen 1910, 4 ff., 75 ff., 86 ff.; Erich F a s c h e r , Προφήτης, Gießen 1927, 32 ff., 55 ff.

[30] ῾Η Πυϑία oder Πυϑίας ist nicht eine bestimmte einzelne Pythia, sondern der Gattungsbegriff der Pythien. Rohde, Psyche II 64¹.

Zustand: sie trinkt aus der Quelle der Begeisterung, kaut Blätter vom
heiligen Lorbeerbaum und atmet, auf dem Dreifuß sitzend, die betäuben-
den Dämpfe ein, welche aus einer Erdspalte aufsteigen.[31] Auf diese
Weise gerät sie in Verzückung, wird ganz Eigentum des Gottes (ὅλη
γίγνεται τοῦ θεοῦ);[32] in einer Art geistiger Liebeseinigung vereint sie
sich mit dem Gott des Heiligtums Apoll, wird gotterfüllt (ἔνθεος),[33] sein
Mundstück, seine Prophetin (πρόμαντις).[34] „Was sie dann mit ‚rasendem Munde‘ verkündigt, das spricht aus ihr der Gott; wo sie ‚ich‘ sagt,
da redet Apollo von sich und dem, was ihn betrifft. Was in ihr lebt,
denkt und redet, so lange sie rast, ist der Gott selbst. Die Orakelverse
gelten als Verse des Gottes selbst“.[35]

Delphi war jedoch nicht das einzige griechische Heiligtum, an dem
eine Priester-Prophetin sich in Ekstase versetzte und im Namen der

---

[31] A. I. O p p é suchte in einem Aufsatz (The chasm at Delphi, Journal of
Hellenic Studies 34, 1904, 213 ff.) zu erweisen, daß die Erdspalte in Delphi
nur eine Fabel sei. Genaue Parallelen im religiösen Leben anderer Völker
scheinen uns gegen diese Einwände zu sprechen. Bei den Hindukusch wird
ein Feuer von Zweigen der heiligen Zeder angezündet; die Dainyal oder
Sibylle, die ihr Haupt mit einem Tuch verhüllt hat, atmet den dichten,
beißenden Rauch ein, bis sie von Krämpfen ergriffen wird und bewußtlos
zu Boden fällt. Bald steht sie auf und hebt einen schrillen Gesang an,
welcher von ihrer Zuhörerschaft aufgegriffen und wiederholt wird. (F r a -
z e r , GB I³ 383 f., nach J. Biddulph, Tribes of Hindoo Koosh, 97). – In
Madura, einer Insel an der Nordküste von Java, bereitet sich die medial
veranlagte Frau auf den Empfang des Geistes dadurch vor, daß sie Weih-
rauchdämpfe einatmet, indem sie mit ihrem Haupte über einem Weih-
rauchfasse sitzt. Allmählich fällt sie in eine Art Trance, der von Schreien,
Grimassen und heftigen Zuckungen begleitet ist. Der Geist wird nun als
in sie eingegangen betrachtet, und wenn sie ruhiger wird, werden ihre
Worte als Orakel angesehen, da sie die Äußerungen des einwohnenden
Geistes sind, während ihre Seele zeitweise abwesend ist. (F r a z e r , GB
I³ 384; nach C. L e k k e r k e r k e r , Tijdschrift voor Indische Taal, Land-
en Volkenkunde 45, 1902, 282 ff.)
[32] J a m b l i c h , De myst. 3, 11 p. 126.
[33] P l u t a r c h , Def. or. 51.
[34] H e r o d o t , VI 66; VII 141; Origenes, C. Cels. VII 3 spricht von der
προφῆτις; vgl. Fehrle, a. a. O., 7, 85, 89.
[35] R o h d e , a. a. O., II 60 nach Bergk, Gr. Litt. I 335, Anm. 58; Plutarch,
De Pyth. orac. 5 ff.

Gottheit weissagte. Bei den Branchiden weissagte im Didymäum ein Weib, das den Saum seines Kleides und seine Füße aus dem heiligen Quell benetzte und den emporsteigenden Dampf einatmete.[36] Die Prophetin des Apollo Deiradiotes zu Argos trank das Blut eines geopferten Lammes, um auf diese Weise in der Ekstase „von Gott besessen zu werden" (κάτοχος ἐκ θεοῦ γίγνεται).[37] Die Prophetin des Dionysostempels im Stamme der Satrer in Thrakien weissagte wie die delphische Pythia im Zustande der ekstatischen Selbstentfremdung.[38] In ähnlicher Weise wirkte die Prophetin in Patara (Lykien), die Priesterprophetin der Erdmutter Gê in Aigai und die der „Göttermutter" in Arkadien.[39]

Neben diesen „priesterlichen" Weissagerinnen, die an einen Tempel gebunden sind, stehen die rein „prophetischen", welche auf Grund persönlicher Veranlagung und Ausrüstung, religiös gesprochen: auf Grund göttlicher Begnadung die Fähigkeit des Sehertums besitzen. Sophokles spricht von den „gotterfüllten Frauen" (ἔνθεοι γυναῖκες).[40] Die gottbegeisterten Mänaden werden von Euripides als „weissagend" bezeichnet (μαινάδας θυοσκόους).[41] Als Urbild dieses Sehertums erscheint in der antiken Literatur allenthalben die keusche Unheilsprophetin des Apoll, C a s s a n d r a. Aischylos kennzeichnet sie als „begeistert" (φρενομανής), als „gottgetragen" (θεοφόρητος),[42] Euripides als „wahrsagende Verzückte" (μαντίπολος βάκχη).[43] Cicero sagt, daß „aus ihr der im menschlichen Leib eingeschlossene Gott und nicht mehr Cassandra spricht" *(deus inclusus corpore humano, non iam Cassandra loquitur).*[44]

Neben Cassandra sind die jungfräulichen S i b y l l e n[45] die be-

---

[36] J a m b l i c h , De myst., 3, 11.
[37] P a u s a n i a s 2, 24, 1. Dasselbe tat die Priesterin in Agira (Achaia). P l i n i u s , Nat. Hist. 28, 147.
[38] H e r o d o t 7, 111. Vgl. den kennzeichnenden Satz von L u c a n , Phars. 5, 166 f.; artus Phoebados irrupit Paean, mentemque priorem expulit atque hominem toto sibi cedere iussit pectore, bacchatur demens aliena.
[39] H e r o d o t I 182; P a u s a n i a s 7, 25, 13.
[40] Antigone 963.
[41] Bacch. 224.
[42] Agam. 1140, 1216.
[43] Hec. 121.
[44] De divin. 1, 67.
[45] Aus der Literatur: R z a c h , Sibyllen in Pauli-Wissowa II 4, 2073–2103; Sibyllinische Orakel, ebd. 2103–2183; B o u c h é - L e c l e r c q , Histoire

rühmtesten Seherinnen des griechisch-römischen Altertums. Diese Bezeichnung wird von dem Kommentator der Aeneis Vergils, Servius, wie auch von Lactanz von dem äolischen Wort σιούς = θεούς und βούλλαν = βουλή (Rat) abgeleitet, von neueren Philologen von *sibillare,* „zischen", d. i. die gottbegeisterte Sprache der in Ekstase geratenen Seherin. Im *furor divinus,* d. h. im Zustand der Ekstase verlieren sie die menschlichen Sinne und empfangen göttlichen Sinn.[46] In dieser Hellsichtigkeit schauen sie, was der Gott sie sehen läßt, und was er ihnen verkündet, das stoßen sie hervor in wilden Worten, „mit rasendem Munde" (μαινομένῳ στόματι),[47] im *furor divinus.*[48] Sie stehen außerhalb jeden geordneten Götterkultes, haben keinen Auftrag von einem Orakelinstitut und antworten nicht auf Befragung, wenden auch keine äußeren Reizmittel an, um sich in den Zustand der Verzückung zu versetzen; sie empfangen vielmehr ihre Offenbarung unmittelbar von der Gottheit, die sie nach freiem Belieben ergreift und zu ihrem Mundstück macht. Ohne Bindung an eine Kultstätte durchwandern sie die Lande, ein Gegenstück zu den männlichen Wanderpropheten, den *Bakiden,* die Aristoteles mit ihnen zu den „gotterfüllten" Sehern (ἔνθεοι μάντεις) rechnet.[49] Die Zahl dieser Seherinnen scheint ziemlich groß gewesen zu sein. Eine Reihe von ihnen, um welche die Legende ihre Ranken geschlungen, werden in der antiken Literatur näher bezeichnet, u. a. die Hierophile Erythraea, die als πρώτη Σίβυλλα, als die erste Sibylle gilt,[50] die Hellespontische Hierophile aus Marpessos in Troas, die samische Eratosthenes oder Phyto, die phrygische, die libysche, die persische, die chaldäische Sibylle.

Die dunklen Aussprüche dieser Sibyllen (χρησμοὶ Σιβυλλιακοί), die in altertümlicher homerischer Sprache akrostichisch abgefaßt waren

de la divination II 133–198; M a a ß , De Sibyllarum indicibus, Diss. Greifswald 1879; Emil S c h ü r e r , Geschichte des jüdischen Volkes im Zeitalter Jesu Christi III⁴, Leipzig 1907, 455–485; Wilhelm B o u s s e t , Sibyllen und Sibyllinische Bücher, RE 18³, 265–280; K. P r ü m m , Sibyllen, LThK IX 525 ff.

[46] Cicero, De divin. 2, 110.
[47] Heraklit bei P l u t a r c h , Pyth. orac. 6. Ähnliche Worte antiker Schriftsteller bei R o h d e , a. a. O., II 68².
[48] = 41.
[49] Problem. 30,2.
[50] P l u t a r c h , Pyth. orac. 9.

und Unheilsprophetien enthielten, wurden gesammelt, und so entstand die Literatur der sibyllinischen Orakel. Von Griechenland kam die Sibyllen-Prophetie auch nach Italien, wo die Kimmria und die Tiburtina mit Namen Albunea wirkten. Zu Cumae in Campanien entstand ein förmlicher Sibyllensitz, die „Sibyllengrotte".[51] Wohl schon in der Königszeit wurden die Orakel dieser cumäischen Sibylle in förmlichen Orakelbüchern oder *fatales* niedergelegt und im kapitolinischen Heiligtum aufbewahrt. Nachdem sie dort im Jahre 81 verbrannt waren, wurden von Staats wegen Sibyllensprüche in aller Welt gesammelt und im neuerbauten Kapitol niedergelegt. Diese römischen Sibyllenorakel trugen jedoch einen anderen Charakter als die griechischen; sie dienten als warnende Orakelsprüche ähnlich wie die delphischen. So oft *prodigia*, schreckhafte Erscheinungen, eine Gefahr des Staates anzeigten, ließ der Senat diese Orakelbücher befragen, um die richtigen *remedia*, d. h. Sühnemaßnahmen festzustellen. Die Befragung und Benutzung der Sibyllinischen Bücher dauerte während der ganzen Kaiserzeit fort bis zu Julian, und erst Stilicho hat sie zu Beginn des 5. Jahrhunderts als gefährlichen Rest des Heidentums durch Feuer vernichten lassen.

Die sibyllinischen Orakel wurden vom Diasporajudentum, zuerst in Alexandrien, aufgegriffen und als Muster zu neuen, fiktiven Orakeln verwendet, die als heidnische Parallelen zu den prophetischen Gerichtsweissagungen die religiöse Propaganda des Judentums in der heidnischen Welt fördern sollten. An diese jüdischen Sibyllina schlossen sich auch einzelne christliche an. Sie alle ahmten in Form und Sprache die Sibyllensprüche nach und verwoben wirkliche heidnische Orakel mit den gefälschten Weissagungen. Auf diese Weise entstand allmählich ein Sibyllinencorpus,[52] das die christlichen Schriftsteller, vor allem Lactantius, für die christliche Apologetik verwerteten. Die messianisch gedeutete Heilandsweissagung in der 4. Ekloge Vergils wurde als Prophetie der cumäischen Sibylle aufgefaßt.

Die Sibyllen als solche werden sehr früh in der christlichen Literatur erwähnt. Schon nach der Schrift des *Pastor Hermae* (Mitte d. 2. Jhdt.)

---

[51] Georg W i s s o w a , Religion und Kultus der Römer, München 1912², 534 ff.

[52] Oracula Sibyllina ed. Aloysius R z a c h , Wien 1891; I. G e f f c k e n , Die Oracula Sibyllina (Die griechischen christlichen Schriftsteller der ersten drei Jahrhunderte), Leipzig 1902. vgl. J. Michl, LThK 9², 729 (Lit.).

hielt Hermas die Greisin, von der er ein prophetisches Buch zum Abschreiben erhielt, für die Sibylle. Auch Justin, der römische Märtyrer-Philosoph des 2. Jahrhunderts, erwähnt die Sibylle. In einer Justin zugeschriebenen Schrift „Mahnreden an die Hellenen" heißt es von ihr: „Welch große Schätze bringen sie euch, indem sie in ihnen unseren Heiland Jesus Christus bereits vorhersagten". „Die Lehren der Sibylle führen mit Notwendigkeit zu den Lehren der heiligen Männer hin".[52a] Clemens von Alexandrien zitiert mehr Sibyllenverse als irgend ein anderer der alten Väter. Theophilus betont die harmonische Übereinstimmung der israelitischen Propheten und der griechischen und sonstigen Sibyllen und stellt beide auf eine Stufe.

So kam es, daß die Sibylle eine beliebte Gestalt der mittelalterlichen Frömmigkeit, Dichtung und darstellenden Kunst wurde. In der Sequenz des *Dies irae,* die zu einem Bestandteil der römischen Totenliturgie wurde, steht die Sibylle neben den alttestamentlichen Psalmisten als Vertreterin eschatologischer Prophetie des Heidentums:

Dies irae, dies illa	Tag des Zornes, Tag der Zähren,
solvet saeclum in favilla	wird die Welt in Asche kehren,
teste David cum Sibylla.	wie Sibyll und David lehren.

Vor der Einfügung dieser Sequenz des Thomas von Celano las man in der Totenliturgie bis ins 14. Jahrhundert hinein an dieser Stelle (nach dem Graduale) die Prophezeiung der Sibyllen vom Untergang der Welt.

Vom 11. Jahrhundert an hielt die Sibylle ihren Einzug in die christlichen Gotteshäuser. An Portalen, Chorgestühlen, Fenstern, Decken und Wänden, desgleichen in Buchmalereien, auf Tafeln und Stichen, allenthalben treten dem mittelalterlichen Menschen die antiken Seherinnen entgegen.[53] Zunächst werden nur die erythräische und tiburtische Sibylle dargestellt, dann die übrigen, bis ihre Zahl im 15. Jahrhundert der Zwölfzahl der Propheten angeglichen wird. Am großartigsten haben Michelangelo und Raffael die Frauengestalten der Sibyllen verherrlicht, ersterer in der Sixtinischen Kapelle, letzterer in der Kapelle Chigi in S. Maria della Pace zu Rom. Neben den Propheten des Alten Bundes

---

[52a] Cohortatio ad Graecos, MiPG 6, 309; vgl. BKV² 33 (1917) 291.
[53] Literatur bei A. L e g n e r , LThK 9, 727 f.

und den Aposteln des Neuen Bundes stehen so die heidnischen Seherinnen, ein schönes Symbol sowohl für die innere Einheit der vorchristlichen Religionen mit dem alttestamentlichen Prophetismus und dem
neutestamentlichen Evangelium als auch für den Dienst der Frau in der
Verkündigung des Gotteswortes.

Neben der Zauberin und Heilerin, der Sängerin, Seherin und Prophetin steht die K u l t p r i e s t e r i n , deren Funktionen mit dem Orakel-
und Sehertum häufig verbunden sind. Wo der Kult der „Großen Mutter" als die älteste Form der Verehrung der Gottheit anzusehen ist, wie
das dem Vorausgehen einer matriarchalischen Gesellschaftsordnung
entspricht, da ist es selbstverständlich, daß ihre Stellvertreterin auf
Erden eine Priesterin ist. Wir finden solche in dem Kult der vorderasiatischen Muttergöttin, die in vielen Varianten erscheint: in der sume-
rischen *Ninni* und *Inanna,* in der babylonischen *Ištar,* der hurritischen
Hepa, der hethitischen *Kybele,* der phönikischen und kanaanäischen
Aštarte, der syrischen *Athar,* der arabischen *Al-uzza* (d. h. die Mächtige). Schon in der ältesten geschichtlichen Periode der Sumerer finden
wir Priesterinnen, die den Titel *nin dingir,* Gottesdame, oder *sal dingir,*
Gottesfrau tragen. Die Priesterin ist das irdische Abbild der Großen
Mutter und Himmelskönigin; die ganze Schar der Priesterinnen wird
als „Gesinde" der göttlichen Herrin bezeichnet. Neben dem Tempeldienst wirkten die Priesterinnen der Großen Mutter als Prophetinnen
und Orakelkünderinnen.

Da in der alten k r e t i s c h e n K u l t u r[54] das matriarchalisch-
gynokratische System besonders stark ausgeprägt war und die männlichen Priester ganz zurücktraten, lag dort der Kult gänzlich in den
Händen von Priesterinnen; die Männer waren nur ihre Gehilfen und
trugen beim Gottesdienst weibliche Kleidung. Noch zur Zeit Plutarchs
war der matriarchalische Gedanke auf Kreta so lebendig, daß die Bewohner dieser Insel nicht von ihrem Vaterlande (πατρίς), sondern von
ihrem Mutterlande (μητρίς) redeten.

Auch in der ä g y p t i s c h e n[55] Religion bestand ein ausgedehntes
weibliches Priestertum. Vornehme Frauen rühmten sich, daß sie Priesterinnen der *Nuth* oder *Hathor,* der Liebesgöttin seien, welche sie alle

---

[54] Literatur s. K. P r ü m m , LThK 6², 603.
[55] Adolf E r m a n , Die Religion der Aegypter. Berlin (1934) 198, 201.

Tage verehrten. Auch im Neuen Reich dienten Priesterinnen in den Tempeln, und zwar in besonders großer Zahl dem Gotte *Amon*. Ihre Rolle war dieselbe wie die der Haremsmädchen: sie hatten den Gott zu bedienen, zu unterhalten und zu ergötzen; von der letztgenannten Funktion rührt ihre Bezeichnung „Sängerinnen" oder „Musikantinnen" her. Wie im Harem des ägyptischen Königs, so unterschied man auch in der weiblichen Priesterschaft des Gottes verschiedene Würden. An der Spitze steht die „größte unter den Kebsweibern", zumeist die Gattin des jeweiligen Hohenpriesters. Über allen Frauen aber steht eine Dame aus der Königsfamilie, das „Gottesweib" oder die „Gotteshand" genannt, die als Vertreterin der Göttin *Mut* die Gemahlin des Gottes darstellt. Noch in der ptolomäischen und römischen Zeit[56] dienten zahlreiche Priesterinnen (ἱέρειαι) in den Tempeln weiblicher und männlicher Gottheiten. Fast jeder Gau besaß eine „Oberpriesterin" oder „Prophetin". Auch in Rom taten Priesterinnen in den *Isis*-Tempeln als Stolisten oder *ornatrices* des Gottesbildes Dienst; sie hatten dieses täglich zu bekleiden und zu frisieren. Bei den prunkvollen Prozessionen streuten sie in weißen Kleidern Blumen und trugen die Schmuckutensilien der Göttin.[57]

Aber nicht nur im Mittelmeerbereich, sondern auch im fernen Osten, in J a p a n,[58] erblühte auf matriarchalischem Boden ein reiches weibliches Priestertum. Junge Mädchen in der Zeit vor der Reife, genannt *Mi-kanko* („erlauchte Gotteskinder"), seltener Jungfrauen oder Frauen, dienten in dem Schrein des Palastes oder anderwärts. Am *Kashima*-Schrein in Hitachi stand eine *Mi-ko* unter dem Namen *Mono-imi*, „Vermeiderin unreiner Dinge" (eine Bezeichnung, die sich von den ihr auferlegten Tabu-Gesetzen herleitet) an der Spitze der ganzen Prie-

---

[56] Walter O t t o , Priester und Tempel im hellenistischen Aegypten I (1905) 92 f.

[57] CIL XII, 3061; Apol. Met. XI, 7 ff. Fr. C u m o n t , Die orientalischen Religionen im römischen Heidentum, übs. von G. Gehrich, Leipzig (1914) 113 f.

[58] K. F l o r e n z , Japaner in Chant. I 325 f.; Georg S c h u r h a m m e r , Shin-to, Der Schintoismus nach den gedruckten und ungedruckten Berichten der japanischen Jesuitenmissionare des 16. und 17. Jahrhunderts, Leipzig 1923, 135 f. Vgl. ERE XI 468; XII 804; Emil S c h i l l e r , Shinto, die Volksreligion Japans, Berlin 1935, 61.

sterschaft. Bis zum 14. Jahrhundert dienten am Schrein von *Ise* und *Kaiwo* zwei „Kultprinzessinnen", welche bei der Thronbesteigung des Kaisers aus der Zahl der unverheirateten Prinzessinnen durch Divination ausgewählt wurden. Der Dienst dieser Priesterinnen bestand in Reinigung, Gebet, Opfer und Weissagung. Heute beschränkt sich das weibliche Priestertum in Japan darauf, daß Mädchen im Alter von 15 bis 18 Jahren an Schreinen den kultischen *Kagura*-Tanz vollziehen. Auch helfen sie bei der Darbringung der täglichen Opfergaben und bei der Zubereitung der Opferspeisen. Der japanische Shintoismus ist ein Beispiel für den Verfall eines früher reichen weiblichen Priestertums. Dieses Zurückdrängen des weiblichen Elementes im Kult ist offenbar auf den Einfluß des chinesischen Patriarchalsystems zurückzuführen.

Eine besonders wichtige Funktion des weiblichen Priestertums ist das H ü t e n   d e s   h e i l i g e n   F e u e r s , das als Stammes- und später Staatsfeuer der geheimnisvolle Garant für das Wohlergehen des ganzen Volkes war. Feuerhütende Priesterinnen finden wir nicht erst in den römischen Vestalinnen, sondern schon bei den sogenannten Primitiven, in Stammesreligionen. Bei den Herero wird die älteste unverheiratete Tochter oder, wenn keine Tochter vorhanden, ein Mädchen aus dem Verwandtenkreis mit dieser Aufgabe betraut. Neben der Bewahrung des heiligen Feuers, nach welchem sie *ondagere* heißt, hat sie noch verschiedene andere priesterliche Funktionen, so die Besprengung des neugeborenen Kindes und seiner Mutter, wodurch die beiden geheiligt werden sollen.[59] Bei den Baganda in Zentralafrika und in Westafrika haben vestalische Jungfrauen bis zu ihrer Verheiratung das Feuer der Gottheit in den Tempeln sowie die heiligen Gefäße zu hüten.[60] Im alten Peru hatten Jungfrauen das heilige Feuer, das alljährlich bei der Sommersonnenwende durch einen Hohlspiegel oder durch Reiben von zwei Stöcken entzündet wurde, im Sonnentempel und ebenso in einem großen Kloster brennend zu erhalten. Daneben hatten sie das Brot zu backen, das an Festen dem Sonnengott geopfert wurde, und den Wein zu bereiten, den der *Inca* und seine Familie an diesen Festen trank.[61] Im alten Mexiko brannten auf der Spitze der großen Pyramidentempel

---

[59] Die Quellenangaben bei F r a z e r , GB II³ 215.
[60] F r a z e r , GB II³ 246.
[61] Die Quellen bei F r a z e r , GB II³ 244.

zwei Feuer, die von Priestern und „Vestalinnen" gehütet wurden. Letztere hatten außerdem den Götterbildern Weihrauch zu streuen, die Kleider für den Tempelkult zu weben, den heiligen Bezirk zu reinigen, die Opferkuchen zu backen. Auch auf der mittelamerikanischen Insel Yucatan bestand ein Orden von „Vestalinnen", welche das heilige Feuer, das Symbol der Sonne, bewahrten.[62] Im alten Irland, wo das vorindogermanische mutterrechtliche System fortwirkte, unterhielten Jungfrauen das heilige Feuer der Göttin der Weisheit *Brigit,* der *Dea Brigantia* der britischen Inschriften, die von den Römern der Minerva gleichgesetzt wurde und wahrscheinlich nur eine Sonderform der *mater deorum Hibernensium* war. Dieser Feuerkult wurde von den irischen Nonnen weitergeführt und auf die heilige Brigid übertragen. In deren Kloster zu Kildare wurde ein heiliges Feuer, das nicht angehaucht werden und dem kein männliches Wesen nahen durfte, der Reihe nach von 19 Nonnen die Nächte hindurch gehütet, während in der 20. Nacht die Heilige selbst dafür sorgte, daß es nicht erlosch. Ähnliche heilige Feuer wurden in anderen irischen Klöstern bewahrt. Die christlichen Nonnen sind hier die Nachfolgerinnen der heidnischen „Vestalinnen"[63]. In Delphi und Athen hüteten Frauen, die dem ehelichen Verkehr entsagt hatten, das „unauslöschliche Feuer" (πῦρ ἄσβεστον).[64] (Über die römischen Vestalinnen s. u. S. 32 ff.)

Die G e r m a n e n scheinen besondere H e e r e s p r i e s t e r i n n e n gehabt zu haben, wie schon aus dem Namen *Herigilt* zu erschließen ist.[65] Ihre grausigste Funktion war die Opferdarbringung der Kriegsgefangenen. Nach der anschaulichen Schilderung, die Strabo nach Poseidonius gibt, führten die kimbrischen Heerespriesterinnen, die weiße Gewänder, Mäntel von feinstem Linnen und einen ehernen Gürtel trugen, die gefangenen Feinde bekränzt zu einem hohen Kessel. Dann bestieg eine von ihnen einen Tritt und durchschnitt, über den Kessel gebeugt, dem über den Kesselrand emporgehobenen Gefangenen die Gurgel. Andere schnitten ihnen den Leib auf und prophezeiten aus den

---

[62] Quellen bei F r a z e r , GB II³ 245 f.
[63] Die Quellen bei F r a z e r , GB II³ 240 ff.; M a c C u l l o c h , The Religion of the Ancient Celts 69 f.
[64] P l u t a r c h , Numa c. 9.
[65] P a u l H e r r m a n n , Das altgermanische Priesterwesen. Leipzig 1929.

Eingeweiden.[66] Weniger grausam als dieses weibliche Heerespriestertum war das T e m p e l p r i e s t e r t u m , das auch bei den Germanen häufig von Frauen versehen wurde. Nach den nordgermanischen Quellen lag der Tempeldienst, zumal des Gottes *Freyr*, in den Händen einer *gydja* oder *hofgydja* (Tempelpriesterin).[67] Die Verbreitung und Bedeutung dieses weiblichen Priestertums in der germanischen Religion wird ähnlich wie die des weiblichen Sehertums aus zahlreichen Frauennamen ersichtlich. *Wigidis* oder *Wihagdis* ist das priesterliche Mädchen, *Wihlaug* die das Heiligtum badende oder waschende Jungfrau, *Wichbirg* die das Heiligtum Hütende, *Wihdiu* die Dienerin des Heiligtums, *Alahgunt* die für den Tempel kämpfende Jungfrau.[68]

Auch die k e l t i s c h e Religion[69] kannte außer den erwähnten Vestalinnen Priesterinnen. So übte die britische Königin *Boadicea* priesterliche Funktionen aus.[70] In Gallien sind inschriftlich eine *flaminica sacerdos* der Göttin *Thucolis* sowie eine *antista deae* bezeugt.[71] Die Hinschlachtung der Kriegsgefangenen wurde von den keltischen Hauspriesterinnen der Mondgöttin in ähnlicher Weise vollzogen wie von den Priesterinnen der Kimbrer.

Besonders ausgedehnt ist das weibliche Priestertum in G r i e c h e n - l a n d . In den Tempeln der Göttinnen dienten Priesterinnen, und zwar teils Mädchen und Jungfrauen, teils ältere Frauen.[72] Wir hören von

---

[66] Strabo VII 294; G. M ü l l e r , Zeugnisse germanischer Religion 115; H e r r m a n n , a. a. O. 17.

[67] D e V r i e s , Altgermanische Religionsgeschichte II 123 f.; vgl. ERE XII 255; Karl W e i n h o l d , Die deutschen Frauen im Mittelalter, Wien 1897, I³ 51 ff.

[68] H e r r m a n n , a. a. O., 20. (s. Anm. 65).

[69] M a c C u l l o c h , The Religion of the Ancient Celts 317; K e n d r i c k , Druids 140.

[70] Dio Cassius 62, 6 f.

[71] CIL XII 5724, 703, 708.

[72] Die Quellenhinweise bei E. F e h r l e , Die kultische Keuschheit im Altertum 94–109; Lewis R. F a r n e l l , Sociological hypothesis concerning the position of women in ancient religion, ARW VII (1904) 70–79; Rajmund G o s t k o w s k i , Kaplani i kaplanki w sztuce kreteńsko-mykeńskiej i greckiej, Wilno 1939; polnisch mit franz. Résumé: Les prêtres et les prêtresses dans l'art créto-mycéen et grec (251–266); mit vielen Abbildungen.

Priesterinnen der Erdgöttin *Gê* in *Aigeira* (Achaia), der Erd-, Wald- und Jagdgöttin *Artemis* in *Orchomenos, Patrai* und *Aigeira,* der Kriegs- und Weisheitsgöttin *Athene* in der nach ihr benannten Stadt und in *Achaia,* der Fruchtbarkeits- und Liebesgöttin *Aphrodite* in *Sikyon,* der die Frau beschützenden Göttin *Hera* in *Achaia.* Aber nicht nur Göttinnen, son- dern auch Götter hatten in bestimmten Heiligtümern neben Priestern oder auch ausschließlich Priesterinnen für ihren Dienst,, so *Zeus* in *Dodona, Poseidon* in *Kalauria, Apollo* in *Argos, Sosipolis* in *Elis, Dionysos* in *Lakonien, Pan* in *Ephesus, Herakles* in *Thespiai.* Die Aufgaben der Tempelpriesterin waren dieselben wie die der Tempel- priester.[73] Sie verrichtete oder beaufsichtigte die Opferhandlung, die vorwiegend wohl aus unblutigen Gabendarbringungen bestand (Back- werk, Früchte, Weihrauch, Wasser, Wein), sprach die Gebete und Für- bitten beim Opfer, sie allein durfte das Allerheiligste betreten und das dort aufbewahrte Götterbild säubern und schmücken, sie hütete die Tempelschätze und Weihegeschenke, bewahrte den heiligen Bezirk vor Entweihung und Verunreinigung und entsühnte ihn, wenn eine solche erfolgt war. Sie sprach den Fluch gegen Frevler aus, die sich am Heilig- tum vergingen und schützte diejenigen, die sich zum Asyl des Tempels flüchteten. Eine tiefere Frömmigkeit widerstrebte freilich dem Ver- langen nach Fluch. Als die Priesterin *Theano* aufgefordert wurde, *Alcibiades* zu verfluchen, antwortete sie: „Zu segnen, nicht zu fluchen bin ich Priesterin".

Zu den allgemeinen kamen die besonderen Funktionen der Prieste- rinnen der Mysterienkulte wie des eleusinischen.[74] Sie hatten die hei- ligen Kultobjekte in der feierlichen Prozession zu tragen, die Mysten einzuweihen durch Enthüllung der ἱερά und Mitteilung der geheimen Formeln. Die *Demeter*-Priesterin hatte in den Eleusinen mit dem Hiero- phanten den ἱερὸς γάμος, die Vereinigung ihrer Göttin mit Zeus, dar- zustellen und so den Mythus kultisch zu wiederholen. Wie der Priester, so mußte auch die Priesterin zahlreiche Tabu- und Reinigungsvor- schriften beachten, durfte nicht öffentlich baden, mit keiner Wöchnerin oder Leiche in Berührung treten usw. Wie jener trug sie weiße, purpurne

---

[73] Paul S t e n g e l, Die griechischen Kultusaltertümer (Handbuch der klas- sischen Altertumswissenschaft), München 1920³, 35 ff., 47 ff., 98 ff.

[74] Paul F o u c a r t, Les mystères d'Eleusis, Paris 1914. 211, 214 ff. Weitere Lit. s. LThK 3² 811.

oder purpurgesäumte Gewänder; ihr Haupt war mit einer Kopfbinde oder mit Kränzen umwunden. Wie der Priester als Symbol seiner Macht und Würde einen Stab in der Hand hielt, so die Priesterin als κληδοῦχος den Tempelschlüssel. Bisweilen trug die Priesterin die Attribute ihrer göttlichen Herrin. So trat die *Athene*-Priesterin mit Helm und Lanze auf, während die *Artemis*-Priesterin in einem von Hirschen gezogenen Wagen fuhr.[75]

Das weibliche Priesterum ist in der antiken Welt nicht ausschließlich, aber zumeist mit dem K e u s c h h e i t s o p f e r an die Gottheit verbunden. Dieses Opfer vollzieht die Priesterin auf doppelte Weise: entweder in der Preisgabe der Jungfräulichkeit, in der sakralen Prostitution, oder in der asketischen Virginität. Die Priesterin ist entweder Hierodule, Tempelprostituierte, oder vestalische Jungfrau-Asketin.[76] Beiden Formen des Keuschheitsopfers liegt derselbe primitive Heiligkeitsbegriff zu Grunde. Heilig ist das mit übernatürlicher, numinoser, zauberhafter „Macht" Erfüllte. Sowohl in der Prostitution wie in der asketischen Keuschheit entfaltet sich die Zaubermacht zum Segen des ganzen Volkes, obgleich in verschiedener Weise.

S a k r a l e   P r o s t i t u t i o n[77] treffen wir schon bei kulturarmen Völkern, z. B. bei den Ewe, Tschi, Dahomey, bei den Tahu in Westmexiko, den Dayak auf Borneo.[78] Sie ist besonders ausgeprägt im Kult der großen Fruchtbarkeitsgöttin Vorderasiens, der *Ininna-Ištar-Astarte*-

---

[75] Polyaen VIII 59; Pausanias VII 18, 12.

[76] Es ist sehr bezeichnend, daß der Codex Hammurabi, § 178 ff. „Gottesherrin", „Gottesschwester" (sum. nin-dingir = bab. entu), „Priesterin" (sum. sal-me = bab. išippatu), „Kebsweib" (awilat zikru), „Hierodule" (kadištu) als ganz gleichwertig nebeneinanderstellt. Hammurabis Gesetz hsg. I. Kohler, F. E. Peiser, Leipzig 1904, I 53 ff., 67 ff. sowie Index. Vgl. Elisabeth Mary M a c D o n a l d, The position of woman as reflected in Semitic codes of law (University of Toronto Studies) 1931, 25 ff.; B. L a n d s b e r g e r, Zu den Frauenklassen des Codex Hammurabi, Zeitschr. f. Assyriologie 30 (1915/6) 67 ff.

[77] ERE X 404 ff.

[78] A. B. E l l i s, The Ewe speaking peoples of West-Africa, London 1890, 141; The Tshi speaking people, ib. 1887, 214; Ellis J. D o w d, The Negro Races, New York 1907, 293, bei H. V i s c h e r, Religion und soziales Leben bei den Naturvölkern, Bonn 1911, 466 f.

Aphrodite, der *Mâ* und *Anâhitâ.* Sie scheint aus Sumer und Babel nach
Syrien, Phönikien, Karthago, Kanaan, Kleinasien, Cypern, Griechenland,
Armenien, Persien, ja, bis nach Südindien gedrungen zu sein. Sogar im
strengen Sparta befand sich ein sakrales Bordell, das mit dem Tempel
des *Dionysos* verbunden war. Die sakrale Prostitution faßte selbst in
der israelitischen Religion auf kanaanäischem Boden Fuß und rief den
schärfsten Widerspruch des israelitischen Prophetismus hervor;[79] zu den
Reformen des Königs Josia gehörte die Beseitigung des sakralen Bor-
dells im Tempel zu Jerusalem (2. Kön. 23, 7).

Die Hierodule ist die Stellvertreterin der großen Mutter- und Ge-
schlechtsgöttin, während der Priester, Fremdling oder Tempelpilger der
Stellvertreter des männlichen Gottes ist. Neben der berufsmäßigen
Prostitution der Tempelpriesterinnen stand in Babylonien und anderwärts die Sitte, daß jede Frau, ob reich oder arm, einmal in ihrem
Leben im Tempel der Großen Mutter einem Fremden sich hingab und
den dort empfangenen Sohn der Göttin opfern mußte. Eine ähnliche
Sitte bestand vor noch nicht langer Zeit bei arabischen Stämmen Ägyp-
tens. So anstößig diese religiöse Prostitution unserem abendländisch-
christlichen Empfinden auch sein mag, so hat sie ihren Ursprung doch
keineswegs in zügelloser Geschlechtslust, sondern in einer uns fremd
und unverständlich gewordenen Welt zauberhaft-religiösen Denkens.
Die geschlechtliche Hingabe erscheint diesem Denken als göttliches,
kosmisches Mysterium, als die Quelle der Fruchtbarkeit in der Natur
wie im menschlichen Leben. Darum ist die sakrale Prostitution „eine
Form der kultischen Verherrlichung des unergründlichen Geheimnisses
um die Zeugung neuen Lebens und die Fortpflanzung des Menschen-
geschlechts." „Dabei sind zwei ganz verschiedene Motive eng verbunden:
Opfer und Zauber."[80] Der Mensch gibt sich der Gottheit hin, um ihren
Zauber abzuwehren und ihre Gunst zu sichern; zugleich sucht er durch
diese Hingabe der göttlichen Lebenskraft und Fruchtbarkeit für sich
selbst wie für sein Volk und Land teilhaftig zu werden. Weil der antike
Mensch in dieser Hingabe etwas Geheimnisvolles, Heiliges sah, darum

---

[79] Gen. 38, 21 f., Deut. 23, 18 f.; Hos. 4, 13 f.; Mich. 1, 7.
[80] R ü h l e in RGG IV² 1576. Ähnlich H. G r e ß m a n n , Die älteste Ge-
schichtsschreibung und Prophetie Israels (Die Schriften des A. T. in Auswahl II 1), Göttingen 1910, 7; H o r n e f f e r , a. a. O., I 25; H e i l e r ,
Das Gebet 1923⁵, 331. EWR 415 ff.

nannte er die Tempelprostituierte geradezu die „Reine", „Heilige" –
babylonisch: *kadištu,* hebräisch: kᵉdêšâ, griechisch: ἱερόδουλος, „Dienerin am Heiligtum". Die große Lebens- und Liebesgöttin *Ininna-Ištar*
wird selbst als die *kadištu* im überragenden Sinne bezeichnet.[81] In einem
Hymnus erklärt sie: „Ich bin die mitleidsvolle Prostituierte". Sie ist ja
nicht die ausschließliche Frau eines männlichen Gottes; ihr männlicher
Partner ist nicht ihr Gatte, sondern ihr Sohn und Geliebter: ihre Bezeichnung „heilige Jungfrau" und „Jungfrau-Mutter" bedeutet ebensowenig wie ursprünglich das griechische Wort παρθένος die unberührte
Jungfrau, sondern die unverheiratete, freie Frau der matriarchalischen
Kultur. Erst in der späteren patriarchalischen Gesellschaftsordnung vollzog sich der Bedeutungswandel, indem eine Reihe griechischer Göttinnen, die Kinder hatten, wie *Artemis, Athene* und *Hera* trotzdem dieses
Prädikat παρθένος bekamen.

In I n d i e n hat sich dieser Brauch der vorderasiatischen Religionen
bis zum Jahre 1947 erhalten.[82] Die *devadâsî* oder *devaratiāl,* im westlichen Indien *bhavini* („Dienerinnen Gottes"), von den Portugiesen *Baja-
deren* genannt, sind Tänzerinnen, welche in den Tempeln den *nâč*
aufführen. Sie gelten als Gattinnen des Tempelgottes, dem sie in einer
regelrechten Hochzeitsfeier angetraut werden. Dieser wird in seinen
ehelichen Rechten vom Priester oder Tempelbesucher vertreten. Diese
Tempelmädchen werden bisweilen *begum,* „edle Dame" genannt. In
manchen Orten an der tamulischen Küste galt es als geziemend, daß in
jeder Familie wenigstens eine Tochter als Hierodule dem Dienste Gottes
geweiht wurde. Diese Einrichtung erregte schon im 17. Jahrhundert die
Aufmerksamkeit des Abendlandes. Der holländische Indienmissionar
Abraham Roger berichtete davon 1651.[83] Eine von ihm wiedergegebene
Legende von einer *Bajadere,* die aus Liebe zu dem sie in Menschengestalt besuchenden und dann sich tot stellenden Gotte *Indra (Deven-
dra)* sich gemäß der indischen Sitte als seine „Witwe" verbrennen lassen
will, wurde zur Quelle von Goethes bekannter Ballade „Der Gott und

---

[81] I a s t r o w, a. a. O., II 387¹; Eberh. S c h r a d e r, Die Keilinschriften und
das Alte Testament, Berlin 1903³, 423.

[82] Helmuth v. G l a s e n a p p, Der Hinduismus, Religion und Gesellschaft
im heutigen Indien, München 1922, 348 ff.

[83] Abraham R o g e r, Offene Tür zu dem verborgenen Heidentum. Deutsche
Ausgabe, Nürnberg 1663, 348 ff.

die Bajadere". Der Dichter hat freilich den Stoff verändert, indem er
die *devadâsî* sich wirklich in die Flammen stürzen läßt. Er hat aus der
Tempelprostituierten eine Büßerin gemacht, die durch ihre große Liebe
sich innerlich läutert, und so nach Hegels Worten „die christliche Geschichte der büßenden Magdalena in indische Vorstellungen gekleidet".[84]

Die jetzige indische Regierung hat, bald nachdem ihr die Macht von
England übertragen wurde, diese uralte Einrichtung aufgehoben, was
die englische Regierung nie gewagt hatte. Der Tempeltanz freilich wird
weiter gepflegt und zwar in Tanzschulen, die nicht nur künstlerischen,
sondern religiösen Charakter tragen. Die Tanzschülerinnen werden dort
auch in der religiösen Meditation geschult. Eine bekannte indische
Tänzerin, die, während sie in Marburg studierte, in vielen europäischen
Ländern Tanzvorführungen gab, erklärte immer wieder: „Ich tanze zu
Ehren meines Gottes".

So verwerflich die weit verbreitete Einrichtung des Hierodulentums
der jüdischen und der christlichen Sittlichkeit auch erschien, so bleibt
doch die Tatsache bestehen, daß sie in jener völlig andersartigen Welt
als religiös und eben darum als ethisch gewertet wurde. Die Hierodule
„war nicht verachtet, sondern genoß mitunter höheres Ansehen als die
Frau... Jedenfalls galt ihr im Heiligtum geübtes Gewerbe als Gottesdienst",[85] als eine συνουσία, eine mystische Einigung zwischen dem
Menschen und der ewig zeugenden und gebärenden Gottheit, letztlich
als ein ἱερὸς γάμος zwischen der männlichen und weiblichen Urkraft
des Göttlichen selber. In einem indischen Tempelhymnus heißt es: „Mit
einer Priesterin verkehren ist eine Tugend, welche Sünden wegnimmt".
Reste dieser Hochschätzung haben sich sogar im christlichen Bereich
erhalten, worauf Briffault[86] aufmerksam macht: es gab im Mittelalter
Bordelle, die mit Kirchen und religiösen Häusern verbunden waren;
ein solches Haus in Avignon hieß die „Abtei". Er weist auf die Prozessionen von Prostituierten hin, die sich in Antwerpen erhalten haben.
Wir dürfen auch nicht übersehen, daß die Vorstellung von einer ge-

---

[84] G l a s e n a p p , Hinduismus, 350 Anm. 1.
[85] A. H o r n e f f e r , Der Priester I 25.
[86] Robert B r i f f a u l t , The Mothers. A study of the Origin of Sentiments
and Institutions. Vol. I–III, London 1927. (I u. II 1952²); s. bes. III 215 f.;
EWR 243–251.

schlechtlichen Vereinigung mit der Gottheit eine der wichtigsten Voraussetzungen des reichen Bildkomplexes der Brautmystik geworden ist.

In einer merkwürdigen Ambivalenz steht in der antiken Menschheit neben der sakralen Prostitution die ganz andere Form der geschlechtlichen Hingabe an die Gottheit, das Keuschheitsopfer, nämlich die a s k e t i s c h e   J u n g f r ä u l i c h k e i t. Die Jungfrau bringt ihre Unverletztheit und Gebärkraft der Gottheit dar, sie „heiligt" sich ihr, indem sie auf geschlechtliche Liebe, auf Mann und Kind verzichtet. Die Orakelkünderin, Seherin oder Prophetin ist jungfräulich, die *Pythia* des *Apoll* von *Delphi* ebenso wie *Cassandra* und die Sibylle von *Cumae*.[87] Die Hüterinnen des heiligen Feuers sind fast allgemein unberührte Mädchen und Jungfrauen, wobei sie teilweise zur Ehelosigkeit nur für längere Zeit, manchmal für ihr ganzes Leben verpflichtet sind. Der Missionar Lafitau berichtet von vestalischen Jungfrauen unter den Irokesen.[88] Die Vestalinnen im alten Peru waren zu lebenslänglicher Jungfräulichkeit verpflichtet. Wenn sie diese verletzten, wurden sie lebendig begraben. Auch ein Teil der Priesterinnen im alten Mexiko legte das Gelübde der dauernden Jungfräulichkeit ab. Der Bruch des Gelübdes, der als Befleckung des Tempels galt, wurde mit dem Tode bestraft. In ähnlicher Weise wurden die Feuerpriesterinnen auf Yucatan, welche sich zu dauernder oder zeitweiliger Jungfräulichkeit verpflichtet hatten, mit Pfeilen zu Tode geschossen, wenn sie ihr Gelübde verletzt hatten oder das heilige Feuer ausgehen ließen. Aber nicht nur die Vestalinnen im engsten Sinne, die Feuerhüterinnen,[89] sondern auch viele andere Tempelpriesterinnen waren dauernd oder für die Jahre ihres Priestertums zur Jungfräulichkeit verpflichtet. In Babylonien mußten die „Gottesherrinnen" oder „Gottesschwestern" *(sum. nin-dingir, bab. entu)*,[90] die teilweise in einem Kloster *(gâgûm)* lebten,[91] ehelos bleiben. Die Sargon-Legende hat das Keuschheitsgelübde zur Voraussetzung. Die Mutter des akkadischen Königs Sargon ist „Gottesschwester": sie

---

[87] Die Stellen bei F e h r l e , Kultische Keuschheit 75 ff.
[88] Moeurs des sauvages américains, (1724) 173; ERE III 485.
[89] Quellen bei F r a z e r , GB II³ 244 ff.
[90] = Anm. 76.
[91] Cod. Ham. 180; vgl. 110.

gebiert heimlich das Kind und setzt es aus.[92] Auch die meisten Tempelpriesterinnen Griechenlands waren für die Zeit ihres Dienstes zur
Enthaltsamkeit verpflichtet,[93] seien es nun Mädchen, die bis zur Zeit
ihrer Verheiratung im Tempel dienten, oder ältere Frauen, welche
keinen geschlechtlichen Verkehr pflegten. Immerfort kehrt bei den alten
Schriftstellern die Bemerkung wieder, daß in diesem oder jenem Tempel
„eine Jungfrau Priesterdienste verrichtete" (ἱερᾶται παρθένος);[94] einmal
heißt es geradezu, daß gemäß dem Gesetz die Priesterin Jungfrau sein
muß (τὴν ἱέρειαν νόμος παρθένον εἶναι).[95] Weit seltener sind es bejahrte
Frauen, welche das Priesteramt ausüben; sie müssen jedoch dem ehelichen Verkehr entsagt haben.[96] Aber nicht nur die eigentlichen Tempel-
und Opferpriesterinnen, sondern auch die Tempeldienerinnen, die Trä-
gerinnen der Opferkörbe und die Chorsängerinnen waren großenteils
Mädchen und Jungfrauen.[97] Die ganze antike Welt hat also, wie schon
Tertullian richtig hervorgehoben hat, der Jungfräulichkeit und Witwenschaft beim Priestertum den Vorzug gegeben.[98]

Das leuchtendste Bild des jungfräulichen Priestertums in der ganzen
vorchristlichen Welt bietet uns der Orden der römischen V e s t a l i n -
n e n.[99] Es lohnt sich, diese kultische Einrichtung des alten Rom aus-

---

[92] Keilinschriftliche Bibliothek, hrsg. E. S c h r a d e r III 1 (Berlin 1892) 100 f.;
   vgl. Friedrich J e r e m i a s , Semitische Völker, in Chant. I 578.

[93] Das gesamte Material bei F e h r l e , Die Kultische Keuschheit im Altertum,
   75–110.

[94] z. B. P a u s a n. II 33, 3; VII 26, 5; IX 27, 5.

[95] Eustath. ad. Iliad. VI 300.

[96] P l u t a r c h , Numa c. 9: γυναῖκες πεπαυμέναι γάμου. P a u s a n. VIII 5,
   12: γυναῖκα ὁμιλίας ἀνδρῶν ἀποχρώντως ἔχουσαν. II 24, 1: γυνὴ . . .
   ἀνδρὸς εὐνῆς εἰργομένη.

[97] F e h r l e , a. a. O., 112–125.

[98] Ad uxor. I 6: Cum gentiles satanae suo et virginitatis et viduitatis sacer-
   dotia praeferant.

[99] Die ausführlichsten Nachrichten über die Vestalinnen finden sich in den
   Noctes Atticae des römischen Grammatikers Aulus Gellius (bes. I 12). Die
   Inschriften der *Virgines Vestales* sind veröffentlicht im CIL VI 2127 ff. Aus
   der zahlreichen Literatur seien hervorgehoben: August P r e u n e r , Hestia
   = Vesta, Ein Zyklus religionsgeschichtlicher Forschungen, Tübingen 1864,
   269–319 (dortselbst die ältere Literatur S. 217[1], 269[4]); H. J o r d a n , Der
   Tempel der Vesta und das Haus der Vestalinnen, Berlin 1886, bes. 43–72;

führlich zu betrachten, nicht nur, weil wir nirgends sonst über den weiblichen Priesterdienst im antiken Heidentum so ausführliche Nachricht besitzen, sondern auch deshalb, weil ihr Vorbild auf das christliche Jungfräulichkeitsideal einen gewissen Einfluß ausgeübt hat – nicht umsonst sprechen gelegentlich selbst Kirchenväter von dieser Einrichtung mit einer gewissen Bewunderung.[100]

Die Institution der *sacerdotes vestales*[101] in Rom wird auf den König Numa (705–672), den Schöpfer des römischen Religionswesens, zurückgeführt;[102] sie beschränkte sich jedoch nicht auf Rom, sondern war auch sonst in Latium verbreitet, sie fand sich besonders in Levinium, Tibur und Alba. In Alba, von wo sie nach Rom gekommen sein soll, bestand sie bis in die späte Kaiserzeit.[103] Ursprünglich sollen es vier Vestalinnen gewesen sein;[104] Servius Tullius (578–534), nach anderer Überlieferung sein Nachfolger Tarquinius Priscus (534–510), soll ihre Zahl auf sechs erhöht haben.[105] In der Mitte des 4. Jahrhunderts n. Chr. waren es sieben, wohl infolge des unter östlichem Einfluß gesteigerten Ansehens der heiligen Siebenzahl. Die Vestalinnen wurden ursprünglich

---

Giulio G i a n e l l i , Il sacerdozio delle vestali romane (Pubblicazione del R. Instituto di studi superiori... in Firenze), Firenze 1913; E. F e h r l e , Die kultische Keuschheit im Altertum, bes. 210–221; Hans D r a g e n - d o r f f , Die Amtstracht der Vestalinnen, Rheinisches Museum 51 (1896), 281–302; Georg W i s s o w a , Vestalinnenfrevel, ARW 22, 202–214; I. M a r - q u a r d t , Römische Staatsverwaltung (Handbuch der römischen Altertümer VI) III², Leipzig 1885, 336–347 (mit älterer Literatur 336³). Vgl. G. W i s s o w a , Religion und Kultur der Römer, München 1912², 158 f., 504–511; D e u b n e r , Römer, in Chant. I 449 f.; Cyril B a r l e y , Phases in the religion of ancient Rome, Calefornia 1932, 16, 100, 148, 158 f. Georg R o h d e , Die Kultsatzungen der römischen Pontifices (RVV 25), Berlin 1936, 107 ff., 151 ff. Unzugänglich waren mir Thomas Cato W o r s - f o l d , The history of the Vestal virgins of Rome, London 1932; Arthur M e e k e r , Vestal virgin, London 1935.

[100] z. B. A m b r o s i u s , Ep. 18, 11.

[101] Dies scheint die offizielle Bezeichnung gewesen zu sein (Gellius I 12, 4; X 15, 31; CIL VI 2128).

[102] L i v i u s I 20, 3.

[103] Die Belege bei M a r q u a r d t 336.

[104] Dion. Hal. II 67; P l u t a r c h , Numa 10.

[105] P l u t a r c h , Numa 10; Dion. III 67.

vom König ausgewählt. Als dessen religiöse Befugnisse auf den *Pontifex maximus* übergegangen waren, fiel diesem auch die Auswahl der Vestalinnen zu. Nach der *Lex Papia* hatte der Oberpriester, wenn eine Vestalin ausgeschieden war, zwanzig Mädchen aus Patrizierfamilien, (später auch aus Plebejerfamilien) auszusuchen, die im Alter von 6 bis 10 Jahren standen, mit keinerlei leiblichen Gebrechen wie Gehörs- oder Zungenschwäche behaftet waren und deren beide Eltern lebten. Durch das Los wurde aus diesen der Name derer bestimmt, die dem Dienst der Vesta geweiht werden sollte. Sie war damit *a diis electa*. Der *Pontifex maximus* holte sie dann feierlich aus dem Hause der Eltern ab, ergriff sie an der Hand und sprach die sakrale Formel: *Sacerdotem Vestalem, quae sacra faciat, quae ius siet sacerdotem Vestalem facere pro populo Romano Quiritibus, uti quae optima lege fuerit, ita te, amata, capio* („Als Priesterin der Vesta, welche die heiligen Handlungen verrichtet, die rechtmäßig eine Priesterin der Vesta für das römische Volk, die Quiriten, verrichten soll, als solche, welche den gesetzlichen Bestimmungen am besten entspricht, ergreife ich dich, Geliebte").[106] Aus diesen Worten geht hervor, daß die Vestalin der *patria potestas* entzogen wurde und rechtlich zur Gattin des *Pontifex maximus* (früher des Königs) wurde. Auch hier waren die priesterlichen Funktionen, welche ehedem der wirklichen Ehegattin des Herrschers zukamen, auf besondere Amtspriesterinnen übergegangen. Die Form der *captio* zeigt deutlich die Erinnerung an die alte Sitte des Brautraubes.

Die neuerkorene Vestalin wurde in das *Atrium Vestae*, das Wohnhaus der Vestalinnen geführt, das zum alten Königshaus gehörte und mit diesem zusammen als *atrium regium* oder *Regia* bezeichnet wurde. Dort wurde ihr ein Teil der Haare abgeschnitten und an einem Lotosbaum aufgehängt, welcher als der Göttin Vesta heilig galt und nach den abgeschnittenen Haaren *capillaris* oder *capillata* hieß.[107] Dann wurde ihr die priesterliche Tracht angelegt, welche der alten römischen Hochzeitstracht entsprach, nur daß statt der roten Brautfarbe die weiße Farbe als Symbol der bräutlichen Reinheit vorherrschte. Das weiße Kleid wurde von einem geknoteten Gürtel aus Wolle zusammengehalten. Ihre Haare waren wie die der ehrbaren Frauen in der Form eines Diadems (*infula*) von Bändern (*vittae*) umwunden, deren Enden zu

---

[106] G e l l i u s , N. A. I 12, 14.
[107] P l i n i u s , Hist. nat. XVI 44, 235.

beiden Seiten lose herabhingen; bei den Opfern und feierlichen Aufzügen trugen sie dazu wie die römischen Frauen ein weißes, purpurumsäumtes Kopftuch *(suffibulum praetextum)*, das unter dem Kinn durch eine Spange zusammengehalten wurde.[108]

Durch diesen ἱερὸς γάμος war das noch im Kindesalter stehende Mädchen zur ehrwürdigen Matrone geworden, zur geistigen Gattin des obersten Priesters und damit zur „*mater familias* des Staates".[109] Und wie der höchste Pontifex den männlichen Gott verkörperte, so war die Vestalin die menschliche Stellvertreterin der höchsten weiblichen Gottheit, der *mater Vesta*.

Dreißig Jahre lang mußte sie nun der Göttin und dem römischen Staat dienen; in den ersten zehn Jahren hatte sie den Dienst zu lernen, in den zweiten zehn Jahren die priesterlichen Funktionen zu vollziehen, im dritten Jahrzehnt ihn auch die neuen Priesterinnen zu lehren.[110] Nach dreißig Jahren stand ihr die Rückkehr ins weltliche Leben und auch die Heirat offen. Von diesem Recht machten aber nur wenige Gebrauch; die meisten blieben freiwillig auf Lebensdauer in ihrem Priesterinnendienst. Wir hören von Vestalinnen, welche 57 oder 64 Jahre im Heiligtum der Göttin dienten.[111]

Die ganze Ausbildung und der Dienst der Vestalinnen standen unter der Aufsicht des *Pontifex Maximus*,[112] dem allein der Zutritt in die Aedes und das Atrium der Vesta gestattet war. Ovid nennt ihn *sacerdos Vestae;*[113] unter Aurelian bürgerte sich die Bezeichnung *pontifex Vestae* ein.[114] Die Vestalinnen selber bildeten ein einheitliches Priesterinnenkollegium und stellten zusammen eine Person dar. Die drei Ältesten bildeten die Gruppe der *tres maximae*. Die Älteste unter ihnen trug den Titel *Virgo Vestalis maxima*. Ihr gelten die zahlreichen Inschriften im *Atrium Vestae*. Eine von diesen[115] ist gewidmet einer

---

[108] Die Belegstellen bei D r a g e n d o r f f 281 ff.; P r e u n e r 294; J o r d a n 47 ff.

[109] G i a n e l l i 77.

[110] Die Belege bei P r e u n e r 277[1].

[111] T a c i t u s , Ann. II 86; CIL VI 2128.

[112] P l u t a r c h (Numa 9) bezeichnet den Pontifex maximus als τῶν ἱερῶν παρθένων ἐπίσκοπος.

[113] Fast. V 573.

[114] F e h r l e 217.

PUBLICAE
SANCTISSIMAE ET PIISSIMAE
AC SUPER OMNES RETRO
RELIGIOSISSIMAE PURISSIMAE CASTISSIMAEQUE.

Der im Dienst des Gemeinwesens stehenden
gottgeweihten und sehr frommen
und von jeher
ganz heiligen, reinen und vollkommen keuschen Jungfrau.

Die wichtigste Aufgabe der vestalischen Priesterinnen war das Hüten des heiligen Feuers – *ignis perpetuus* – auf dem „ewigen öffentlichen Herd",[116] in dem das Wohl des ganzen Volkes und Staates verkörpert war. „Wie das Haus so ist der Staat ein Heim; in diesem Heim aber ist der Sitz alles Lebens der Herd".[117] Darum wurde nach Augustins Worten bei den Römern nichts heiliger gehalten als der Tempel der Vesta *(nil templo Vestae sanctius habebatur)*.[118] In der ältesten Zeit scheint dieses Feuer mit der Gottheit des Herdes *Caca* verbunden gewesen zu sein.[119] Schon sehr früh scheint der Name dieser alten lateinischen Göttin durch den aus Griechenland stammenden Namen der Ἑστία – Vesta verdrängt worden zu sein, ohne daß sich sowohl die Züge dieser mütterlichen Gottheit wie die Kultgebräuche wesentlich veränderten. Einmal im Jahre, am 1. März, dem Neujahrstage des alten Kalenders, ließ man das Feuer ausgehen und erneuerte es dadurch, daß man Feuer vom häuslichen Herd der Vestalinnenwohnung auf den Tempelherd brachte.[120] Ging das Feuer infolge der Nachlässigkeit der Vestalinnen aus, so mußte es durch Reiben zweier Bretter vom Holz einer *arbor felix* außerhalb des Tempels neu erzeugt und in einem Kupfersieb auf den heiligen Herd gebracht werden.[121]

---

[115] Die Stellen bei P r e u n e r 277[5]; dazu CIL VI 2134.
[116] C i c e r o , De leg. II 8, 20: Virgines Vestales in urbe custodiunto ignem foci publici aeterni. P l u t a r c h , Numa 9: τὸ πῦρ τὸ ἀθάνατον ὃ φυλάττουσιν αὗται.
[117] J o r d a n 85.
[118] De Civ. Dei III 28; vgl. 18, 2.
[119] S e r v i u s , Aen. VIII 190; G i a n e l l i 31 ff.
[120] O v i d , Fast. III 143 ff.; M a c r o b i u s I 12, 6; G i a n e l l i 26, 66.
[121] F e s t i , ep. p. 75; P l u t a r c h , Numa 9. G i a n e l l i 65 f.

Die Betreuung des heiligen Feuers war die vornehmste Aufgabe der Vestalinnen, aber keineswegs die einzige. Ihrer Obhut war auch der *penus Vestae,* die Vorratskammer des Tempels anvertraut, die als „eine Art Allerheiligstes des römischen Staates" angesehen wurde.[122] Außer den für die Opfer bestimmten Gaben und Ingredienzien wurden hier seit den ältesten Zeiten der Republik bis in die späteste Zeit des Imperiums die *pignora imperii* aufbewahrt;[123] wahrscheinlich befand sich unter ihnen ein heiliger *Phallus,*[124] der an ihre Verbindung mit dem Gott *Priapus* erinnert, sowie ein anderer Fetisch, den man in späterer Zeit für das Palladium von Troja hielt.[125] Täglich hatten sie den Tempel durch Besprengung mittels eines Weihwedels zu heiligen. Das Wasser durften sie nicht der Wasserleitung entnehmen, sondern mußten es wie in alter Zeit aus der Egerischen Quelle im Hain der Camenen schöpfen und in besonderen irdenen Gefäßen, die nicht auf der Töpferscheibe hergestellt waren, auf dem Kopf zum Tempel und Atrium tragen, ohne es auf dem Wege je abzusetzen.[126] Außer den regelmäßigen rituellen Handlungen hatten die Vestalinnen die Pflicht des täglichen Gebetes für das Wohl des römischen Volkes.[127] Ferner oblag ihnen die Zubereitung der für das Staatsopfer bestimmten *mola salsa:* sie hatten die Speltähren zu dörren, zu zerstampfen und zu mahlen, um aus diesem Mehl an bestimmten Festtagen durch Vermischung mit einer rituell zubereiteten Salzlake *(muries)* das Opferbrot herzustellen.[128]

An den meisten Festen des römischen „Kirchenjahres" wirkten Vestalinnen aktiv bei den öffentlichen Kultfeiern mit.[129] Am 30. Januar feierten sie mit den *pontifices* ein *sacrificium anniversarium* an der *ara pacis Augustae.* Am 13. Februar leiteten sie das allgemeine Totenfest

---

[122] F o w l e r 136.
[123] Liv. V 40; P l u t. Camill. 21 und zahlreiche andere Notizen bei G i a - n e l l i 67; W i s s o w a 159[1].
[124] Plin. Hist. Nat. 28, 39.
[125] Cic. pro Scauro 48.
[126] Plut., Numa 13.
[127] C i c e r o , Pro Fonteio 21, 46.
[128] Die Belege bei G i a n e l l i 76; P r e u n e r 306; M a r q u a r d t 343; W i s s o w a 145.
[129] Die Quellenangaben für das Folgende bei G i a n e l l i 70 ff.; P r e u n e r 308 ff.; M a r q u a r d t 344 ff.; Georg R o h d e 107 f.

(die *Parentalia*) am Grabe der *Tarpeja*, die wahrscheinlich als chthonische Gottheit anzusehen ist. Jede Familie ging an diesem Tage an das Grab ihrer Vorfahren, um Blumen niederzulegen, Wasser, Wein, Milch, Honig und Öl zu opfern und Abschiedsworte zu sprechen. Die Vestalinnen aber brachten dieses Opfer für das ganze Volk dar. Am 15. Februar, dem Fest der *Lupercalia*, übergaben sie die von ihnen bereitete *mola salsa*. Am 1. März erneuerten sie das heilige Feuer wie die heiligen Lorbeeren, die ob ihrer reinigenden Kraft im Tempel aufgehängt wurden. Am 15. April vollzogen sie die *Fordicidia*, indem sie schwangere Kühe *(fordae boves)* der Erdgöttin *Tellus* als Fruchtbarkeitszauber darbrachten. Die aus ihrem Leibe ausgeschnittenen, ungeborenen Kälber wurden zu Asche verbrannt. Am 21. April, dem Jahrestage der Gründung Roms, verteilten sie bei der Feier des alten Hirtenfestes der *Parilia* die *februa*, Mittel für die Lustration (Reinigung) der Felder und des Viehes, und zwar die Asche von den *Fordicidia*, das Blut des Oktoberrosses und Bohnenstroh. Am 15. Mai vollzogen sie die *Argeorum sacra*, eines der ältesten, wichtigsten und heiligsten Staatsopfer. Sie stürzten vierundzwanzig aus Binsen geflochtene Puppen mit gebundenen Händen und Füßen, genannt *Argei*, vom *Pons Sublicius* in den Tiber, offenbar Ersatzstücke für ein früheres Menschenopfer, das als Regenzauber diente. Am 7. Juni öffneten sie zum Beginn der *Vestalia* den äußeren Teil des *penus Vestae* für die Matronen, welche barfuß in Prozession dorthin zogen. Am 9. Juni, dem Hauptfest der Göttin, opferten sie zum zweiten Male die *mola salsa*. Am 15. Juni vollzogen sie die Reinigung des Tempels *(stercoratio)*. Am 21. August, dem Fest der *Consualia*, brachten sie zusammen mit dem *flamen Quirinalis* ein Opfer auf dem Altar des Gottes des Erntesegens *Consus* dar. Am 25. August feierten sie das Fest von dessen weiblicher Partnerin, der *Ops Consivia*. Am 13. September opferten sie zum dritten Male die *mola salsa*. Am 12. Oktober begingen sie zusammen mit den *pontifices* das Jahresopfer auf dem Altar der *Fortuna Redux*. Am 15. Oktober fingen sie das Blut des dem Mars geopferten Oktober-Rosses auf und brachten es in den P e n u s der Vesta.

Zu diesen immer wiederkehrenden Feiern kamen die Riten und Gebete, die sie bei besonderen Anlässen für die Allgemeinheit verrichteten: bei nationalen Ereignissen, Empfängen, Einweihungen, Begräbnissen, öffentlichen Unglücksfällen und beim Auftreten von schreckhaften Vorzeichen *(prodigia)*, welche Sühnemaßnahmen erheischten. Ihrem Gebet schrieb das Volk wunderbare Kraft zu; so glaubte man, daß sie durch diese Gebete flüchtige Sklaven, bevor sie aus der Stadt entwichen, zurückhalten könnten.[130]

Weil die Vestalinnen als Verkörperung der *mater Vestae* verehrt wurden, wirkten sie als Boten des Friedens und der Eintracht. Staatsmänner erbaten ihre Vermittlung in politischen Streitigkeiten, Beschuldigte ihre Fürbitte bei Richtern, Flüchtlinge fanden in der *aedes Vestae* ein heiliges Asyl.[131] Die von Vestalinnen Begleiteten waren gegen jeden Angriff geschützt. Begegnete dem Verbrecher auf dem Wege zum Richtplatz eine Vestalin, so wurde ihm sein Leben geschenkt. Herrscher legten ihr Testament in ihrem Atrium nieder, wo ihnen die größte Sicherheit gewährleistet schien.[132]

Die grenzenlose Verehrung, die den Vestalinnen im ganzen römischen Volk zuteil wurde, fand ihren Ausdruck in besonderen Vorrechten.[133] Wenn sie ausgingen, begleitete sie ein *Liktor,* dem selbst die Konsuln auswichen. Die *lictores* senkten vor ihnen ihre *fasces* (Rutenbündel mit dem Beil). An bestimmten Tagen durften sie im *currus arcuatus* (dem mit einem Bogen versehenen Wagen) ausfahren. Im Theater hatten sie einen besonderen Ehrenplatz. Bei Zeugnisablegung waren sie von der Eidespflicht befreit. Nur wenn eine Vestalin die Begegnung mit einem Verurteilten zu bezeugen hatte, mußte sie schwören, aber nur bei ihrer Göttin. Wie die Männer hatten die Vestalinnen das Recht der testamentarischen Verfügung. Auf der Beleidigung ihrer Person stand Todesstrafe. Endlich wurden sie innerhalb der Stadtmauern bestattet, eine Ehre, die sonst nur hervorragenden Staatsmännern und Feldherren erwiesen wurde.

Diese wunderbare Macht und diese unvergleichliche Ehre beruhte einzig und allein auf ihrer Keuschheit. Ihre erste und höchste Pflicht war, das Gelübde der fleckenlosen Jungfräulichkeit, das sie bei der Wahl zu ihrem Amte auf sich nehmen mußten, während ihrer Amtszeit streng zu erfüllen. Darum wurden sie neben ihrem amtlichen Titel, *sacerdotes,* als *virgines sanctae* ausgezeichnet, als *castae virgines, virgines ministrae,* ἱεραὶ παρθένοι, ἀειπάρθενοι (eine Bezeichnung, mit

---

[130] Plin. Hist. Nat. 28, 13.
[131] Das Nähere bei G i a n e l l i 93.
[132] Die Einzelheiten bei P r e u n e r 299.
[133] Ausführlich bei P r e u n e r 298 f.; G i a n e l l i 93.

welcher die christliche Kirche später die Gottesmutter schmückte).[134]
Dem Schutz ihrer Keuschheit diente die Klausur ihrer Wohnung, die
außer dem *Pontifex* kein Mann betreten durfte.[135] Aber nicht nur
äußere Enthaltsamkeit vom geschlechtlichen Umgang forderte das Virginitätsideal des vestalischen Priestertums, sondern innere Reinheit. Die
Vestalin Aemilia schwor, daß sie ihr Gelübde gehalten habe, indem
sie ihre Seele rein und ihren Leib keusch bewahrt habe (καὶ ψυχὴν
ἔχουσα καθαρὰν καὶ σῶμα ἁγνόν).[136]

Eben darum galt die Verletzung der Keuschheit als ein furchtbarer
Frevel, als eine „Befleckung des Heiligen" (μιαίνει τὰ ἱερά),[137] als ein
Attentat gegen die Sicherheit des Staates. Schon das Erlöschen der
heiligen Flamme wurde von den Römern als schlimmstes Vorzeichen
(*prodigium*), als furchtbarstes Unheil (ὑπὲρ ἄπαντα δεινά) angesehen.[138]
Hatte eine Vestalin durch Nachlässigkeit das Erlöschen verschuldet,
so wurde sie zur Strafe vom *Pontifex maximus* in einem dunklen Ge-
mach gegeißelt.[139] Dieses Erlöschen des Feuers konnte freilich auch
durch den Zorn der Götter hervorgerufen sein. Immer aber wurde der
Verdacht auf die diensttuende Priesterin gelenkt, daß sie das Keuschheitsgelübde verletzt habe. Es wird erzählt, daß die Götter selbst diesen
Frevel gerächt haben; so sei eine Vestalin, *quae minus casta erat,* vom
Blitz getroffen worden.[140] Wenn die Gottheit nicht selbst eingriff, hatte
der *Pontifex maximus* mit dem gesamten Pontifikalkollegium die Schuld
der Vestalin zu untersuchen. Bisweilen, so glaubte man, reinigte die
Göttin selbst durch ein Wunder ihre angeklagte Dienerin, die zu ihr
rief, von der Schuld. So trug, wie selbst Augustinus berichtet,[141] die

---

[134] Hor., Carm. I 2, 27; A r n o b. IV 35; O v i d, Fast. VI 283; D i o n y s . ,
Hal. I 69; Dio Cassius 37, 35. Weitere Stellen bei P r e u n e r 290.
[135] Appian Bell. Civ. I 54.
[136] Dion. Hal. II 68.
[137] Dion. Hal. VIII 89.
[138] Dion. Hal. II 67. Ähnlich Livius 28, 11: Plus omnibus aut nuntiatis peregre
aut visis domi prodigiis terruit animos hominum ignis in aede Vestae
exstinctus.
[139] Plut. Numa 10; Dion. Hal. II 67.
[140] S e r v i u s , Aen. III 12; G e l l i u s N. A. I 12, 19.
[141] Civ. Dei X 16; XXII 10, 3; Dion. Hal. II 69; Val. Max. VII 1, 5; Plin.
h. n. 28, 12.

Vestalin *Tuccia* zum Erweis ihrer Keuschheit in einem hohlen Sieb Wasser vom Tiber in die *aedes Vestae*. Wurde aber die Schuld festgestellt, so wurde die Vestalin wegen des Verbrechens des *incestus* (Unzucht, Blutschande) vom *Pontifex maximus* zum Tode verurteilt. Auch dann freilich wagte man nicht, sich an ihrem Leibe zu vergreifen, denn sie blieb auch als Frevlerin der Göttin geweiht.[142] Man übergab sie gewissermaßen den unterirdischen Göttern zur Bestrafung. Sie wurde des Kennzeichens ihrer Reinheit, der weißen Kopfbinde, beraubt, mit verhülltem Antlitz auf eine Bahre geschnallt und, geleitet von wehklagenden Verwandten und Freunden, über das Forum zu einem Platz an der *Porta Collina* getragen, der sich noch innerhalb der Stadtmauern befand und im Volksmund *Campus Sceleratus* hieß. Dort wurde sie losgebunden, der Oberpriester erhob die Hände zum Himmel und sprach geheimnisvolle Gebetsworte; dann stieg die Schuldige auf einer Leiter in eine unterirdische Kammer, in der eine Lagerstätte, ein Tisch mit etwas Brot, Wasser, Milch und Öl bereitet war. Sogleich wurde die Leiter weggezogen und der Eingang mit Erde zugeschüttet. Die Jungfrau, welche die heilige Ehe gebrochen hatte, war lebendig begraben, den chthonischen Mächten überantwortet. Keine *Parentalia* noch irgend eine Totenfeier wurde ihr zuteil. Ihr Verführer aber wurde vom Oberpriester selbst auf dem Forum mit Ruten zu Tode gepeitscht. Dieser Tag, der in der Geschichte des römischen Reiches zwölfmal wiederkehrte,[143] war ein Unglückstag ersten Ranges für das ganze römische Volk. „Kein Schauspiel erschien den Römern grausiger, keinen furchtbareren Trauertag beging die Stadt".[144] So rätselhaft schien dieser Frevel dem römischen Volk, daß es glaubte, er könne nicht aus bloßer weiblicher Sinnlichkeit geschehen, sondern nur aus irgendeinem dämonischen Zorn (οὐκ ἐκ γυναικείας ἔτι ἀσελγείας, ἀλλ' ἐκ δαιμονίας τινὸς ὀργῆς).[145]

Mehr als ein Jahrtausend währte diese Einrichtung des vestalischen Priestertums – die höchste und reinste Blüte des weiblichen Amtsprie-

---

[142] Die Schilderung des Vollzugs des Urteils bei D i o n. Hal. II 67, 4. P l u - t a r c h, Numa 10; P l i n. ep. IV 11, 6 ff.; W i s s o w a, ARW 22, 202 ff.; G i a n e l l i 89 f.

[143] Die Namen und Daten bei G i a n e l l i 81.

[144] P l u t a r c h, Numa 10.

[145] Dio Cass. 26 frg. 87, I p. 331.

stertums im Heidentum. Dann schlug die Stunde für diese heilige Einrichtung, welche für die Römer so eng verknüpft war mit dem Schicksal
von Stadt, Staat und Reich. Im Jahre 394 „wurde das Gesetz des
Theodosius in Rom streng durchgeführt, alle Tempel wurden geschlossen, jeder Kult heidnischer Gottheiten wurde verboten. Auch das ewige
Feuer der Vesta erlosch nun für immer; die letzten Priesterinnen flohen
aus ihrer unverletzlichen Stätte".[146] Der geheimnisvolle Glanz aber,
der die jungfräulichen Dienerinnen der *mater Vesta* und Hüterinnen
ihres unauslöschlichen Feuers umstrahlte, ging über auf die jungfräulichen Asketinnen und Nonnen der Kirche Christi.

Das Seherinnen- und Priesterinnenwesen der alten Religionen ist in
seiner ursprünglichen Form zum größten Teil untergegangen. Nur Reste
haben sich bei einzelnen kulturarmen Völkern sowie im Hinduismus
und Shintoismus erhalten. Die hohen Religionen – sowohl die mystischen Erlösungsreligionen wie die prophetischen Offenbarungsreligionen
– haben mit dem alten Kult- und Opferwesen auch das mit ihm verbundene weibliche Priestertum verbannt. Und doch konnten sie weder
das eine noch das andere völlig ertöten. Unter der Decke der neuen
Religionen lebte die alte Religion fort; teils drang diese in mannigfachen Verkleidungen in die Vorstellungswelt und die kultischen Übun-
gen der hohen Religionen ein, teils führte sie neben diesen im schlichten,
meist unverstandenen Volksbrauchtum, im Folklore, ihr Sonderdasein.
Gerade die Frau hielt zähe an ihren alten ärztlichen, priesterlichen und
seherischen Aufgaben fest. Aus der Öffentlichkeit verdrängt, übte sie
ihr Priestertum im engen Kreis der Verwandten und Freunde aus, fernab
von der anerkannten Religion, oft nur im Geheimen. Die höheren Religionen, vor allem das Christentum, haben einen steten, zeitweise sehr
heftigen Kampf gegen dieses h e i m l i c h e P r i e s t e r t u m geführt;
sie haben es als irreligiös befehdet und seine Dienerinnen als aber-
gläubische Weiber, als Zauberinnen und Hexen gebrandmarkt und ihre
Bestrafung durch den weltlichen Arm gefordert. Wohl konnten sie nicht
leugnen, daß diese Frauen im Besitz ungewöhnlicher, „übernatürlicher"
Kräfte waren, aber diese Kräfte waren für sie nicht göttlichen, sondern
dämonischen Ursprungs. August Horneffer (zuerst Prediger der Münchener Freireligiösen Gemeinde, dann Professor der Philosophie in Gießen)

---

[146] G i a n e l l i 97.

hat in seinem an feinen psychologischen Beobachtungen so reichen
Buch über den Priester dieses weibliche Priestertum der überwundenen
Religionen mit beredten Worten gekennzeichnet:

„Die mittelalterlichen Hexen waren nicht nur sehr bedauernswer-
te Geschöpfe, die unter der menschlichen Torheit sehr zu leiden
hatten, sondern waren wirkliche Priesterinnen und Prophetinnen.
Sie hatten ... einen Bund mit den überirdischen Mächten geschlossen, ebenso wie jeder Priester aller Zeiten einen Bund mit solchen
Mächten schließt. Nur waren es angeblich böse Mächte, mit denen
die Hexen einen Vertrag eingingen, es war der Teufel und die unter
seinem Namen versteckten alten heidnischen Götter, denen sie ihre
Gelübde darbrachten und in deren Namen sie Zauberdinge vollführ-
ten ... Die Hexen waren Teufelsbräute, die Nonnen Gottesbräute ...
Das alles gehört in den uralten Kampf zwischen verschiedenen Religionen, Glaubens- und Kultsystemen hinein ... Nicht erst in christlichen Zeiten ist es die Frau, die gegen neue Glaubensformen, gegen
die Kultur der Männer, gegen die Gemeindeorganisation ankämpft.
Die Frau wird zur Hexe, d. h. sie ist die Hüterin und Bewahrerin
alter Glaubensformen, sie ist die Priesterin überwundener Götter.
Die Frau ist konservativer als der Mann; sie behält das Alte im
Gedächtnis, sie betet zu den Göttern ihrer Kindheit, sie sucht die
Glaubensgebilde und -bräuche der menschlichen Kindheit immer
wieder hervor. Darum ist sie abergläubisch. Man kann sagen, daß
jede Frau der Gegenwart, die etwas auf Besprechung, Wahrsagung
und andere Geheimkulte hält, eine unbewußte Priesterin untergegan-
gener Religionen ist. Sie ist eine Kämpferin für den uralten unter-
drückten Zauberglauben, eine Kämpferin gegen den bestehenden
höheren Glauben".[147]

Dieser heimliche, zauberisch-religiöse Frauendienst hat in der Geschichte der europäischen Völker einen viel breiteren Raum, als man
gewöhnlich weiß und ahnt. Der gelehrte Darsteller der keltischen Religion, Mac Culloch, betont: „Als das Heidentum dahinschwand, blieb
viel von seinem Volksritual und seiner Zauberei zurück, geübt von

---

[147] Der Priester I 24. Vgl. K. W e i n h o l d , Die deutschen Frauen im Mittelalter (1897) I³, 59 ff.

weisen Frauen und Hexen, welche für Generationen ebenso viel Macht über unwissende Geister besaßen als die christlichen Priester".[148] In den Volksbräuchen romanischer, slavischer und germanischer Rasse hat sich viel vorchristliche Zauberweisheit durch die Überlieferung kundiger Frauen bis zum heutigen Tage erhalten. Adolf Wuttke, der kenntnisreiche Darsteller des „Deutschen Aberglaubens der Gegenwart", schreibt: „Die Welt des Aberglaubens hat ihre den Zauber als Beruf ausübenden Priester und Priesterinnen so gut wie jede andere Religion, und dieser Beruf ist teilweise augenscheinlich eine Fortsetzung des altheidnischen Priestertums. Das weibliche Geschlecht ist hierzu höher befähigt als das männliche".[149] Ein katholischer Historiker, Anton Mayer,[150] bestätigt in seiner aufschlußreichen Monographie „Erdmutter und Hexe" diese wichtigen Erkenntnisse der Folkloristen und Religionsforscher. Er weist hin auf die Bußbücher, Beichtspiegel und Bekehrerbücher des ausgehenden ersten Jahrtausends, wo immer wieder *maleficae feminae, dominae sortilegae, sceleratae mulieres* genannt werden, Frauen, die zauberische und weissagerische Kräfte entfalten. Er erinnert daran, daß in der Vita des heiligen Korbinian berichtet wird, dieser Bischof habe auf dem Burgberg in Freising eine Frau gezüchtigt, weil sie mit *carmina* (Zaubergesängen) und *maleficia* (schwarzer Kunst) versucht hatte, den kranken Sohn des Herzogs Grimoald zu heilen. Mayer stellt auch fest, daß die volkstümlichen Vorstellungen von der Walpurgisnacht, in der die Hexen auf dem Blocksberg und anderwärts sich sammeln und ihre Hexentänze aufführen, nicht bloß krankhafte Phantasien sind, sondern Erinnerungen an heidnische Fruchtbarkeitsriten im Dienst der Erd- und Fruchtbarkeitsgöttin, die schon in Griechenland als die πάγκαρπος Γαῖα erschien. Mit dem Anwachsen des Teufelsglaubens wurden diese uralten Riten als Teufelsdienst angesehen und die sexuellen Fruchtbarkeitszeremonien und die sakrale Nacktheit als Teufelsbuhlschaft mißdeutet, was um so verständlicher ist, als ja die Bekehrer der Heiden deren Götter als Dämonen ansahen. Viele Beobachtungen, die ich in meiner Jugend in katholischen Gegenden

---

[148] The Religion of ancient Celts 317.
[149] Adolf *Wuttke*, Der deutsche Aberglaube der Gegenwart, dritte Bearb. durch Elard Hugo *Meyer*, Leipzig ([4]1925) 146. Viele Einzelheiten im Artikel Frau, *Bächtold-Stäubli* IV, 841–854, bes. 847 f.
[150] Anton *Mayer*, Erdmutter und Hexe. Freysing (1936).

Süddeutschlands gemacht habe, haben mich belehrt, wie wenig das katholische Priestertum dieses mit ihm konkurrierende geheime Zauberpriestertum der Frau aus germanischer Vorzeit unterdrücken konnte. Wohl besuchte das katholische Landvolk eifrig den Gottesdienst, gebrauchte die kirchlichen Sakramentalien, in denen ebenfalls manches altgermanische Kultgut sich erhalten hat, pilgerte zu den „Gnadenorten", die vielfach ehemalige heidnische Heiligtümer sind, rief den Priester zu Kranken und Sterbenden. Aber in den alltäglichen Nöten, bei Krankheit, Viehseuche, Mißwuchs und Anfeindung wandte man sich häufig an zauberkundige Männer (meist Schäfer) und Frauen, die nach uralten, halb oder ganz geheimen Methoden helfen und heilen konnten, Wunden „besprechen", die Schwermut „wegbeten", die Fruchtbarkeit der Felder und Tiere sicherstellen, aus der Hand, dem Zauberspiegel oder den Karten die Zukunft prophezeien konnten. Auch der Glaube an die geheimnisvolle Kraft der Jungfräulichkeit war nicht erloschen; viele Zauberhandlungen, zumal solche, welche die Fruchtbarkeit der Felder oder Regen bewirken sollten, konnten nur von unberührten Mädchen vollzogen werden.[151] Aber auch den Witwen wird wegen ihrer geschlechtlichen Enthaltsamkeit eine erhöhte Zauberkraft zugeschrieben.[152] Sogar die sakrale Prostitution, die ja wesentlich ein Fruchtbarkeitszauber ist, hat sich in zahlreichen Volksbräuchen erhalten, die von nackten Mädchen und Frauen vollzogen werden,[153] so, wenn im Saalfeldischen ein Mädchen sich nackt im Flachs wälzt, damit er hoch wachse. Ebenso lebt der fruchtbarkeitbringende ἱερὸς γάμος in symbolischen Handlungen fort, z. B. wenn im Badischen vor dem ersten Pflügen eine Jungfrau dem Pflüger einen Kuß gibt.[154]

Die beiden Weltkriege mit den direkt oder indirekt in ihrem Gefolge einsetzenden wirtschaftlichen und gesellschaftspolitischen Veränderungen haben die allermeisten Volksbräuche dahinschwinden lassen. Der Versuch völkischer Kreise, altes Brauchtum und damit auch die Kultbräuche wieder zu beleben, mußte schon wegen seiner Verbindung mit nationalsozialistischen Bestrebungen – wenn nicht aus tieferliegenden Gründen – scheitern. Ganz vergessen oder gar ausgestorben ist das

---

[151] *Fehrle,* a. a. O. 58, 63; *Bächtold-Stäubli* IV 841–854, bes 847 f.
[152] *Wuttke,* a. a. O. 107.[1]
[153] Art. Nacktheit, *Bächtold-Stäubli* VI, 823–916. bes. 891 ff.
[154] *Fehrle,* a. a. O. 58, 63; Weitere Beispiele bei *Bächtold-Stäubli* II 1766 f.

Wissen um die geheimnisvollen Kräfte der Frau nicht. Das weibliche
Zauber-, Seher- und Priestertum längst vergangener Zeiten hat neben
den Einrichtungen der christlichen Kirchen und trotz derselben lange
weitergewirkt und wirkt auch in unserer „aufgeklärten", technisierten
und rationalisierten Gesellschaft weiter, wenn auch oft in entarteter
Form. Auch hier gelten die Worte des großen Kenners der antiken
Religionsmischung, Franz Cumont: „Die Frömmigkeit der Massen ist
unveränderlich wie das Wasser in den Tiefen des Meeres: sie wird von
den Oberströmungen weder mitgerissen noch erwärmt."[155]

---

[155] F. Cumont, Die orientalischen Religionen im römischen Heidentum, 231.

II. ASIATISCHE ERLÖSUNGS- UND
OFFENBARUNGSRELIGIONEN

Das weibliche, zauberhafte und seherische Priestertum, das seit uralten Zeiten auf der ganzen Erde bestand, fand in den sogenannten Hochreligionen keinen Platz. Ja, mehr als das, der religiöse Frauendienst ist in ihnen weithin unterdrückt worden; an die Stelle der Anerkennung der Frau als Trägerin der Heiligkeitskraft ist vielfach eine Geringschätzung der Frau, teilweise geradezu Frauenfeindlichkeit getreten. Die H o c h r e l i g i o n e n sind ausgesprochen Männerreligionen in dem Sinne, daß nicht nur die entscheidende Initiative und Schöpferkraft, sondern auch die Leitung der religiösen Organisation in den Händen der Männer liegt. Dennoch haben Frauen auch in den Hochreligionen streckenweise einen starken Einfluß ausgeübt; auch zeigt sich heute in fast allen eine mehr oder minder deutliche Tendenz zur Gleichstellung von Mann und Frau.

Eine höchst merkwürdige Wandlung hat die Stellung der Frau in den i n d i s c h e n R e l i g i o n e n[1] durchlaufen. Am Anfang der Entwicklung steht hier dieselbe *grande déesse* und Große Mutter, welche das religiöse Leben von ganz Vorderasien beherrschte. Die prä-arische Kultur Indiens ist wie letztere eine matriarchalische gewesen. Diese ältere Kultur, die sogenannte Indus-Kultur,[2] deren Zeugnisse durch die Ausgrabungen in *Mohenjo Daro* und *Harappa* wieder ans Tageslicht getreten sind, wurde durch die patriarchalische Kultur der indogermanischen Eroberer zurückgedrängt. Immerhin besaß die Frau auch in der ältesten arischen Periode Indiens eine geachtete Stellung. Sie wird in der alten indischen Literatur häufig als „die eine Hälfte des Mannes"

---

[1] Moriz W i n t e r n i t z , Die Frau in den indischen Religionen. I Die Frau im Brahmanismus. Leipzig 1920; Helmuth v. G l a s e n a p p , Die Religionen Indiens, Stuttgart 1943, Neuausgabe 1954.

[2] D. H. G o r d o n , The pre-historic background of Indian culture. Bombay 1958; F. H e i l e r , RM (1962²) 209 ff.; Lit. 919.

bezeichnet. Als solche ist sie in der v e d i s c h e n Z e i t[3] (2500 bis 1500) „Hauspriesterin", welche zusammen mit ihrem Manne alle wichtigen häuslichen Zeremonien, insbesondere den Feuerkult vollzieht. „Von der Hausfrau begleitet, verehren die Männer den ehrwürdigen *Agni* (Gott des Feuers = *ignis*)", heißt es in einem Hymnus des *Ṛgveda*. Hatte ein Mann mehrere Frauen, so nahmen alle Frauen am Opfer teil. Bei der Hochzeit umwandeln gemeinsam Braut und Bräutigam das neuentzündete heilige Feuer und übergeben ihm darnach die Hochzeitsspende. Dann wird das Feuer in das neue Haus gebracht, wo es ständig unterhalten werden muß. Jeden Morgen und Abend bringen die Eheleute ein Feueropfer dar, desgleichen ein Speiseopfer den verschiedenen Gottheiten, allmonatlich ein Neu- und Vollmonds-Opfer. Bei allen diesen Opfern ist die Frau teils die unentbehrliche Gehilfin des Mannes – sie zerstößt die Körner, wäscht das geschlachtete Opfertier, preßt mit ihm zusammen die Soma-Pflanze und mischt den gewonnenen Saft mit Milch, bringt mit ihm das Speiseopfer dar – teils ist sie seine Stellvertreterin, die während seiner Abwesenheit alle sakralen Pflichten allein verrichtet. Sowohl der feierliche Hochzeitsritus wie der regelmäßige Priesterdienst machen die Ehe im alten Indien zu einem ‚Sakrament' und verleihen ihr einen unauflöslichen Charakter.

Wie im Hause Gatte und Gattin gemeinsam die vorgeschriebenen Opfer vollziehen, so im Volk König und Königin. Für beide wie für den Hauspriester werden auf dem Opferplatz besondere Hütten errichtet. Die Königin nimmt an den einzelnen vorbereitenden Handlungen, dem Weiheakt wie dem Opfer selbst und an den Schlußzeremonien aktiven Anteil. Den heiligsten Akt bei dem prunkvollsten vedischen Opfer, dem *aśva-medha*, nämlich den großen Fruchtbarkeitszauber des ἱερὸς γάμος, vollzieht die Königin allein: sie legt sich neben das geschlachtete Opferroß. So dokumentiert die älteste arische Religion in Indien die Ebenbürtigkeit der Frau gegenüber dem mänlichen Opferer.

Daß diese Ebenbürtigkeit nicht eine besondere indoarische, sondern die uralte indogermanische Eigentümlichkeit war, geht aus Parallelen der altpersischen und altrömischen Religion hervor. Nach dem *Avesta*, der „Bibel" der zoroastrischen Religion, hat auch im alten Persien die Frau am Opferakt teilgenommen. Die „Herrin des Hauses" wird zu-

---

[3] W i n t e r n i t z, Die Frau, 8–14. Hermann O l d e n b e r g, Die Religion des Veda, Stuttgart–Berlin ⁴1924, 127 ff., 450 ff.

sammen mit den frommen und rechtschaffenen Männern zum Opfer geladen.[4] In der altrömischen Religion unterstützte die *flaminica dialis* ihren Gatten, den *flamen dialis*, desgleichen die *regina sacrorum* den *rex sacrorum*. Beide unterstanden wie ihre Männer den strengen Bestimmungen des römischen Zeremonialgesetzes. Die *flaminica* trug beim Gottesdienst den roten Schleier *(flammeum)*, den die Braut bei der sakralen Hochzeitsfeier zu tragen pflegte.[5]

In der späteren Entwicklungsphase der altindischen Religion, im B r a h m a n i s m u s , wird die Haltung gegenüber der Frau zwiespältig. Auf der einen Seite vernehmen wir Worte der Hochschätzung. Deshalb hat Nietzsche rühmend von dem *Mānava-dharma-śāstra* (dem Gesetzbuch des *Manu*) gesprochen: „Ich kenne kein Buch, wo dem Weibe so viel zärtliche und gütige Dinge gesagt würden wie in dem Gesetzbuch des *Manu;* diese alten Graubärte und Heiligen haben eine Art, gegen Frauen artig zu sein, die vielleicht nicht übertroffen ist. ‚Der Mund einer Frau' – heißt es einmal –, ‚der Busen eines Mädchens, das Gebet eines Kindes, der Rauch des Opfers sind immer rein.' Eine andere Stelle: ‚Es gibt gar nichts Reineres als das Licht der Sonne, den Schatten einer Kuh, die Luft, das Wasser, das Feuer und den Atem eines Mädchens'."[6] Auch das große Heldenepos *Mahābhārata*[7] enthält Mahnungen zur Hochachtung der Frauen. „Beständig muß man die Frauen ehren und schmücken, und wo die Frauen geehrt werden, da haben die Götter ihre Lust. Und wo sie nicht geehrt werden, sind alle religiösen Handlungen fruchtlos."[8] „Auch im höchsten Zorn soll ein Mann nichts tun, was den Holden nicht lieb ist, im Gedanken daran, daß Liebeslust, Freude und das Gute ja auf sie zurückgeht."[9] In der *Śakuntalā*-Erzählung des *Mahābhārata* finden sich die Preisworte: „Sie,

---

[4] Vispered 3, 3; W. G e i g e r , Ostiranische Kultur im Altertum. Erlangen 1882, 244.

[5] Georg W i s s o w a , Religion und Kultur der Römer. München (1902) 1912², 506; W. Ward F o w l e r , The Religious Experience of the Roman People, London 1911, 37, vgl. o. S. 34 f.

[6] Friedrich N i e t z s c h e , Umwertung aller Werte. I. Buch, Der Antichrist, 56.

[7] s. W i n t e r n i t z , Geschichte der indischen Literatur, Bd. 1–3, Leipzig 1908–1923.

[8] Manu 3, 55. 56.

[9] Mahābhārata 1, 68, 50.

die sanftredenden Frauen, sind Freunde in der Einsamkeit, Väter beim Vollzug der heiligen Handlungen, Mütter für den Unglücklichen."[10] „Von Seelenschmerz gepeinigt und von Krankheiten heimgesucht, erquicken Männer sich an ihren Frauen wie die von Hitze Gequälten an frischem Wasser."[11] Das andere Heldenepos, *Rāmāyaṇa,* erzählt, daß alle Wesen ursprünglich gleich waren an Gestalt, Geschlecht, Sprache usw. Dann setzte der Schöpfer einen Unterschied, nahm das Beste aus allen und formte daraus das Wunderweib *Ahalyā.*[12]

In dieser Epoche führte der patriarchalische Charakter der Gesellschaftsform zur Ausbildung eines Frauenideals, das man als Griseldis-Ideal[13] bezeichnet. Die brahmanische Frau ist das unbedingt gehorchende, unterwürfige, dem Manne dienende Weib, von dem *Manu* lehrt: „Selbst wenn ein Gatte aller Tugenden bar ist, nur den Lüsten frönt und keinerlei gute Eigenschaften besitzt, muß er von einer tugendhaften Frau stets wie ein Gott geehrt werden."[14]

Neben den rühmenden Worten stehen aber schon in den *Brāhmaṇas,* in den großen Epen und im Gesetzbuch *Manus* zahlreiche verächtliche Worte über die schlechten Eigenschaften der Frau. „Seitdem die fünf großen Elemente bestehen, seitdem die Welten vom Schöpfer gebildet und seitdem Männer und Frauen geschaffen wurden, von der Zeit an haften die Mängel an den Frauen."[15] Die Frau wird als der Inbegriff des Schlechten gebrandmarkt, als Ursache allen Übels in der Welt. Als Verkörperung der Sinnlichkeit ist die Frau die Ursache des *Saṃsāra,* des Geburtenkreislaufes, in den der Mann hineingebannt ist, und damit die Ursache des unaufhörlichen Leidens und Sterbens. Vor allem wird die Frau als die gefährliche Verführerin des Mannes gekennzeichnet. „Es ist die Natur des Weibes, den Mann in dieser Welt zu verführen;

---

[10] Mahābhārata 1, 68, 42.
[11] Mahābhārata 1, 68, 49.
[12] Rāmāyaṇa 7, 30, 17 ff.
[13] Griseldis ist die Heldin einer Erzählung Petrarcas, die auf eine Novelle in Boccaccios Decamerone zurückgeht. Sie war die Tochter eines armen Bauern, wurde Gattin des Markgrafen Walter von Saluzzo und von diesem durch harte Proben auf ihre Demut und Unterwürfigkeit hin geprüft. Die Erzählung Petrarcas ist zu einem beliebten Volksbuch geworden, nicht nur in Italien, sondern durch Übersetzungen auch in anderen Ländern Europas.
[14] Manusmṛti 5, 154.
[15] Mahābhārata 13, 2231.

sie ist imstande, nicht nur den Unwissenden in die Irre zu führen, sondern auch einen gelehrten Mann, und ihn zu einem Sklaven der Lust zu machen."[16] „Der Frauen Zuneigung währt nur einen Augenblick wie die Morgen- und Abendröte; ihre Absichten sind gewunden wie Flüsse; man darf Frauen ebensowenig trauen wie Schlangen, und unstet sind sie wie der Blitz."[17] Die Geringschätzung der Frau äußert sich besonders darin, daß die Geburt einer Tochter als ein Unglück angesehen wird. *Duhitā kṛpaṇam param* – „die Tochter ist das größte Unglück".[18] „Ein Freund ist die Gattin, ein Jammer die Tochter, Licht in der höchsten Himmelswelt ist der Sohn"[19] (für den Vater). Aus dieser Bewertung der Tochter erklärt sich die grausame Sitte der Aussetzung neugeborener Mädchen. Wegen ihres religiös-ethischen Tiefstandes wurde den Mädchen das Studium der heiligen Schriften, der *Veden*, das ihnen ursprünglich nach Vollzug des Initiationsritus, des *upāyana*, gestattet war, verboten; erlaubt blieb nur die Beschäftigung mit den Traditionsschriften, der sogenannten *smṛti*, und die Übung des Yoga.[20] An die Stelle der Frauen bei den vedischen Opfern trat der brahmanische Priester.

Eine tiefere Auffassung von der Frau, die Anerkennung ihrer religiösen und sittlichen Ebenbürtigkeit gegenüber dem Mann, brach in der m y s t i s c h e n   E r l ö s u n g s r e l i g i o n des alten Indien durch, die ihre Urkunden in den mit den Veden verbundenen *Upanishaden*,[21] d. h. mystischen Geheimanweisungen hat. Frauen wie *Gārgi* und *Maitreyi*, letztere die Gattin des großen Priestersehers *Yājñavalkya*, treten als wißbegierige Fragerinnen auf; aber sie dürfen nicht nur aus dem Munde des Weisen das erlösende Wissen von der Einheit des *ātman* (Seelengrund) mit dem

---

[16] Manu 2, 213.

[17] Kathāsaritsāgara 37, 143.

[18] Manu 4, 185.

[19] Aitareya-Brāhmaṇa 7, 13, 8.

[20] Mahābhārata XII 213, 7 ff.; 240, 34; Helmuth v. G l a s e n a p p , Der Hinduismus, Religion und Gesellschaft im heutigen Indien. München (1922) 348 ff.; RM 227 ff.

[21] Alfred H i l l e b r a n d t , Aus Brahmanas und Upaniṣaden, Jena 1923; Paul D e u s s e n , Sechzig Upanishad's des Veda, Leipzig (1897) 1921; derselbe: Die Geheimlehre des Veda. Ausgewählte Texte der Upanishad's. Leipzig 1907²; Friedrich H e i l e r , Die Mystik in den Upanishaden. München–Neubiberg 1925.

brahman (der den Kosmos durchdringenden Gotteskraft) erfahren;[22] sie vermögen dem mystischen Weishcitslehrer scharfsinnige Einwände zu machen und ihn in die Enge zu treiben. So sagt *Gārgi* zu *Yājñavalkya:* „Ich erhebe mich gegen dich, *Yājñavalkya.* Wie ein Heldensohn aus Benares oder aus Videha den gespannten Bogen mit der Sehne bespannt und mit zwei feindedurchbohrenden Pfeilen in der Hand sich erhebt, geradeso erhebe ich mich gegen dich mit zwei Fragen, die beantworte mir".[23] Das Wort erinnert an den Ausspruch eines griechischen Schriftstellers zur Zeit Alexanders des Großen: συμφιλοσοφεῖν δ᾽ αυτοῖς [Βραχμανοῖς] καὶ γυναῖκας. „Auch Frauen philosophieren zusammen mit den Brahmanen".

Frühzeitig beschritten in Indien auch Frauen den harten Weg der Askese und des Heilsuchens; teils zogen sie in Begleitung des Mannes „aus der Welt in den Wald",[24] teils gingen sie allein aus der Heimat in die Heimatlosigkeit, so die Hetäre *Pingali,* die ihrem Geliebten entsagte.[25] Einzelne Frauen erreichten sogar ein solches Maß in der Versenkung und der mystischen Erkenntnis, daß sie Männer über das geistliche Leben zu belehren vermochten und in ihrem Leid trösten konnten wie *Sulabhā* den König *Dharmadhvaja.*[26]

Bedeutete die *Upaniṣad*-Mystik eine Steigerung des Ansehens der Frau, so stieg diese noch höher empor in der h i n d u i s t i s c h e n M y s t i k. Die Eigenart des Hinduismus ist durch die Entdeckung der prä-arischen Induskultur viel deutlicher geworden. In ihm ist die uralte, auf matriarchalischem Boden gewachsene Religion der „Großen Mutter" von neuem durchgebrochen und hat sich mit der jüngeren, patriarchalisch orientierten arischen Religion der Veden vermischt. Die Folge dieser Vermischung ist die Unterordnung der großen weiblichen Gottheiten unter ihren männlichen Partner, dem sie als Göttin beigegeben werden: *Śri* oder *Lakṣmi* dem *Viṣṇu, Sitā* oder *Mahādevi* dem *Rāma.* Auf den plastischen Darstellungen in den Tempeln erscheinen die weiblichen Partnerinnen als eine wesentlich kleinere Figur gegenüber der Figur des

---

[22] Bṛhad-āraṇyaka-Upaniṣad II 4; III 6, 8; IV 5; D e u s s e n , Sechzig Upanishad's 416 ff.; 437 f, 481 ff.

[23] vgl. D e u s s e n , a. a. O. 444 f.

[24] Sannyāsa-Upaniṣad 2, 7. D e u s s e n , a. a. O., 689.

[25] Mahābhārata XII 174, 58 ff., vgl. G l a s e n a p p , Hinduismus 266.

[26] Mahābhārata XII 218, 321.

männlichen Gottes. In *Kālī, Durgā, Pārvatī* dagegen, in *Caṇḍī, Devī* oder *Śakti*, wie immer ihre Namen lauten mögen, erhielt sich die alte vorarische Muttergottheit in ihrer Selbständigkeit. Zwar wurde *Śakti* mit *Śiva* verbunden, aber ihm nicht untergeordnet, sondern gleich-, ja, übergeordnet. Sie tritt mit ihrem Fuß auf ihn, als er sich niederwarf, um sie anzuflehen, von ihrem Zorn zu lassen. Sie blieb bis zum heutigen Tage die „Große Mutter" der Urzeit, die „Weltenmutter" als Schöpferin; sie ist zugleich die große Richterin, welche die Bösen straft, wie die Barmherzige, welche den Guten hilft. In zwei Händen hält sie Waffen als Symbole des Niederkämpfens derer, die Böses tun; mit der ausgestreckten dritten Hand will sie Gaben spenden; mit der vierten Hand macht sie kund: „Seid furchtlos". Diese ihre Bedeutung als selbständige Gottheit erklärt es auch, daß, genau so wie es *vishnuitische* und *śivaitische* Sekten gibt, daneben solche bestehen, die sich nach ihrem Namen nennen, die *Śāktas.*

Der hohen Stellung der Muttergottheit entspricht auch eine hohe Stellung der Frau als ihrer irdischen Repräsentantin. Frauen haben nicht nur das Recht, den Weg der Weltentsagung zu beschreiten und als ebenbürtige Asketinnen, *sādhvī* und *sannyāsinī* den *sādhu* und *sannyāsin* gegenüberzutreten, sondern auch als *guru*, Seelsorger, Beichtvater, Prophet und Lehrer mit göttlicher Autorität zu wirken.[27] Sie werden als „Heilige Mutter" bezeichnet. Eine der berühmtesten um die letzte Jahrhundertwende war *Saradā Devī*, die Gattin des größten Hindu-Heiligen des vorigen Jahrhunderts, *Rāmakrṣṇa*. Ihr Wohnhaus in Calcutta wurde ebenso zu einem Wallfahrtsort wie die Wohnung ihres Mannes im Tempel zu Calcutta. Eine solche Heilige Mutter, *Ranghā Mā*, habe ich selbst auch in Calcutta besucht.

In dem vielstimmigen Chor der hinduistischen *bhākta*, der Gottliebenden, fehlen auch nicht die Frauen. Unter den südindischen Gottessängern, den *āḷvār*, begegnet uns eine jungfräuliche Tempelpriesterin *Aṇḍāḷ*, von der in dem „Buch der 4000 Hymnen" 173 Gesänge enthalten sind. Ähnlich wie die mittelalterlichen christlichen Nonnen kündet sie von ihrer Vermählung mit dem Erlösergott *Viṣṇu*. Sie wird bis heute als Heilige verehrt, und ihre Hymnen werden auf den Hochzeiten der brahmanischen Vaiṣṇava gesungen.[28] Unter den Marāṭha-sän-

---

[27] Tantrasāra I; G r i e r s o n ERE 6, 176.
[28] Josef Estlin C a r p e n t e r , Theism in Mediaeval India, London 1921, 381.

gern gibt es sogar auch eine der Kaste der *Śūdra* angehörende Frau, *Janabāī*[29] (14. Jhdt.). Eine andere mystische Dichterin ist Prinzessin *Mira Bāī* aus Mêwâr in Hindustan (um 1420). Sie zog sich als Witwe von der Welt zurück und weihte sich der Verehrung *Kṛṣṇas*. Nach der Legende war ihr Gott von ihren liebeglühenden Dichtungen so gerührt, daß er sie ganz zu sich nahm: seine Statue öffnete sich und verschlang sie für immer. Ihre Lieder werden allenthalben in ihrem Heimatlande gesungen.[30] In Kashmir trat im 14. Jahrhundert eine *śivaitische* Asketin hervor, *Lallā*, die vom Volk als *Lal Ded* (Großmütterchen Lal) gefeiert wird und deren Lieder bis heute gesungen werden.[31]

Indien hat aber nicht nur gefühlsinnige Liebesmystikerinnen aufzuweisen, sondern auch Philosophinnen und Theologinnen. Bis in die neueste Zeit gab es Frauen, die als Kennerinnen der mystischen vedantischen Philosophie hervorragten, so *Kāmākṣi Amman* in *Mayavaram,* welche eine Darstellung der *Vedānta*-Lehre in Sanskrit verfaßte.[32] Alle diese Frauen sind ein Erweis der Richtigkeit eines Ausspruches *Śaṅkaras,* des größten *Vedānta*-Philosophen Indiens; „Männer und Frauen sind aus dem *Brahman* geboren; die Frauen sind *Brahman* und so auch die Männer".[33]

Die Frau hat aber in Indien als Trägerin des Heiligen nicht nur eine aktive Rolle, sondern auch eine passive. Als Stellvertreterin der „Großen Mutter" wird sie Gegenstand der Anbetung. Der hinduistische Kult der *Śakti* kennt Mysterien, deren Höhepunkt ein ἱερὸς γάμος mit der irdischen Repräsentantin der Göttin ist. Dieses Mysterienritual wird als *Tantra*[34] bezeichnet. Nach dem *Rudrayâmala-Tantra* können Frauen

[29] Nicol M a c n i c o l , Psalms of Marāṭhā-Saints, London 1919, 49 f.

[30] Moriz W i n t e r n i t z , Geschichte der indischen Literatur III, Leipzig (1920) 590; Max Arthur M a c a u l i f f e , The Sikh Religion VI, Oxford (1909) 343–356.

[31] Lallā- Vakyāni or the Sayings of L a l D e d , by Sir G. G r i e r s o n and L. D. B a r n e t t , London 1920; Winternitz, Ind. Literatur III 592.

[32] G l a s e n a p p , Hinduismus 366.

[33] Kommentar zum Vedānta-Sūtra I 1, 4; nach Brahma-Saṃhitopaniṣad.

[34] Arthur A v a l o n (J. G. Woodroffe), Principles of Tantra, London 1914/16; Mahānirvāṇa-Tantra, London 1913 (Einleitung); G l a s e n a p p , Hinduismus 202 ff.

jeder Kaste und sozialen Herkunft Stellvertreterin der großen Göttin werden, Tänzerinnen, Dirnen, Wäscherinnen, Handwerkerstöchter und *Śūdra*-Mädchen ebenso wie Nonnen und Brahmanenfrauen. In der *Śrī-cakra*-Zeremonie, der Zeremonie des erhabenen magischen Kreises, vereinigen sich die männlichen Teilnehmer mit den Stellvertreterinnen der Gottheit. Nach dem *Mahānirvāṇa-Tantra* darf jedoch der Verehrer der Muttergöttin ihr nur in der Gestalt des eigenen Gatten nahen.[35]

In geistigerer Form erscheint die Frauenverehrung im *Sahajīyā*-Kult der brahmanischen *Viṣṇu*-Verehrer, wie sie besonders von dem brahmanischen Dichter *Cāṇḍīdās* („Freund der Göttin *Cāṇḍī*") zu Anfang des 15. Jahrhunderts besungen wurde. Neben den verschiedenen anderen Heilswegen (Weg der Werke, der Erkenntnis, der Gottesliebe) erscheint hier die rein „geistige" Liebe zu einer Frau, die nicht die eigene Gattin ist, als der „leichtere Weg" der Erlösung. Dieser Frauenkult hat große Ähnlichkeit mit dem Frauenkult des provençalischen Minnesangs.[36] Den diesem Frauenkult zugrundeliegenden Glauben an die Göttlichkeit der Frau hat *Rāmakrishna* in den Worten ausgesprochen: „Ich betrachte jede Frau als meine göttliche Mutter".[37] Er redete die große Weltenmutter, deren Priester er war, mit den Worten an: „Mutter, in der einen Gestalt bist du die Dirne auf der Straße, in der anderen bist du das Universum".[37]

Diese hohe Wertung der Frau im Hinduismus wurde freilich durch eine Reihe von Einrichtungen verdunkelt, die unserem westlichen Empfinden sehr befremdlich erscheinen. Das ist einmal die Tempelprostitution (s. o. S. 29 f.). Während diese Institution uralt ist, sind die übrigen Eigentümlichkeiten indischen Frauentums erst späteren Ursprungs, so die K i n d e r h e i r a t. In der Zeit von 400 v. Chr. bis 100 n. Chr. wurde das Heiratsalter verringert; die Tendenz ging dahin, die Mädchen zur Zeit ihrer Pubertät zu verheiraten. Von etwa 200 n. Chr. an wurde die Heirat vor die Pubertät verlegt. Die Mädchen-

---

[35] G l a s e n a p p , Hinduismus 79 f.
[36] D i n e s h   C a n d r a   S e n , History of Bengal Language and Literature, Calcutta 1911, 37 ff.
[37] Worte des Rāmakrishna, hsg. Emma v. Pelet, Zürich 1930, 24; vgl. Chant. II 95.

heirat wurde als Seitenstück zu dem Initiationsritus der Knaben, dem *upāyana* angesehen, der im Alter von 5 Jahren erfolgte. Vor Beginn der britischen Herrschaft war das Heiratsalter der Mädchen 8–9 Jahre. Von da an drangen die gebildeten Kreise auf eine Verschiebung; aber obgleich ein Gesetz von 1927 die Verheiratung von Mädchen unter 10 Jahren unter Strafe stellte, betrug die Zahl der Heiraten von Mädchen unter 10 Jahren 1941 noch 17 %, 1951 noch 14 %, wovon der größere Anteil auf die meist ärmere Landbevölkerung entfiel.

Die zweite Institution, welche nach abendländischem Empfinden die Stellung der Frau erniedrigte, ist der Ausschluß aus dem gesellschaftlichen und öffentlichen Leben durch die V e r w e i s u n g   i n   d i e   Z e n ā n a , die gesonderten Frauengemächer, sowie der Zwang zum Tragen des *Purdah* (des großen, die ganze Gestalt verhüllenden schwarzen Schleiers). Während in der frühvedischen Periode die Frau in der öffentlichen Versammlung sprechen durfte, wurde ihr dies schon in der spätvedischen (brahmanischen) Zeit untersagt. Die Sitte des Schleiertragens verbreitete sich in der Zeit nach 300 nach Chr. in den königlichen Familien; sie wurde zur allgemeinen Sitte, allerdings nur in wohlhabenden Kreisen, erst in der Zeit der islamischen Herrschaft (um 1200). Die Hindu-Gesellschaft glaubte die Sitte der Invasoren nachahmen zu müssen; zugleich diente freilich die Absperrung der Frauen als Schutz gegen Entführung durch die islamischen Eroberer. Schließlich betrachteten die Hindu-Frauen diese Sitte nicht mehr als lästigen Zwang, sondern sahen sie geradezu als gesellschaftliche Auszeichnung an. Sie waren stolz, wenn sie sich rühmen konnten, daß das Auge der Sonne nie ihr Antlitz erblickt habe. „So waren diese Frauen (die, wie üblich, in der *joint-family*, der Großfamilie im weitesten Sinne des Wortes, lebten) selbst damit zufrieden, in überfüllten, luftlosen, abgesondert liegenden Räumen in den hinteren Teilen des Hauses eingesperrt zu sein oder hinter Fensterläden und Gittern zu sitzen, durch die sie nicht mehr als schwache, undeutliche Eindrücke von dem vorüberziehenden Leben erhaschen konnten."[38]

Daß diese, durch körperliche und geistig-seelische Einengung verkümmerten Frauen in der – von ihnen als nationale und nicht weniger

---

[38] Frieda H a u s w i r t h (Mrs. Sarangadhar Das), Schleier vor Indiens Frauengemächern. Erlenbach–Zürich (1935) 78; 263 f.

als religiöse Bewegung verstandenen – passiven Resistenz, der *Non-cooperation-* und Boykottbewegung des Jahres 1930 und der folgenden Jahre sich Befreiung von *Purdah* und *Zenāna,* dafür Zugang zum öffentlichen wie zum geistigen Leben errangen, hält die mit einem Inder verheiratete Schweizerin Frieda Hauswirth für mehr als erstaunlich. Gründe dafür: „Die Triebkraft der Inderinnen wurzelt im Geistigen und hat nur wenig mit materiellen Erwägungen zu tun". Und: „Es war eine Massen-, nicht eine Klassenbewegung". „Die indische Frau opferte ihr eingehegtes Dasein, ihre Besitztümer, ihre Sicherheit auf dem Altar der Freiheit ... Was Wunder, daß Millionen Frauen diese glorreiche Gelegenheit zur Flucht ins Freie ergriffen! Und doch ein Wunder!"[38] Es war der erste Durchbruch zu einem freien Leben, ein Durchbruch freilich zu einem langen und oft schwierigen Prozeß.

Als ich 1959 Indien bereiste, sah ich nur ganz wenige Male verschleierte Frauen auf der Straße; und in keiner der Familien, in die ich kam, wurde mir die Begegnung mit den Frauen des Hauses vorenthalten. Seit Gandhis Aufruf zur Freiheitsbewegung (1930) treten die Frauen immer mehr im öffentlichen Leben hervor, beteiligen sich an den Aufgaben des gesellschaftlichen Lebens, entfalten ihre schöpferischen Kräfte.

Weit grausamer als *Purdah* und *Zenāna* war für die Frauen das Verbot der Wiederverheiratung einer Witwe. Diese Bestimmung setzte sich erst durch in der Zeit von 300 vor Chr. bis etwa 200 n. Chr.; aber Witwenheirat war noch möglich bis etwa 500 n. Chr. Um 100 n. Chr. wurde das Verbot der Witwenheirat sogar auf im kindlichen Alter verwitwete Mädchen ausgedehnt. Was aber das Los der Witwen besonders traurig machte, war die Vorstellung, daß dieses ihr Schicksal als die Folge von Verfehlungen in einer früheren Existenz anzusehen sei. Sie waren nicht nur die „armen Verwandten", die bei schmaler Kost und in ärmlicher Kleidung geduldet wurden, „ihre Anwesenheit bei einer Hochzeit, bei Geburten oder einem Fest ist verboten, weil sie den ‚bösen Blick' haben ... Ihr Schicksal war schlimmer als Tod."[39] Der Brauch, ihnen die Haare zu scheren wie den Nonnen, war zunächst auf die Brahmanenkaste beschränkt, wurde aber etwa vom Jahre 1200 an allgemein übernommen. Auch hier hat die Be-

---

[38] Frieda H a u s w i r t h a. a. O. 78; 263 f.
[39] Taya Z i n k i n , India changes; London (1958) 55.

freiungsbewegung, wenn auch noch nicht überall, so doch weitgehend Wandel geschaffen, und selbst in Brahmanenfamilien – wenn nicht in den Dörfern, so doch in den Städten – werden Wiederverheiratungen von Witwen immer häufiger.

Unverständlicher, ja, unsittlicher als alles dies erscheint unserem Empfinden jedoch die Sitte der S e l b s t v e r b r e n n u n g der Witwen. Durch diesen heroischen Akt glaubte die Witwe, nicht nur ihre eigenen Sünden im jetzigen und in einem früheren Leben zu tilgen, sondern auch die Sünden ihres Mannes zu sühnen und unmittelbar die höchste Erlösung zu erlangen. Auch diese Sitte ist späten Ursprungs. In der vedischen Zeit bestieg wohl die Witwe den Scheiterhaufen, auf dem ihr verstorbener Mann verbrannt werden sollte; aber sie verließ ihn nach diesem symbolischen Akt sogleich wieder. Die Sitte der Selbstverbrennung bei lebendigem Leibe kam in den Kreisen der Kriegerkaste auf. Die ersten von einem griechischen Schriftsteller[39a] bezeugten Fälle sind die beiden Frauen eines indischen Generals, der 316 v. Chr. im Kampf gegen Antigonos fiel. Bis 400 n. Chr. blieb die Selbstverbrennung der Witwen vereinzelt und auf die Kriegerkaste beschränkt. Von dieser Zeit an wuchs ihre Zahl. Aber erst nach 700 n. Chr. fand sie größere Verbreitung und eine Verherrlichung in der Literatur. Die S a t ī[39b] wurde nun „Gegenstand höchster Verehrung; sie wurde in großer Prozession mit Musik durch die Stadt zur Verbrennungsstätte geführt". Bisweilen allerdings wurden die Witwen gegen ihren Willen mit dem Gatten verbrannt. Aber „die große Mehrzahl der Witwen, welche ihr Leben auf dem lohenden Scheiterhaufen endeten, tat dies aus echter Liebe und Verehrung für ihren Gatten, den sie als Gott verehrten ... Ein strenges Pflichtbewußtsein, eine stolze Verachtung der körperlichen Qualen und die Hoffnung auf ewige Vereinigung mit ihrem geliebten Gatten hielt sie während des furchtbaren Ordals auf dem Scheiterhaufen aufrecht. Natürlich hielt die Gesellschaft sie in Ehren und verewigte ihr Gedächtnis durch entsprechende Denkmäler, wie sie es im Falle von Helden tut, welche freiwillig und freudig ihr Leben für die Sache ihrer Religion oder ihres Vaterlandes opfern."[40] So Altekar, ein bedeutender

---

[39a] Diodor, Reisebericht, Buch 19, 33 f.
[39b] „Tugendhafte Frau".
[40] Ananta Sadāiv A l t e k a r , The Position of Women in Hindu Civilisation from prehistoric times to the present day. Benares (1938) 1956².

indischer Historiker, dessen eigene Schwester, wie er berichtet, noch
1946 trotz aller Vorstellungen ihrer Verwandten sich in die Flammen
stürzte. „Nichts, nicht einmal die Anwesenheit ihres Säuglings, konnte
sie abhalten, diesen Schritt zu tun, da ihre Pflicht, *dharma* (Sitten-
gesetz) als *pativratā* es von ihr verlangte". Dieser *dharma* wurde
freilich immer nur von einer kleinen Anzahl von indischen Frauen be-
folgt. Nach der Statistik Altekars blieb die Gesamtzahl der Witwen-
verbrennungen selbst in der Zeit ihrer größten Häufigkeit erstaunlich
gering; nach seiner Schätzung kamen auf 1000 Witwen vielleicht eine
S a t ī.

Alle die genannten späten Sitten (Kinderheirat, *purdah* und *ze-
nānā*, Verbot der Witwenheirat und Witwenverbrennung) bedeuteten
für die Inder selbst keine Minderung in der Wertschätzung der Frau.
Auch in der früheren Periode der Abgeschlossenheit hatte die Frau eine
hohe Autorität in der Familie. Sie war eine Königin des Hauses. Diese
hohe Stellung fand ihren sichtbaren Ausdruck in dem indischen Sprachgebrauch, nach welchem eine Frau nicht wie bei uns als Mrs., Madame
oder Frau N. N. bezeichnet wird, sondern als d e v ī, „Göttin", z. B.
M a h a r a n i (Vorname) S u n i t (Familienname) D e v ī, die Verfasserin eines Buches „Neun Ideale indischer Frauen". Durch die Jahrhunderte und Jahrtausende erhielt sich in Indien der Glaube, daß die
Frau die irdische Stellvertreterin der großen Muttergöttin ist.

Die Gleichwertigkeit der Frau mit dem Mann findet eine weitere
Bekräftigung in dem Nebeneinander von Mönchen und N o n n e n in
den großen asketischen O r d e n s g e m e i n s c h a f t e n der indischen
Erlösungsreligionen, denen der Jaina und der Buddhisten. Schon in der
Periode der U p a n i ṣ a d e n beschritten Frauen denselben Heilsweg
wie die Männer und gelangten zu der beseligenden Erkenntnis der Einheit von Ā t m a n und B r a h m a n. Aber während es hier einzelne
waren, denen auf einsamem Pfade die höchste Erkenntnis zuteil wurde,
schlossen sich die heilsuchenden Frauen im J a i n i s m u s[41] und Bud-

---

[41] H. v. G l a s e n a p p , Der Jainismus, eine indische Erlösungsreligion,
Berlin (1925) 337 ff., 245 ff.; Walter S c h u b r i n g , Die Lehre der Jainas.
Nach den alten Quellen dargestellt. Berlin–Leipzig 1935; RM 238 ff.; Lit.
ebd. 915.

dhismus einer wohlorganisierten Ordensgemeinschaft an. Die Gleichberechtigung der Nonnen mit den Mönchen wird auch dadurch nicht
aufgehoben, daß in der jainistischen wie buddhistischen Literatur sich
– an nicht wenigen Stellen – absprechende Urteile über die Frau finden,
ähnlich denen, die sich schon im indischen Epos fanden. Der Jaina-
Mönch H e m a c a n d r a bezeichnet die Frauen als „die Fackel auf
dem Wege zum Höllentor, aller Kümmernisse Wurzel und der Zwie-
tracht Urgrund".[42] Der Mönch A m i t a g a t i schildert in seinem Buch
„Sammlung schöner Spruchedelsteine" (Subhāṣitaratnasamdoha) den
Frauenleib als Inbegriff der Unreinheit und nennt die Frau „die
Schatzkammer aller Leiden", den „Riegel vor der Himmelsstadt",
den „Pfad zur Höllenwohnung"", „die Axt für den Lusthain der Frömmigkeit", den „Reif für die Lotosblumen", die „Wurzel des Sünden-
baumes", das „Erdreich für das Schlangengewächs".[43] Alle diese herabsetzenden Äußerungen verfolgen nur den einen Zweck, den zum zöliba-
tären Leben verpflichteten Mönch vor den Gefahren des Umganges mit
Frauen zu warnen. Ein anderes Mittel der Warnung ist eine möglichst
düstere Schilderung des angeblich harten Lebens eines Ehemannes, das
darin bestehe, die Frau zu bedienen. Eine solche findet sich in den mit
Humor gewürzten Versen einer Schrift Suraya damga.

Solche Männerurteile haben aber indische Frauen vom Eintritt in
den Nonnenorden der Jaina ebensowenig zurückgehalten wie das strenge asketische Leben, welches Mahāvira Vardhamāna Jina (6. oder 5.
Jahrhundert v. Chr.), der Erneuerer des älteren Asketenordens der nir-
grantha (Fessellose), nicht nur von den Mönchen, sondern auch von
den Nonnen gefordert hat. Viele Frauen folgten ihm nach, rissen sich
zum Zeichen der völligen Entsagung fünf Büschel des Kopfhaares ab
und verpflichteten sich auf die fünf großen Mönchsgelübde: Nichtver-
letzen irgend eines Geschöpfes (ahiṃsā), Wahrhaftigkeit, Redlichkeit,
geschlechtliche Enthaltsamkeit und Freiheit von Besitz wie vom Verlangen nach Besitz.

Dieser Nonnenorden bildete allmählich feste Formen aus.[44] Grund-

---

[42] H e m a c a n d r a , Yogaśāstra 2, 86 (ZDMG 28, 1874, p. 185–262).
[43] A m i t a g a t i , Subhāṣitaratnasaṃdoha 6, 25 (ZDMG 59/1905, p. 307 f.).
[44] Die Regeln des buddhistischen Nonnentums in Cullavagga X; Vinaya Texts
transl. T. W. R h y s D a v i d s and Hermann O l d e n b e r g (SBE 20) Ox-

sätzlich konnte jede Frau Nonne werden, Mädchen und Witwen jedoch nur mit Zustimmung der Eltern, Ehefrauen nur mit Einwilligung des Ehemannes. Die Nonne wird in der Sekte der „Weißgekleideten" *(śvetāmbara) sādhvi* (Femininum von *sādhu*), „Heilige" genannt, in der Sekte der „Luftgekleideten" *(digambara) āryā*, Gläubige, Edle. Die „luftgekleideten" Jaina-Mönche gingen vollständig nackt bis zum Beginn der muslimischen Herrschaft. Bei den Muslimen war die Nacktheit verpönt – anders als bei den Hindu. Die Nonnen aber trugen – auch in dieser Sekte – immer Kleider. Die Statuen zeigen die *Jinas* (Überwinder) immer nackt.

Nach einem sechsmonatigen bis zweijährigen Noviziat erhält die angehende Nonne die Weihe *(dīkṣā)* – ganz wie die Mönche. Ihr werden die Haare geschoren bis auf 5 Büschel, die ausgerissen werden. Dann wird Asche auf ihr Haupt gestreut. Sie empfängt die Mönchsausrüstung: einen Wanderstab, eine hölzerne Schale und einen Topf zum Sammeln von Speise und Trank, ein Stück Tuch zum Seihen des Wassers, ein Tuch, das vor dem Mund getragen wird (beides soll das Verschlucken von kleinen Insekten verhindern) und einen Besen zum Wegfegen kleiner Lebewesen vom Weg. Dann wird sie aufgefordert, die Mönchsgelübde abzulegen und erhält einen neuen Namen. In weißer Kleidung, das Schultertuch über den Kopf gelegt, wandern die Nonnen zu zweien oder dreien. Außer im Krankheitsfall dürfen sie niemals ein Gefährt benutzen, sei es nun ein Ochsenkarren oder ein Pferdewagen, eine

ford 1920, 320–369. Maria Elisabeth Lulius v a n G o o r , De buddhistische Non, Diss., Leiden 1915; Mary S u m m e r , Les religieuses bouddhistes depuis Sakya-Mouni jusqu' à nos jours; avec une introduction par Ph. Ed. Foucaux, Paris 1873; Mrs. Caroline R h y s D a v i d s , Psalms of the early Buddhists; I. Psalms of the Sisters, London 1909; Einleitung XIII bis XLIII; Hermann O l d e n b e r g , Buddha, sein Leben, seine Lehre, seine Gemeinde. Stuttgart 1914[6], 184–190; 424–428; Mabel B o d e , Women leaders of the Buddhist reformation, Journal of the Royal Asiatic Society 1893, 517–566; 763–798; Caroline A. F o l e y (später Rhys Davids), Women leaders of Buddhist reformation as illustrated by Dhammapâla's Commentary on the Therî-Gâthâ, Transactions of the ninth international Congress of Orientalists, London 1893, I 344–361. B. H o r n e r , Woman under primitive Buddhism, Laywomen and almswomen, London 1930.

Eisenbahn oder ein Auto. Sie wohnen in *upāśraya* (Asketenherbergen), die unter der Leitung einer Oberin stehen. Sie führen ein streng geregeltes geistliches Leben, das vor allem durch die häufige, ja tägliche Beichte gefördert wird. Ihre Aufgabe ist neben dem Studium der Erlösungslehre und der Meditation die religiöse Unterweisung der Laienschwestern (*śrāvikā* d. h. „Hörerinnen"), die gleichfalls zur Ordensgemeinschaft gehören, aber nur auf die kleinen Gebote (*aṇuvrata*) verpflichtet sind. Die Jaina-Nonnen zeichneten sich stets durch einen hohen sittlichen Stand aus und wurden allenthalben geachtet. Ich selbst bin solchen Jaina-Nonnen in einem Hauptzentrum des Jainismus auf dem Mount Abu begegnet. Was mich dorthin gelockt hatte, war der herrliche, reich mit Ornamenten und Skulpturen geschmückte Jaina-Tempel. Aber ebenso stark wie von diesem Bauwerk waren wir beeindruckt von der Harmonie und Freude, welche diese so streng asketisch lebenden Frauen ausstrahlten.

Nach dem Vorbild der *Jaina-Nirgrantha* hat G o t a m a B u d d h a , der jüngere Zeitgenosse des *Mahāvīra*, dem *saṅgha* (Gemeinde) der Bettelmönche (*bhikṣu; Pāli bhikkhu*) einen Schwesternorden von Bettelnonnen (*bhikṣuṇī; Pāli bhikkhunī*) angegliedert. Die Überlieferung sagt, daß Buddha der Gründung eines Nonnenordens zunächst widerstrebte und sich erst durch die Bitten seiner Pflegemutter *Mahāpajāpatī* und die Fürsprache seines Lieblingsjüngers *Ānanda* dazu bewegen ließ. Wie schweren Herzens er sich dazu entschloß, sollen die resignierten Worte erkennen lassen, die er nach der Nonnenweihe *Mahāpajāpatīs* gesprochen haben soll:

„Wenn, *Ānanda,* in der Lehre und im Orden, den der Vollendete gegründet hat, es Weibern nicht gewährt worden wäre, aus der Heimat in die Heimatlosigkeit zu gehen, so würde heiliges Leben, *Ānanda,* lange Zeit bewahrt bleiben; tausend Jahre würde die reine Lehre bestehen. Dieweil aber, *Ānanda,* in der Lehre und dem Orden, den der Vollendete gegründet hat, Weiber der Welt entsagen und in die Heimatlosigkeit gehen, so wird nunmehr, *Ānanda,* heiliges Leben nicht lange Zeit bewahrt bleiben; nur fünf Jahrhunderte, *Ānanda,* wird jetzt die Lehre der Wahrheit bestehen ... Gleichwie, *Ānanda,* auf einem Reisfeld, das in vollem Gedeihen steht, die Krankheit ausbricht, die da Mehltau genannt wird – dann dauert das Gedeihen des Reisfeldes nicht lange – so gedeiht auch, *Ānanda,* wenn in einer Lehre und in einem Orden

Weiber zugelassen werden, der Welt zu entsagen und in die Heimatlosigkeit zu gehen, heiliges Leben dort nicht lange Zeit."[45]

An dieser Erzählung ist wohl richtig, daß Buddha zunächst nur einen
Männerorden gegründet hat und Bedenken trug, einen Orden von
Bettelnonnen zu stiften, desgleichen, daß seine Pflegemutter und sein
Lieblingsschüler ihn von diesen Bedenken abbrachten. Die Prophezeiung
freilich, welche die Frauen mit einem zerstörenden Mehltau vergleicht,
hat sich als irrig erwiesen. Sie ist ihm wohl ebenso von den späteren
frauenfeindlichen Mönchen in den Mund gelegt worden wie so manche
andere geringschätzige Äußerung über Frauen, welche im Buddhistischen
Kanon als Worte Buddhas überliefert sind.[46] Hier vernehmen wir weitere Dialoge zwischen Buddha und Ānanda. Dieser fragt Buddha: „Was
ist der Grund, Ehrwürdiger, was ist die Ursache, weshalb Frauen keinen
Sitz in der öffentlichen Versammlung haben, keine Geschäfte betreiben
und nicht durch einen Beruf ihren Lebensunterhalt erwerben?" Buddha
antwortet: „Jähzornig, o Ānanda, sind die Frauen, eifersüchtig, o
Ānanda, sind die Frauen, neidisch, o Ānanda, sind die Frauen, dumm,
o Ānanda, sind die Frauen. Das ist der Grund, warum die Frauen
keinen Sitz in der Versammlung haben" usw.

In einem dritten Dialog, der auch in die Schriften des chinesischen
Kanons eingegangen ist, fragt Ānanda, wie man sich Frauen gegenüber
verhalten solle. Buddhas lakonische Antwort lautet: *adassanam*
„Nicht anschauen!". Auf den Einwand: „Aber wenn wir sie nun doch
sehen" erklärt Buddha: *anālāpo (*„Nicht anreden!"). Auf den erneu-
ten Einwand: „Aber wenn wir mit ihnen doch in ein Gespräch kom-

---

[45] Cullavagga X 1, 6; SBE 20, 325 f.; Lulius v a n G o o r 2 ff.; vgl. M. W i n -
    t e r n i t z , Der ältere Buddhismus (Religionsgeschichtliches Lesebuch, hrsg.
    A. Bertholet 11), Tübingen 1929, 142 ff.; H o r n e r 103 ff.

[46] So wird z. B. Anguttara-Nikāya IV 80 von Buddha das Weib als „leicht
    reizbar, eifersüchtig, geizig, unverständig" gekennzeichnet und diese Eigen-
    schaften als die Ursache dafür erwähnt, daß die Frau weder zu Gericht
    sitzt noch ein Handwerk treibt noch in die Fremde zieht. (Die Reden des
    Buddha aus dem A. N. Viererbuch, übs. von Nyânatiloka, München 1922,
    134.) Noch zahlreicher sind die Ausfälle gegen die Frau in der alten
    buddhistischen Mönchsliteratur, bes. in den Thera-gāthā („Lieder der Mön-
    che"), in welchen das Weib nicht nur als die große Versucherin, sondern
    als die Ursache alles Leidens gebrandmarkt wird. Hinweise bei M. W i n -
    t e r n i t z , Geschichte der indischen Literatur II (1920) 82.

men": *Sati upaṭṭhāpetabbā* („Dann ist klare Besinnung am Platze").[47] Besonders zahlreich sind die Ausfälle gegen Frauen in den
Theragāthā („Lieder der Mönche"). Hier werden die Frauen als
Schlangen und als Fesseln bezeichnet, die den Mönch in seinem
heiligen Wandel abzulenken drohen. Nur wer sich ständig von ihnen
fernhält, kann zum wahren Helden werden. Auch die *Jātaka* (Geburts-
legenden über Buddhas frühere Existenzen) enthalten eine Reihe von
Tiergeschichten mit frauenfeindlicher Pointe. Der Indologe Foucher hat
ironisch von diesen buddhistischen Warnungen vor der Frau gesagt:
„Craindre les aimer c'est avouer qu'elles sont aimables."

Es ist aber sehr unwahrscheinlich, daß Buddha selbst frauenfeindliche Äußerungen getan hat.[48] Sie passen so gar nicht in sein Charakter-
bild und widerstreiten seiner grenzenlosen *mettā* (Liebe). Den Stem-
pel der Echtheit tragen viel eher folgende Worte Buddhas: „Eine jüngere Frau sollt ihr als eure Tochter, eine gleichartige als eure Schwester,
eine ältere Frau als eure Mutter ansehen". Er selber verkehrte in
größter Unbefangenheit mit Frauen verschiedenster Herkunft und ließ
sich von ihnen zu Tische laden. Die Zusage, die er der Hetäre *Amba-
pāli,* der *prima ballerina* am Hofe des Fürsten von *Vesāli,* auf ihre
Einladung zum Mittagsmahl gegeben hatte, hielt er gegenüber der drin-
genden Einladung der fürstlichen *Licchavi* aufrecht und ließ sich von
ihr eigenhändig bedienen. Auch nahm er ihren Park, den sie ihm und
seinen Mönchen angeboten hatte, gern als Geschenk an.[49] Die
frühzeitige Aufnahme von Nonnen in die Ordensgemeinde Buddhas wird
schon durch den Umstand erwiesen, daß das älteste literarische Denkmal des Buddhismus, die Beichtformel *Pāṭimokkha,* die Nonnen wiederholt erwähnt. Nicht nur die Aufnahme von Frauen in den *saṅgha,*
sondern auch die Ordensregel beweist, daß Buddha die Frau für fähig
gehalten hat, den höchsten Heilsweg wie die Männer zu beschreiten.
Das geistliche Leben der einzelnen Nonne wie das gottesdienstliche
Leben der Nonnengemeinschaft (Beichtfeier, Ordination), ja, selbst die

---

[47] Dīgha-Nikâya XVI 5, 9.
[48] Vgl. dazu O l d e n b e r g , Buddha 185; Hermann B e c k h , Buddhismus
(Sammlung Göschen), Berlin 1919², I 136 f.
[49] Dīgha Nikāya XVI 2, 19; übs. R. O. F r a n k e , Göttingen 1913, 200 f.;
Die letzten Tage Gotamo Buddhos, übs. K. E. Neumann, München 1923²,
56 ff.

asketische Tracht sind ganz dieselben wie bei den Mönchen. Der Ehren-
vorrang freilich wie die monastische Leitung, die Predigt und Seelsorge
sind den Mönchen vorbehalten. Der erste Satz der „acht hohen Ordnungen", auf die Buddha die erste Nonne bei ihrer Ordination verpflichtet haben soll, verlangt, daß „eine Nonne, wenn sie auch seit
hundert Jahren ordiniert ist, vor jedem Mönch, wenn er auch erst an
diesem Tage ordiniert ist, die ehrfurchtsvolle Begrüßung vollziehe,
vor ihm aufstehe, die gefalteten Hände erhebe und ihn gebührend
ehre."[50] Die Nonnen haben sich von den Mönchen die Anweisung zur
Beichtfeier und die Predigt zu erbitten. Überhaupt ist „den Nonnen
der Pfad der Rede gegenüber den Mönchen verschlossen, nicht aber
umgekehrt den Mönchen gegenüber den Nonnen." Aber auch diese
Texte des *Vinaya* (der Ordensregel) sind erst von den späteren buddhistischen Mönchen redigiert worden und können nicht einfach als
Worte Buddhas aufgefaßt werden. Eine der besten abendländischen
Kennerinnen des alten Buddhismus, Mrs. Caroline R h y s D a v i d s , war
der Meinung, daß die späteren Mönche die echte, alte Überlieferung
entstellt haben. Ich sehe noch ihre zornig rollenden Augen, wenn sie
von „den Mönchen" sprach. Die *Theravāda-Buddhisten* sind darum
auch nicht gut auf sie zu sprechen. Sie reagierten sehr sauer, als ich
einmal in Rangoon in dem dortigen Zentrum für buddhistische Studien
ihren Namen nannte. Aber ich glaube in diesem Punkte der englischen
Gelehrten eher als den buddhistischen Mönchen.

Das Leben der buddhistischen Nonne[51] ist wie das des Mönches
voller Entsagung. Mit kahl geschorenem Haupt, angetan mit geflicktem
Gewande, hat sie nur eine Almosenschale, eine Nadel, einen Stab, eine
Lampe, einen Teppich, eine schmale Bettstelle in einer engen Zelle zu
eigen. Sie nährt sich von den Almosen, die sie erbettelt, und wenn sie
solche nicht erhält, stillt sie ihren Durst mit Wasser. Sie lebt dem
Studium und der stillen Meditation – ein gemeinsames Chorgebet ist
– abgesehen vor der Rezitation der *Sūtra* (Lehrtexte) im Tempel – dem
alten buddhistischen Mönchtum fremd. Wie die Mönche versammeln
sich auch die Nonnen zweimal im Monat zur gemeinsamen Beichtfeier.

Dieses harte, asketische Leben ist jedoch für viele Frauen des alten

---

[50] Cullavagga X 1, 4; SBE 20, 322 ff.; H o r n e r 118–161; O l d e n b e r g ,
Buddha 425 f.
[51] Ausführliche Darstellung bei H o r n e r 210–312.

Indien zur Quelle höchster innerer Freiheit und tiefster Seligkeit geworden. *Die Therigāthā* („Lieder der Nonnen"),[52] welche zu den schönsten Texten nicht nur des buddhistischen Schrifttums, sondern zu den Perlen der religiösen Weltliteratur zu zählen sind, enthalten ergreifende Zeugnisse von buddhistischen Mädchen und Frauen aller Stände und Altersstufen, welche die Schönheit und Seligkeit ihres Nonnenlebens der falschen Freude der Welt entgegenstellen und *Gotama Buddha* als den großen Erwecker und Erleuchter ihres Lebens preisen. So singt *Vimalā*, die frühere Buhle:

> In Schönheit schimmernd, reizberauscht,
> Von Glück und Glanz verwöhnt, verwirrt,
> Voll Jugendleben, Jugendlust,
> Verlacht' ich alle andren laut.

> Geschmückt, geschminkt war dieser Leib
> Zu locken lieblich Toren an:
> So lehnt' ich in der Angel einst,
> Wie schlau der Jäger Schlingen legt.

> Mit Spange spielend, Reif und Ring
> Verhieß ich gern geheime Huld,
> Gewandt in Buhlenkünsten fein,
> Gar vieler spottend, spaßergötzt.

> Mit Bettelbissen heute satt,
> Geschoren kahl, gekleidet fahl,
> Im Forste sitz' ich, baumbeschirmt,
> Verloren selig, abgelöst.

> Und alle Frohn ist ausgefröhnt,
> So Götterfrohn, so Menschenfrohn,
> Verworfen jeder Wunsch und Wahn:
> Erloschen bin ich, bin entlebt.[53]

---

[52] Psalms of the Early Buddhists. I. Psalms of the Sisters by Mrs. R h y s D a v i d s, London 1909; Lieder der Mönche und Nonnen Gotamo Buddhos, übs. K. E. N e u m a n n, München 1923; H o r n e r 162–210. Vgl. W i n t e r n i t z, Geschichte der indischen Literatur II 80 ff.

[53] Übs. K. E. N e u m a n n, 381 f.

Ähnlich bekennt *Sujātā*, ehedem Gattin eines reichen Schatzmeisters:

> In seidnen Schleiern, goldnem Schmuck,
> Bekränzt mit Blumen, blaß gesalbt,
> Behangen mit Geschmeide hell
> Inmitten meiner Mägde Schar.
>
> Verseh'n mit Reis und kühler Milch,
> Mit süßem Backwerk, frischem Obst:
> So fuhr ich fröhlich fort von Haus
> Zum Freudenfest im Gartenhaus.
>
> Nach Tanz und Spiel vergnügt genug
> Von hinnen fahrend heimwärts dann,
> Ein Kloster sah ich, ging hinein
> Bei *Saketam*, am Waldessaum.
>
> Den Welterleuchter fand ich dort.
> Ich bot ihm Gruß, ich saß beiseit:
> Und Er hat Wahrheit offenbart
> Aus Mitleid mir, der Seherfürst.
>
> Des hohen Denkers heilig Wort,
> Begriffen hab' ich gründlich das,
> Verstanden auf der Stelle gleich,
> Das ewig reine Glück erfaßt.
>
> Und also innig aufgeklärt
> Verlassen hab' ich Haus und Heim;
> Drei Wissen weiß ich. Nicht umsonst
> Ist mir das Meisterwort gesagt.[54]

Diese wundervollen Lieder buddhistischer Nonnen sind der deutlichste Beweis dafür, daß die Frau fähig ist, den Heilspfad zu gehen und daß der *Tathāgata* („Vollendete") selber diese ihre Fähigkeit erkannt und gutgeheißen hat.

---

[54] Übs. K. E. N e u m a n n, 400 ff.

Ein weiteres Zeugnis für die Bedeutung des Nonnentums im älteren Buddhismus ist der Kommentar *Buddhaghoṣa's* zum *Aṅguttara-Nikāya*, der den Titel trug *Manoratha-Pūraṇi* („Wunsch-Erfüller").[55] Durch den reichen Legendenkranz schimmern hier die Gestalten der ersten Jüngerinnen Buddhas noch deutlich durch. Auch die *Bhikkhunī*-Texte des *Samyutta-Nikāya* (I 129 ff.) geben uns einen Einblick in die inneren Kämpfe der einsam und heimatlos gewordenen Bettelnonnen Buddhas. So naht *Māra*, der Versucher, der Nonne *Somā* und spricht zu ihr:

> „Die da von den Weisen erreicht werden kann, die schwer zu erlangende Stätte (d. h. das *Nirvāṇa*),
> Sie kann nimmer von einem Weibe mit seinem Zweifingerverstand erreicht werden."

Sie aber weist ihn zurück mit den lehrreichen Worten:

> „Was sollte das Weibsein bedeuten, wenn das Denken gut gesammelt ist,
> Wenn das Wissen vorhanden ist bei einem, der die höchste Weisheit schaut?
> Wer daran denkt: bin ich eine Frau oder bin ich ein Mann,
> Oder bin ich überhaupt etwas? – zu dem darf *Māra* sprechen."[56]

Die buddhistische Nonne lebt ihr stilles Leben für sich; das Gesamtleben des Buddhismus hat sie, wenn überhaupt, nur wenig beeinflußt. Schon in der Blütezeit des Buddhismus in Indien unter König *Aśoka* war die Zahl der Nonnen gegenüber der der Mönche gering. Wenn der *Dipavamsa* (7, 1) berichtet, daß einer von diesem veranstalteten Feier 800 Millionen Mönche und nur 96 000 Nonnen beiwohnten, so ist – trotz der echt indischen maßlosen Übertreibung – die Verhältniszahl wohl richtig angegeben. Auch heute ist in jenen Ländern, in denen der *Hinayāna*-Buddhismus herrscht (Ceylon, Birma, Thailand) ihre Zahl gering.[57]

---

[55] In den wichtigsten Stücken übs. von Mabel B o d e (Titel s. o. Anm. 44). Vgl. W i n t e r n i t z , Geschichte der indischen Literatur II 158 f.
[56] Samyutta-Nikāya, übertragen von Wilhelm Geiger, München 1930, I 200 f.
[57] Vgl. S u m m e r , Les religieuses Bouddhistes 61 f.; ERE 8, 800.

Eine weit größere Bedeutung als die Nonnen hatten für die Entwicklung des Buddhismus in dessen Anfangszeiten wohltätige Laienschwestern *(upāsikā,* „Verehrerinnen", „Tertiarinnen") welche den zahlreichen Mönchen das Leben in der Heimatlosigkeit erst ermöglichten.[60] Sie übten eine „grandiose Wohltätigkeit", versorgten Mönche und Nonnen mit allem zum Leben Nötigen. Das Urbild der buddhistischen Caritas ist die Matrone *Visākhā.* Nach einem alten Bericht des buddhistischen Kanons tritt sie vor den vollendeten Lehrer mit der Bitte: „Ich wünsche, Herr, mein Leben lang der Gemeinde Regengewänder zu reichen, den fremden ankommenden und durchreisenden Mönchen Nahrung zu reichen, den kranken Brüdern und Krankenpflegern Nahrung zu reichen, den Kranken Arznei zu reichen, täglich Spenden von Reisbrei zu verteilen und der Gemeinde der Nonnen Badegewänder zu reichen." Und Buddha erfüllt ihren Wunsch und preist sie mit den Worten:

„Die Speis' und Trank spendet voll edler Freudigkeit,
Des Heiligen Jüngerin, reich an Tugenden,
Die sonder Neid Gaben um Himmelslohn gibt,
Die Schmerzen stillt, Freude zu bringen stets bedacht,
Erlangt himmlischen Lebens Los.
Den lichten Pfad wandelt sie, den gepriesenen.
Von Schmerzen frei, fröhlich genießt gar lange sie
Der Guttat Lohn droben im sel'gen Himmelreich."[61]

So hat der alte Buddhismus der Frau die Möglichkeit religiöser Entfaltung gegeben. Zwar meint dessen bester Kenner, Hermann O l d e n - b e r g , daß „zwischen dem Geist, wie er in Buddha, in Buddhas Jüngern lebt, und zwischen dem, was die weibliche Natur ist und sucht, im letzten Grunde ein Zwiespalt bleibt, der nicht überwunden werden kann."[62] Dieser Satz ist jedoch nur zum Teil richtig. Gewiß konnte sich im alten Buddhismus mit seinen schematischen Versenkungsübungen

---

[60] Ausführliche Darstellung bei H o r n e r 313–344.
[61] Mahâvagga VIII 15; SBE 18, 216 ff.; O l d e n b e r g , Buddha [6]188 ff. In späterer Zeit hat Buddhaghoṣa in seinem Kommentar zum Dhammapadam (53) der Matrone Visākhā ein Denkmal gesetzt. H. C. W a r r e n , Buddhism in translations, Cambridge Mass. 1896, 451 ff. S. H o r n e r 344–361.
[62] Buddha 187 f.

und seiner kühlen *Nirvāna*-Lehre die religiöse Seele der Frau nicht in gleicher Weise entfalten wie in der hinduistischen *Bhakti*-Frömmigkeit und in der christlichen Liebesmystik. Es fehlte die Idee der bräutlichen Liebe zum Heiland-Gott mit ihrer ganzen Wärme und Innigkeit. Der spätere *Mahāyāna*-Buddhismus hat jedoch mit seiner Betonung der *mahākaruṇa,* der unendlichen Barmherzigkeit Gottes, und der Liebe zum persönlichen Heilandgott, der Frömmigkeit der Frau und damit dem Nonnenwesen neue Möglichkeiten erschlossen. Zwar ist die Zahl der Nonnen auch im chinesischen wie im japanischen Buddhismus wesentlich geringer als die der Mönche.[63] Wie viele Nonnen es heute noch in China gibt, läßt sich ebensowenig feststellen wie die Zahl der Mönche. Aber auch die Angaben aus der vorkommunistischen Zeit, welche *Wing-Tsit Chan* in seinem Werk über Das religiöse Leben im heutigen China[64] gibt, weichen von anderen ab. Wing-Tsit Chan schätzt die Zahl auf 500 000 Mönche und 100 000 Nonnen. In Japan ist jedenfalls die Verhältniszahl der Nonnen zu den Mönchen bzw. Priestern viel geringer.

Was das Leben der Nonnen, die einer der *Mahāyāna*-Sekten angehören, besonders der „Schule des reinen Landes" in China und der *Jōdo*-Sekte in Japan, von dem der Anhänger des *Hinayāna-Buddhismus* unterscheidet und dem christlichen Nonnenwesen annähert, ist einmal der gemeinsame tägliche Gottesdienst in Lesung und Gebet, ferner die autoritative Leitung durch Äbtissinnen. Den wichtigsten Unterschied aber bildet der priesterliche Charakter der Nonnen sowohl im chinesischen wie im japanischen Buddhismus. Die Nonne verrichtet dieselben Dienste im Tempel wie der männliche Priester. Sie rezitiert die heiligen Texte, sie vollzieht die gottesdienstlichen Zeremonien, hält „Seelenmessen" für die Verstorbenen und widmet sich der Seelsorge. Viele japanische Nonnen sind Priestertöchter. Wenn der Vater alt wird oder stirbt, übernimmt die Tochter seinen Tempel und verrichtet fortan alle priesterlichen Dienste. Im Unterschied zu den Mönchen der meisten

---

[63] J. B. P r a t t , The Pilgrimage of Buddhism, New York 1928, 349 ff., 531 f.; Karl Ludwig R e i c h e l t , Der chinesische Buddhismus. Ein Bild des religiösen Lebens des Ostens. Aus dem Norwegischen übs. W. Oehler (1926) 125, 170, 208.

[64] Wing-Tsit C h a n , Religiöses Leben im heutigen China. Übs. von Marcella R o d e w i g u. Gräfin Gertrud v o n H e l m s t e d t , München-Planegg (1955) 258 f.

buddhistischen Sekten Japans ist die Nonne zum Zölibat verpflichtet. Zu der liturgischen Tätigkeit kommt hinzu die Lehrtätigkeit in Schulen und die caritative Arbeit. Dabei ist es wohl nicht zu leugnen, daß von der Tätigkeit der katholischen und anglikanischen Missionsorden ein Einfluß auf das buddhistische Nonnenwesen ausgegangen ist. Der norwegische Chinamissionar Reichelt gibt den buddhistischen Nonnen das Zeugnis: „Sie gehen oft aus in die Häuser der vielen weiblichen Laienbuddhisten und tun ein großes Werk sowohl vom religiösen wie vom wirtschaftlichen Gesichtspunkt. Niemand sammelt so viel Geld und knüpft so viele unsichtbare Bande wie die Nonnen."[65] Ich selbst habe ein chinesisches Nonnenkloster (richtiger: ein Doppelkloster) bei Hongkong und mehrere japanische Nonnenklöster besucht und habe von ihnen einen sehr guten Eindruck bekommen. Die Andacht der Nonnen in der Nonnenakademie in Kyōtō beim Gottesdienst wie beim Tischgebet war ergreifend. Die Äbtissinnen, die ich dort kennenlernte, waren Frauen von hoher Geistigkeit, dabei keineswegs weltfremd. Klausur oder Sprechgitter sind dort völlig unbekannt. Eine Äbtissin, die sich von mir über die abendländischen Nonnenklöster berichten ließ, fand letzteres höchst befremdlich. Die Nonnen mit kahl geschorenem Kopf bewegen sich völlig frei in den Straßen der Stadt; nur im Winter tragen sie Kopftücher. Eine Äbtissin bei Kyōtō aus der kaiserlichen Familie sagte zu mir beim Abschied: „Arbeiten Sie für die Nonnen."

Die großen Erlösungsreligionen Indiens und des Fernen Ostens haben trotz des anfänglichen Vorherrschens des männlichen Elementes der Frau nicht nur den Weg zum Heil geöffnet, sondern im Asketentum und im Nonnentum wie in der Mystik ihr die Möglichkeit zu freier schöpferischer Entfaltung gegeben. In den drei großen prophetisch-monotheistischen O f f e n b a r u n g s r e l i g i o n e n, die alle im Laufe der Zeit zu Gesetzesreligionen erstarrten, im zarathustrischen Mazdaismus, im Judentum und im Islam wurde die Frau weithin vom aktiven religiösen Dienst ausgeschlossen. Das Vorherrschen der männlichen Züge in der Gottesvorstellung und der Ausschluß der großen Muttergottheit erklären das Verschwinden jeden weiblichen Priestertums, das ein Wesensstück der Religionen des Altertums war.

---

[65] K. L. R e i c h e l t, Truth and Tradition in Chinese Buddhism. Shanghai (1927), 265. P r a t t, The Pilgrimage... 1928.

Dennoch ist in den älteren Schichten sowohl der mazdaistischen wie der israelitischen Religion eine kultische Aktivität der Frau erkennbar. Im Mazdaismus wirkte noch die alte indogermanische Auffassung von der kultischen Gleichberechtigung des Mannes und der Frau nach. In der altisraelitischen Religion[66] ist zwar der männliche, patriarchalische Charakter besonders stark ausgeprägt. Dennoch finden sich in den alttestamentlichen Schriften noch Spuren des mütterlichen Charakters der Gottheit. Das durch den Mund eines Heilspropheten verkündete Wort Jahwes: „Ich will euch trösten wie einen seine Mutter tröstet"" (Jes. 66, 13) weist noch in jene alten Zeiten zurück. In dieser Zeit war die Frau vom Kult nicht ausgeschlossen; der Hausvater brachte mit seiner Frau zusammen Jahwe das Opfermahl dar. Elkana zog alljährlich mit seinen beiden Frauen zum Heiligtum in Silo, um zu opfern (1. Sam. 1, 3 ff.). Manoah brachte mit seinem Weibe zusammen das Opfer dar (Ri. 13, 23). Frauen mußten bei bestimmten Anlässen wie nach dem Kindbett oder nach Heilung von krankhaftem Ausfluß im Heiligtum Opfer darbringen (3. Mos. 12; 15, 19 ff.). Mädchen führten an den Festen Jahwes Reigentänze auf, so die Töchter von Silo (Ri. 21, 19 ff.). Noch im Jahwe-Tempel zu Jerusalem treffen wir bei festlichen Anlässen Jungfrauen, welche die Pauke schlagen (Ps. 68, 26). In der vorexilischen Zeit verrichteten Frauen Dienste im Tempel – „die da dienten vor der Tür des Stiftes" (2. Mos. 38, 8; 1. Sam. 2, 22).

Vor allem weist die altisraelitische Religion ähnlich der griechischen Religion ein weibliches Propheten- und Sehertum auf.[67] Der jahwistische Erzähler (2. Mos. 15, 20) nennt Mirjam, die Schwester Moses und Aarons, eine „Prophetin" (*n^ebī'ā*), während der Prophet Micha (6, 4) sie Mose und Aaron als den Führern Israels ebenbürtig zur Seite stellt.

---

[66] M. L ö h r, Die Stellung des Weibes in Jahwereligion und -kult, Leipzig (1908); Georg B e e r, Die soziale und religiöse Stellung der Frau im israelitischen Altertum, Tübingen 1919; Joh. D ö l l e r, Das Weib im Alten Testament, Münster (1920) 7–17; E. M. M a c D o n a l d, The Position of Women as reflected in Semitic code of law (1931) 65 ff.; H. J u n k e r, Die Frau im alttestamentlichen ekstatischen Kult. Theologie und Glaube 21 (1929) 68–74; Norbert P e t e r, Die Frau im Alten Testament, Düsseldorf 1926; Johannes L e i p o l d t, Die Frau in der antiken Welt und im Christentum, Leipzig 1954 (1955²) 71 ff.

[67] Vgl. Gustav H ö l s c h e r, Die Propheten, Leipzig 1914, 41, 91 f., 120 f.

An der Spitze der paukeschlagenden und tanzenden Frauen stimmt Mirjam das Triumphlied auf den Untergang der Ägypter an (2. Mos. 15, 20 f.). Die „Richterin" (šophᵉtā) und „Prophetin" (nᵉbī'ā) Debora lenkt nach Art der zauberstarken „Kampffeen" durch ihr Beschwörungswort die Schlacht gegen Sisera; sie stimmt auch das Triumphlied über den errungenen Sieg an, das zu den ältesten Stücken der israelitischen Literatur gehört (Ri. 4, 4 ff.; 5, 1 ff.). Man hat nicht mit Unrecht angenommen, daß diese beiden Prophetinnen priesterliche Würde besaßen,[68] wobei dieses Priestertum freilich einen primitiv-zauberischen Charakter hatte. Neben diesen ekstatischen Sängerinnen und prophetischen Beschwörerinnen stehen prophetische Seherinnen, die auf Befragen weissagen wie Hulda, an welche sich König Josia nach der Auffindung des Gesetzbuches wendet (2. Kön. 22, 12 ff.), und die wie die großen Propheten des Alten Bundes im Namen des Herrn weissagt: „So spricht der Herr, der Gott Israels" (2. Kön. 22. 15). Dieses weibliche Prophetentum starb in Israel nie ganz aus. Hesekiel wandte sich gegen die Lügenprophetinnen (13, 17 ff.), Nehemia gegen die Prophetin Noadja (6, 14). Noch zu Zeiten Jesu gab es Prophetinnen wie die 84jährige Anna, von der die lukanische Kindheitsgeschichte berichtet (Luk. 2, 36 ff.).

Diese Prophetinnen erlangten freilich nie die Bedeutung wie die männlichen Propheten. Talmudische Lehrer wiesen darauf hin, daß neben 48 Propheten in der Schrift nur 7 Prophetinnen genannt seien, und nicht einmal alle von diesen seien wahre Prophetinnen gewesen. Aber der eschatologische Glaube, wie er schon aus Joel (3, 1 f.) spricht, erwartete eine Geistausgießung über „Söhne und Töchter", „Knechte und Mägde" und damit den Durchbruch eines neuen weiblichen Prophetentums neben dem männlichen.

Im Ganzen zeigt jedoch die Geschichte Israels, insbesondere die des nachexilischen Judentums, eine immer stärkere Zurückdrängung der Frau. In demselben Maße als das Priestertum sich ausdehnte und die kultisch-religiöse Gesetzlichkeit wuchs, wurde die Mitwirkung der Frau im Gottesdienst eingeschränkt.[69] Während in der alten Zeit Frauen, z. B.

---

[68] Th. E n g e r t , Ehe- und Familienrecht der Hebräer, München 1905, 62.
[69] Zum Folgenden s. Ismar E l b o g e n , Der jüdische Gottesdienst in seiner geschichtlichen Entwicklung, Leipzig 1913, 170. 466 ff. Vgl. N. K l u g - m a n n , Vergleichende Studien zur Stellung der Frau im Altertum I, Die Frau im Talmud, Wien 1898; Bernhard W a c h s t e i n , Literatur über die

Hanna, die Gattin Elkanas, freien Zutritt zum Jahwe-Heiligtum hatten, und in den beiden älteren Tempeln Männer wie Frauen zugelassen waren, durften im Herodianischen Tempel zu Jerusalem die Frauen nur bis in den Frauenhof gehen, die Männer hingegen durchschritten ihn und gelangten bis zum Männer- und Priesterhof, wo sich der Brand-opferaltar befand.

Die Ausschließung der Frau aus wichtigen Teilen des Gottesdienstes entspricht der untergeordneten Stellung der Frau im späteren I s r a e l. Nach der älteren Schöpfungsgeschichte (Gen. 2, 21 f.) wird die Frau aus der Rippe Adams geschaffen. In der Paradies-Erzählung enthält das Strafurteil Gottes über die Frau nach dem Sündenfall den Satz: „Er soll über dich herrschen" (Gen. 3, 16), oder „Er soll dein Herr sein". Die Unterordnung der Frau unter den Mann liegt allen israelitischen Ge-setzessammlungen zu Grunde. Im Dekalog des Buches Exodus (2. Mos. 20) wird die Frau lediglich als Besitz des Mannes angesehen, und zwar nicht einmal als der wertvollste: „Laß dich nicht gelüsten deines Nächsten Hauses, laß dich nicht gelüsten deines Nächsten Weibes noch seines Knechtes noch seiner Magd noch seines Ochsen noch seines Esels noch alles, was dein Nächster hat" (Ex. 20, 17). Die Frau wird erst nach dem Haus genannt und steht in einer Linie mit dem Sklaven, der Sklavin, dem Ochsen und Esel. Das Deuteronomium erlaubt dem Manne, seiner Frau den Scheidebrief zu geben und sie aus dem Hause zu ent-lassen, wenn sie „nicht Gnade findet vor seinen Augen, weil er etwas Schändliches (ʿervat dābār) an ihr gefunden hat" (Dt. 24, 1). Der nie-dere religiöse Rang der Frau zeigt sich auch darin, daß sie vom Sakra-ment der Beschneidung ausgeschlossen ist, desgleichen in der Namen-gebung – während die männlichen Namen meist theophor, d. h. mit dem Namen Jahwe zusammengesetzt sind, finden wir relativ selten solche Mädchennamen, z. B. Jochebed, „Jahwe ist herrlich". Frauen waren auch nicht unabhängig bei der Ablegung von Gelübden. Ihre Gelübde verloren ihre Gültigkeit, wenn der Vater eines Mädchens oder der Ehemann einer Frau Einspruch erhoben. In der Spruchliteratur, die manche Verwandtschaft mit der indischen aufweist, steht neben dem klangvollen Lobpreis der guten Hausfrau (Spr. 31, 10 ff.) mancher bittere Tadel über schlechte Fraueneigenschaften. So heißt es Spr. 21,

---

jüdische Frau, Wien 1931; E. S c h ü r e r, Geschichte des jüdischen Volkes im Zeitalter Jesu Christi. Leipzig (1907) II⁴, 512; III 88 ff.

19: „Es ist besser, wohnen im wüsten Lande denn bei einem zänkischen und zornigen Weibe". Und Jes. Sir. 25, 25: „Alle Bosheit ist gering gegen der Weiber Bosheit". Die Frau erscheint in der Spruchdichtung manchmal geradezu als die Wurzel des Uebels in der Welt schlechthin, z. B. Jes. Sir. 25, 32: „Durch das Weib hat die Sünde begonnen, seinetwegen müssen wir sterben". Noch härtere Worte finden sich in der talmudischen Literatur aus nachchristlicher Zeit. *Rabbi Juda ben Elia* (2. Jhdt. n. Chr.) sagt: „Wir haben für drei Dinge täglich zu danken: ,Gepriesen sei der Herr, der mich nicht zum Heiden machte; gepriesen sei der Herr, der mich nicht zur Frau machte, weil die Frau nicht verpflichtet ist, alle Vorschriften der Tora zu halten; gepriesen sei der Herr, der mich nicht zum Ungebildeten machte, weil der Ungebildete die Sünde nicht fürchtet'." *Rabbi Eliezer ben Hyrkenos* sagt: „Wer immer seine Tochter im Gesetz unterrichtet, unterrichtet sie in einer Torheit." Einige jüdische Gesetzeslehrer waren ausgesprochene Weiberfeinde wie die buddhistischen und jainistischen Mönche. Die „Pharisäer mit der blutigen Stirn" pflegten mit geschlossenen Augen durch die Straßen zu gehen, um den Anblick von Frauen zu vermeiden und stießen deshalb an die Mauern, so daß ihr Gesicht blutete. Ja, selbst in dem viel freieren hellenistischen Judentum begegnet uns die Anschauung von der Geringerwertigkeit der Frau. Bei Philo von Alexandrien symbolisiert der Mann den Verstand, weil in ihm der Verstand überwiegt und ihm das Tun eigen ist; die Frau hingegen, die mehr zur Empfindung hinneigt und der das Leiden zufällt, ist das Sinnbild der Sinnlichkeit. Männliche Geburten sind auf Tugend zu deuten, weibliche auf Laster. „Der weibliche Sproß der Seele ist Laster und Leidenschaft..., der männliche Freude und Tugend."

Derselbe Prozeß, der zum Ausschluß der Frau von der aktiven Beteiligung am Tempelkult führte, wiederholte sich im G o t t e s d i e n s t   d e r   S y n a g o g e. Zuerst hatten die Frauen in der Synagoge die Tora vorlesen dürfen, aber in der tannaitischen Periode, die mit Hillel († um 10 n. Chr.) begann, wurde dieses Vorrecht beseitigt. Der babylonische Talmud stellt fest: „Die Frau darf nicht aus der Tora lesen wegen der Herrlichkeit der Gemeinde" (*miphᵉnê kābōd ṣibbor*). Die Verleihung des Titels ἀρχισυνάγωγος oder *mater synagogae*[96a] war ledﬁglich eine vorübergehende Einrichtung in der jüdischen Diaspora, die durch die

---

[69a] „Oberste der Synagoge", „Synagogenmutter".

geistige Haltung der Griechen und Römer bedingt war.[69b] Die Trennung
von Männern und Frauen in den Synagogen wurde immer strenger
durchgeführt. Wir finden schon in alten Synagogen einen besonderen,
angebauten Raum für die Frauen, so in der Synagoge von Delos, die
im 1. Jahrhundert vor Christus erbaut worden ist. Oder es findet sich
in der Synagoge eine Galerie, die nur von außen her zugänglich ist, wie
in der Synagoge von Kapernaum. Josephus nennt diesen besonderen
Raum der Frauen *gynaikonitis*, – derselbe Ausdruck, den die Griechen für den arabischen Harem gebrauchten. In den mittelalterlichen
Synagogen waren die Frauenräume durch Gitter von den Männerräumen
getrennt, die im 19. Jahrhundert großenteils beseitigt wurden. Sie finden
sich aber noch jetzt in einzelnen orthodoxen Synagogen. Ein solches
Gitter aus Metallstäben fand ich in der Synagoge in Cochin in Süd-
indien, eines aus herabhängenden Metallschnüren in einer Synagoge in
Chicago. Der Rabbiner dieser Synagoge motivierte die Absperrung der
Frauen damit, daß die Männer beim Gebet nicht durch den Anblick
der Frauen abgelenkt werden sollten. In den Synagogen der liberalen
Gemeinden, die in den Vereinigten Staaten die zahlreicheren sind, sitzen
Männer und Frauen zusammen im Schiff. Während in den orthodoxen
Gemeinden die Frauen nur passiv am Gottesdienst teilnehmen, sprechen
sie in den liberalen Gemeinden mit den Männern die Responsorien. In
letzteren wirken Frauen nicht nur als Sängerinnen, sondern auch als
Vorbeterinnen bei einzelnen Gebeten, so bei der Entzündung des Sab-
batlichtes.

Auch im individuellen Pflichtgebet zeigt sich die Zurückdrängung
der Frauen. Nach dem *Mišna*-Text *B^erakhōt* (3, 1) ist die tägliche Rezitation des *Š^ema'* sowie das Tragen der Gebetsriemen *(T^ephillim, phylak-
tēria)* ein Vorrecht der Männer; nur zum 18-Gebet *(Š^emone 'Esre)* und
zum Tischgebet sind auch die Frauen verpflichtet. Aber obgleich die
jüdische Frau lange Zeit zur Passivität im öffentlichen Gottesdienst verurteilt und auch im individuellen Gebet eingeschränkt worden war,
zeichnet sie sich durch große Frömmigkeit aus.[70] Johannes Leipoldt, der
Schilderer der Stellung der Frau in der Antike und im frühen Christentum, spricht mit Bewunderung von dem religiösen Sinn der jüdischen
Frau. Wenn diese auch von der Aktivität im öffentlichen Leben und im

---

[69b] s. Gustav H ö l s c h e r, Die Propheten, Leipzig (1914) 41, 91 f., 120 f.
[70] E. S c h ü r e r, Geschichte... II⁴, 538 ff. L e i p o l d t, Die Frau 78 u. ö.

Gottesdienst ausgeschlossen und in ihren bürgerlichen Rechten beschränkt war, genoß sie doch in der Familie hohe Achtung; die jüdische Frau war eine „Priesterin des Hauses". Als solche hat sie nicht nur zur Hochhaltung des göttlichen Gesetzes beigetragen, sondern auch zur Reinerhaltung der jüdischen Rasse inmitten anderer Völker. Einzelne Frauen zeichneten sich auch durch Kenntnis der heiligen Schrift und des jüdischen Gesetzes aus. Jüdische Apologeten wie Kayserling[71] und Faiwel Goetz[72] haben Preislieder auf die jüdische Frau gesungen und zugleich die Begrenzung des jüdischen Frauenwirkens auf den häuslichen Umkreis gegenüber der modernen Frauenbewegung gerühmt, welch letztere sie als „fluchbeladen, die sittliche Ordnung der Gesellschaft untergrabend"[71a] verdammen. Diese orthodoxen jüdischen Lehrer konnten freilich nicht verhindern, daß das l i b e r a l e J u d e n t u m sich hinsichtlich seiner Auffassung von der Stellung der Frau den modernen Ideen öffnete. Wie dieses nicht in der späteren Tora, sondern in der älteren Botschaft der Propheten das Wesen des Judentums fand, so entspricht dessen Auffassung von der Frau der vorgesetzlichen Haltung in Israel. Im Christentum werden wir eine ähnliche Kurve wiederfinden – von starker Aktivität der Frau über eine lange Periode der Zurückdrängung zurück zur ursprünglichen freien und weiten Auffassung.

Die Entwicklung der Stellung der Frau im I s l a m zeigt auffallende Parallelen zu der im Judentum. Im vorislamischen Arabien war einerseits die Schätzung der Frau niedrig. Arme Väter begruben lebend ihre neugeborenen Töchter, wenn sie fürchteten, sie nicht ernähren zu können. Andererseits hatte die Frau großen Einfluß auf den Mann. Sie spornte ihn in der Schlacht an. Frauen vollzogen die Totenklage, und zwar beklagte in der Regel die Schwester den Bruder und nur selten die Gattin ihren Gatten. Wie bei anderen primitiven Stämmen gab es unter den alten Arabern Prophetinnen und Wahrsagerinnen, genannt *kāhina*.[72]

---

[71] Moritz K a y s e r l i n g , Die jüdischen Frauen in der Geschichte, Literatur und Kunst. Leipzig 1879.

[71a] Faiwel G o e t z , Die Stellung der Frau im Judentum. Nach den Urquellen bearbeitet. Riga (1929) S. 67.

[72] Julius W e l l h a u s e n , Reste arabischen Heidentums. Berlin 1897, 137. Über die relativ freie und geachtete Stellung der Frau in vorislamischer

Die Rolle der Frau im Urislam war bedeutungsvoll. *Moḥammad* verdankt seine religiöse Entwicklung einer Frau, seiner ersten Gattin *Ḥadīǧa*. Als er im Alter von 40 Jahren seine ersten Offenbarungen erhielt (im Jahre 610 n. Chr.), war sie es, die als erste an deren göttlichen Ursprung glaubte. Sie stärkte seinen Glauben an diese Offenbarung und unterstützte ihn in jeder Hinsicht. In den Jahren des Konfliktes Moḥammads mit seinen Landsleuten half sie ihm nicht nur geistig, sondern auch wirtschaftlich. Es war für ihn ein schwerer Schlag, als sie 619 starb.

Bald nach *Ḥadīǧas* Tod heiratete Moḥammad mehrere andere Frauen. Er begrenzte zwar die Zahl der gesetzlich erlaubten Frauen für den Muslim auf vier, glaubte aber, selber von *Allāh* das Privileg erhalten zu haben, so viele Frauen zu besitzen, wie er wollte. Nach der einen Überlieferung hatte er neun, nach einer anderen elf Frauen. Die muslimischen Apologeten rechtfertigen dieses Privileg damit, daß der Prophet sich verpflichtet fühlte, die Witwen von solchen Muslimen zu heiraten, die im Kampf für den wahren Glauben den Märtyrertod erlitten hatten. Das einzige Mädchen, das er heiratete, war *Āʿiša,* die Tochter seines Freundes und Nachfolgers *Abū Bekr;* sie war erst acht Jahre alt, als sie Moḥammads Frau wurde. Nach der Überlieferung, auf die sich der größte islamische Theologe, G h a z z ā l ī , stützt und die von abendländischen Forschern[73] als historisch zuverlässig angesehen wird, behandelt Moḥammad alle seine Freuen gleich liebevoll. „Der hochgebenedeite Gottgesandte pflegte die Nächte gleichmäßig zwischen seinen Frauen zu teilen..." Al-Ghazzālī sucht den Propheten gegenüber dem Anstoß, den diese Vielweiberei Moḥammads bei den Christen erregte, und gegen ihren vorwurfsvollen Hinweis auf Jesu Ehelosigkeit zu verteidigen: „Wenn einer fragt, warum Jesus, der Gepriesene, unverheiratet blieb, wenn doch dem Ehestand der Vorzug gebührt, und warum andererseits, wenn doch die vollkommene Hingabe das Bessere ist, unser hochgepriesener Prophet so viele Frauen hatte, so haben wir zu antworten: Es ist das Beste, beides zu verbinden, wenn jemand dazu

---

Zeit s. Margaret S m i t h , Rābiʿa the Mystic and her Fellow-Saints in Islām. Cambridge 1928, 111–127. S. die allgemeinen Literaturangaben zu „Islam" von Annemarie S c h i m m e l in: Friedrich H e i l e r , RM Stuttgart (1959) 1962², 966 ff.

[73] Tor A n d r a e , Muhammad, Göttingen 1932, 153 ff.

imstande ist und wenn er die nötige Stärke besitzt und den erhabenen Schwung, sodaß nichts ihn von Gott abwenden kann. Nun hatte unser gepriesener Prophet eine solche Stärke erhalten und verband den Vorzug der Hingabe an Gott mit der Ehe. Trotz seiner neun Frauen war er ganz vom Dienste Gottes erfüllt."

Die islamische Überlieferung preist die rücksichtsvolle und gütige Art, mit welcher der Prophet die Frauen behandelte. Moḥammad stand freilich auf dem patriarchalischen Standpunkt der Herrschaft des Mannes und der Gehorsamspflicht der Frau. Im Korān[74] heißt es ausdrücklich: „Die Männer stehen über den Frauen wegen dessen, was Allāh den einen vor den anderen gegeben hat und wegen der Ausgaben, die sie für sie (die Frauen) gemacht haben. Die rechtschaffenen Frauen sind darum achtsam (in Bezug auf das Besitztum) während ihrer (der Männer) Abwesenheit, so wie Gott auf sie acht gibt. . . . Wenn ihr fürchtet, daß Frauen sich auflehnen, dann vermahnt sie, meidet sie im Ehebett und schlagt sie" (Sure 4, 38). Moḥammad bemühte sich aber auch darum, die gesellschaftlich und wirtschaftlich schlechte Stellung der Frauen seiner Zeit zu verbessern, ohne jedoch die herkömmliche Auffassung preiszugeben, die von dem Ideal patriarchalischer Herrschaft bestimmt war. Er führte eine Reihe von Sozialreformen durch und forderte u. a. die Abschaffung des Kindermordes, die Beschränkung der Polygamie nach Maßgabe der Versorgungsmöglichkeit von mehreren, höchstens vier Frauen (Sure 4, 37), den Schutz der Witwen und Waisen (Sure 4, 11 u. ö.), die Einhaltung des Ehevertrages, das Eigentumsrecht der Frau auf die Hälfte ihrer Mitgift und das Erbrecht (Sure 4, 4 ff.; 175). Alle diese Reformen gingen in das islamische Recht ein. Da sie aber auf unverrückbarer göttlicher Autorität beruhten, blieben sie für alle Zeiten unabänderlich, endgültig, wurden also nicht etwa Ausgangspunkt für eine Weiterentwicklung des gesellschaftlichen Lebens und der dementsprechend neu zu kodifizierenden Rechtsnormen. So erstarrte das Rechtsdenken und das daraus abgeleitete Recht hinsichtlich der Stellung der Frau in allen islamischen Ländern.

In der Ursprungszeit des Islam hatten Frauen für diesen eine große Bedeutung – auch wenn es vielleicht nur einzelne waren. Das gilt nicht

---

[74] Deutsche Übersetzungen: Max H e n n i n g , mit Einleitung und Anmerkungen von Annemarie S c h i m m e l. Stuttgart 1960; Rudi P a r e t , Stuttgart 1962.

nur für *Ḥadīǧa,* Moḥammads erste und bis zu seinem 50. Lebensjahr einzige Frau (s. o. S. 78), sondern auch für die junge *Āʿiša,* die er nach *Ḥadīǧas* Tod heiratete. Sie war klug, aber auch intrigant, und gewann großen Einfluß auf die Weiterentwicklung der prophetischen Lehre. Die islamische Tradition erkannte ihr eine so hohe Bedeutung zu, daß ihr nicht weniger als 1200 *Ḥadīthe* (Aussprüche, die zwar nicht im Korān stehen, aber der Tradition angehören) zugeschrieben werden. Wenn *Āʿiša* nicht von allen, aber doch von dem größeren Teil der Muslime verehrt wurde, so war die Verehrung *Fāṭimas,* einer der vier Töchter des Propheten aus seiner Ehe mit *Ḥadīǧa,* allen Gläubigen gemein. Ganz besonders pflegten die *Šiiten* ihre Verehrung. *Fāṭima* war vermählt mit Moḥammads Vetter ʿ*Alī,* einem der ersten Gläubigen, dem ersten Kalifen (Nachfolger Moḥammads) und gebar ihm zwei Söhne, *Ḥasan* und *Ḥusain.* Sie starb unmittelbar nach dem Tode Moḥammads 632, nach der Legende aus Kummer über den Tod ihres Vaters. *Ḥusain* fiel in der Schlacht von *Kerbela* in der Verteidigung der Ansprüche der Prophetenfamilie auf die Herrschaft und wurde von den *Šiiten*[75] (d. h. den Anhängern ʿ*Alis*) als Märtyrer verehrt. Auf die Nachkommen Moḥammads wurde nach der Auffassung dieser Sekte die persische Idee der Lichtherrlichkeit übertragen, und so fiel Fāṭima die bedeutende Rolle als Übermittlerin dieser Lichtsubstanz *(nur-muḥamadiya)* zu. In dieser Eigenschaft wurde sie als Inkarnation des Göttlichen in der weiblichen Natur und als edelstes Frauenideal angesehen. Nach der Legende war sie auf wunderbare Weise geboren. Ihre Heirat mit ʿ*Ali,* dem nächsten Verwandten ihres Vaters, war von Gott vorherbestimmt. Der Prophet soll sie mehr geliebt haben als seine anderen Töchter. In den volkstümlichen Büchern über Moḥammads Leben wird erzählt, wie sie ihren Vater pflegte und ihn nach seinem Tode betrauerte. Sie starb jung und wird seitdem als Königin aller im Paradies weilenden Frauen verehrt. In der muslimischen Tradition wird sie auch als *batūl* (Jungfrau)[76] bezeichnet, ein Prädikat, das sonst nur der Mutter Jesu zuerkannt wird. Nach šiitischem Glauben wird der künftige Messias, der *Mahdi,* aus Fāṭimas Nachkommen erstehen; er wird das vollkommene

---

[75] D. D o n a l d s o n, The Shiʿite Religion. London 1937. A. S c h i m m e l in: RM 841 ff.

[76] s. das von M. S m i t h, Rābiʿa wiedergegebene Gebet, das am Grabe der *Fāṭima* von Pilgern gesprochen wurde; S. 179 f.

Gottesreich auf Erden errichten, das während der kurzen Zeit vor dem Endgericht erstehen soll.

Die Muslime verehren neben Fāṭima auch die Mutter Jesu, die sie als Glied der Trias: Gott, Jesus, Maria auffassen. Die Mutter Jesu wird mehrere Male im *Korān* mit besonderer Ehrerbietung genannt, insbesondere die Verkündigung ihres Sohnes durch den Erzengel Gabriel und ihre jungfräuliche Empfängnis Jesu. In eindrucksvoller Weise schildert der größte Mystiker-Dichter Persiens, *Ǧlāl-ad-din Rūmī*, das Erscheinen des Erzengels vor Maria, die den ‚letzten großen Propheten vor Moḥammad‘ gebar.[77]

Dieser hohen Achtung von Frauen entspricht es, daß im frühen Islam die Frauen am Gottesdienst in der Moschee teilnahmen. Spätere Gesetzeslehrer erlauben den Frauen freilich nicht das Betreten der Moscheen. Dagegen hat *Buḫārī* (9. Jhdt.), einer der großen Traditionsgelehrten, erklärt: „Frauen sollen vom Besuch der Moschee während der Gebetsstunde nicht ausgeschlossen werden". In einzelnen Moscheen wurden Frauen als *Imām*, d. h. Moscheenvorsteher zugelassen. Aber obgleich der Besuch der Moscheen durch Frauen in muslimischen Ländern spärlich war, waren die Frauen doch stets eifrige Beterinnen; genau wie die Männer verrichteten sie fünf mal täglich, das Gesicht gegen Mekka gekehrt, das Pflichtgebet *(ṣalāt)* und vollzogen auch die Pilgerfahrt nach dem Zentralheiligtum in Mekka.

Aber nicht nur am religiösen Leben, sondern auch am politischen Leben der jungen islamischen Staaten waren Frauen beteiligt. Die Verschwörer gegen Ḥusains Gegner versammelten sich im Hause einer seiner Anhängerinnen. Frauen feuerten ihre Söhne zum Kampf für die Herrschaft des Islam an. Nach einer der großen Schlachten errichtete eine fromme Muslimfrau ein Militärhospital, in dem sie die verwundeten Soldaten pflegte. Auch im späteren Islam übten Frauen noch politischen Einfluß aus. Eine Prinzessin aus der Ajjubiden-Familie regierte eine Zeit lang ganz allein in Ägypten. Vor allem aber übten in den Harems der fürstlichen Paläste Mütter, Witwen und sogar Lieblingssklavinnen einen großen Einfluß auf das politische Leben aus. Nach dem Ausspruch eines großen Gesetzeslehrers, Hambál († 855), „öffnen die guten Werke den Frauen die Tore des Paradieses."

---

[77] Methnevī III 3700 f.

Große Bedeutung erlangten die Frauen im S u f i s m u s ,[78] d. i. der
asketisch-mystischen Frömmigkeit, die im Islam vom 8. Jahrhundert
(christlicher Zeitrechnung) an sich entwickelte. Unter den frühen islamischen Mystikern ragt eine Frau hervor, *Rabiʿā al-ʿAdawiya* (713–801).
Nach ihrer Freilassung aus der Sklaverei lebte sie als Einsiedlerin in der
Wüste. Dann ging sie nach Baṣra und sammelte dort viele Schüler,
denen sie die Geheimnisse der mystischen Gottesliebe enthüllte. Als
geistliche Lehrerin und Seelsorgerin nannte man sie „die Frau, welche
von den Männern angenommen ist als eine zweite, fleckenlose Maria",[79] d. h. eine, welche als ebenbürtig anerkannt wurde. In der von
dem altpersischen Dichter *Farid al-Din ʿAṭṭār* verfaßten ‚*Legenda aurea*‘
des Islam, der *Tadhkirat al-aūliyā*, heißt es: „Wenn eine Frau auf dem
Wege Gottes wie ein Mann wandelt, kann sie nicht als Frau bezeichnet
werden".[80] Im Unterschied zu den frühislamischen *Sufi*-Mystikern, deren
Denken und Leben von der Höllenfurcht überschattet war, verkündete
Rabiʿā die reine Gottesliebe. Ihr berühmtes Gebet lautet: „Wenn ich
dich anbete aus Furcht vor der Hölle, verbrenne mich darin. Und wenn
ich dich anbete aus Hoffnung des Paradieses, so schließe mich davon
aus. Wenn ich dich aber anbete um deinetwillen, dann enthalte mir
deine ewige Schönheit nicht vor."[80a] Um diese reine Liebe allen an-
schaulich zu machen, lief *Rabiʿā*, wie ʿAṭṭār berichtet, eines Tages durch
die Straßen von Baṣra mit einem Feuerbrand in der einen und einem
Wasserkübel in der anderen Hand und rief: „Ich will in die Hölle
Wasser gießen und Feuer in das Paradies werfen, damit diese beiden
Schleier von den Augen der Gottsuchenden weggenommen werden...,
damit ihr Vorsatz fest sei, auf ihren Herrn zu blicken ohne einen Gegenstand der Hoffnung und ohne einen Grund zur Furcht.[81]

Wenngleich keine andere der islamischen Mystikerinnen ihre Größe

---

[78] Reynold A. N i c h o l s o n , Studies in Islamic Mysticism. Cambridge 1921;
Tor A n d r a e , I myrtenträdsgården. Stockholm 1947; dt. Islamische Mystik, übs. Helmhart Kanus-Credé (Urban-Bücher), Stuttgart 1960; Helmut
R i t t e r , Das Meer der Seele, Leiden 1955; M. S m i t h , s. o. Anm. 57.
[79] *Tadhkirat* I 59; vgl. Annemarie S c h i m m e l , Studien zum Begriff der
mystischen Liebe in der frühislamischen Mystik. Theol. Diss. Marburg
(1951) 2 f.
[80] *Tadhkirat* I 73.
[80a] S m i t h , Rabiʿā 30.
[81] *Tadhkirat* II 197; vgl. S c h i m m e l , Studien 30.

erreichte – der französische Islamforscher M a s s i g n o n nennt sie mit Recht „*la Sainte par excellence*",[82] so erlangten doch viele Frauen Berühmtheit wegen ihrer Frömmigkeit und ihres gottgeweihten Lebens. Der oben genannte ῾*Aṭṭār* nennt seine Legendensammlung, die Viten zahlreicher *ṣufijja* (d. h. weiblicher *sufī*) enthält: „Lebensbeschreibung frommer Frauen auf dem Pfade zu Gott". In der Vorrede erklärt er, daß er dieses Buch als Musterbild für weniger fromme und tugendhafte Frauen seiner Zeit geschrieben habe.

Im 12. und 13. Jahrhundert entstanden in verschiedenen Städten, vor allem in Kairo, islamische Schwesternschaften und Klöster.[83] Als Ahnherrin der weiblichen Orden wurde *Fāṭima*, die Prophetentochter, angesehen. Diese trug bisweilen den Namen *kuṭb*, „Pol", „Spitze" – eine Bezeichnung des höchsten Grades der Hierarchie der Heiligen. Das berühmteste Kloster war *Ribāt al-Bagdadija*, das 1286 durch *Bai Bars*, die Tochter des Mameluken-Sultans, gegründet wurde. Die Superiorin desselben unterrichtete die Nonnen und leitete Exerzitien; sie unterwies sie auch in der *Korān*-Auslegung und in der Traditionswissenschaft. In diesem Kloster fanden nicht nur diejenigen Frauen Aufnahme, die sich dem Dienst Gottes geweiht hatten, sondern auch solche, die von ihren Männern verstoßen waren und die ihren guten Ruf wahren wollten, bis sie wieder verheiratet wurden. Auch in Mekka wurden mehrere Frauen-Klöster errichtet, da es als besonders verdienstvoll galt, an dieser heiligsten Stätte des Islam zu leben.

Die Verehrung einzelner hervorragender Frauen entwickelte sich zu einem förmlichen Heiligenkult,[84] besonders in Nordafrika. Die berühmteste dieser Heiligen war *Nafisa* († 824), die einen Nachkommen des Propheten heiratete. Sie machte nicht weniger als dreißig Wallfahrten nach Mekka. Sie kannte den *Korān* und seine Auslegung auswendig. Einer der vier Gründer der islamischen Gesetzesschule soll ihr Schüler und Bewunderer gewesen sein. Viele Wunder werden von ihr erzählt, so die Heilung eines gelähmten Christenkindes. *Nafisa* grub ihr eigenes Grab und rezitierte in ihm täglich den *Korān*. Dabei starb sie, als

[82] Louis M a s s i g n o n , Recueil de textes inédits concernants l'histoire de la mystique en pays d'Islam. Paris 1928. s. S m i t h , Rābi῾a S. 3.

[83] S m i t h , Rābi῾a, 172 ff.

[84] Ignaz G o l d z i h e r , Die Heiligenverehrung im Islam. Muhammedanische Studien, Teil 2. Halle (1890) 295 f.; S m i t h , Rabi῾ā 137 ff., 178 ff.

sie das Wort *raḥmat*, „Barmherzigkeit" aussprach. Auch nach ihrem
Tode setzten sich die Wunder fort, die durch ihre Fürsprache bewirkt
wurden. Im 15. Jahrhundert veranstaltete ein Sultan an ihrem Geburts-
tage ein großes Fest.

Im Mittelalter waren viele Frauen als Lehrer, besonders der Traditionswissenschaft, tätig. Der Ruhm einer bedeutenden Lehrerin namens
Suhda („Schreiberin"), die in Spanien lebte, war so groß, daß Männer
fälschlich behaupteten, ihre Schüler gewesen zu sein, um sich Ansehen
zu verschaffen. Eine andere Lehrerin, die zahlreiche Schüler um sich
sammelte, war *Bint al-kamāl* in Jerusalem († 1340); sie besaß eine ganze
Kamelladung von Doktordiplomen, die sie zur Weitergabe des von einem
Lehrer Erlernten berechtigten. Sie erscheint auch als ein Glied in der Kette
der Zeugen, welche die Authentizität einer Überlieferung garantieren.
Die Opposition der Männer blieb jedoch nicht aus, die sich dagegen
wandte, daß Frauen über so wichtige Dinge wie die Worte und Taten
des Propheten lehrten. Gleichwohl übten Frauen eine diesbezügliche
Lehrtätigkeit bis zum 17. und 18. Jahrhundert aus. Erst als die islamischen Nationen in eine Lethargie versanken, erlosch die Lehrtätigkeit
und der Einfluß der Frauen auf das öffentliche Leben.

Der Prozeß der Degradierung der Frau hatte freilich schon viel
früher begonnen. Der Islamkenner Ignaz Goldziher hat festgestellt, daß
diese Herabsetzung der Frau zum Teil auf christlichen Einflüssen be-
ruht. Die Verschleierung der Frau ist aus Byzanz übernommen worden.
Die Geringschätzung der Ehe und der Frau überhaupt floß in den Islam
aus dem indischen wie aus dem christlichen Eremiten- und Mönchtum
ein. Eine Reihe frauenfeindlicher Äußerungen wurden sogar dem Propheten als *ḥadīth* in den Mund gelegt: „Frauen sind das Brennholz der
Hölle; sie sind mangelhaft im Verstand und Glauben. Fromme Frauen
sind so selten wie ein Rabe mit weißen oder roten Flecken oder mit
rotem Schnabel." „Ich blickte in die Hölle und sah, daß die Mehrzahl
ihrer Bewohner Frauen waren; und ich blickte in das Paradies und sah,
daß wenige seiner Bewohner Frauen waren".[85] Diese Aussprüche sind
freilich schwer mit Moḥammads im Korān wiedergegebenen Äußerungen über die Frauen (bes. Sure 4) in Einklang zu bringen. Denn bei
aller patriarchalischen Herrscherlichkeit des Propheten zeigen diese nicht
nur sein Streben nach größerer Gerechtigkeit gegenüber den Frauen,

---

[85] A b u   T a l i b , Qut al-Qulub II 252; s. S m i t h , Rabiʿā 133 f.

sondern enthalten deutlich einen Zug von Güte. Jene sind dem Stifter
des Islam sicher ebenso von späteren asketischen Eiferern unterschoben
worden wie die frauenfeindlichen Äußerungen, die Gotama Buddha von
späteren Mönchen zugeschrieben worden sind.

In den letzten Jahrzehnten trat unter dem Einfluß der modernen
abendländischen Kultur in den islamischen Ländern ein gewaltiger
Wandel ein, der seinen Anfang in der durch Atatürk veränderten Türkei
nahm. Nach und nach griff dieser Wandel auf weiter östlich gelegene
islamische Länder über, auf Persien, Pakistan und Indonesien. Die neue
Lage der muslimischen Frau ist besonders eindringlich geschildert in
den Werken der Amerikanerin *Ruth Frances Woodsmall*[86] und von
Attilo Gaudio.[87] Erstere schreibt: „Die Möglichkeit der Bildung, die
soziale Gleichheit, die wirtschaftliche Unabhängigkeit, die Verbreiterung
des Interessenkreises der Frauen über die vier Wände des Hauses hinaus
sind die verschiedenen Erscheinungen einer lebendigen Erneuerung des
östlichen Lebens. Die Umgestaltung der Lage der muslimischen Frau
ist in gewissem Grade sowohl die Ursache wie die Wirkung des Wan-
dels in der Religion. Hier besteht eine Wechselwirkung von gesellschaft-
lichem und religiösem Leben". Obgleich die im *Korān* grundgelegte
Haltung des Islam zur Frau endgültig erscheint, „ist die Macht des
20. Jahrhunderts mit erstaunlicher Kraft in die Bollwerke des mittelalterlichen Islam eingedrungen".[88] In der Türkei ist die Polygamie durch
Übernahme des Schweizerischen Zivilgesetzbuches zwar nicht förmlich
verboten, hat aber aufgehört, eine „anerkannte Einrichtung der Gesellschaft zu sein."[89] In den Ländern, in denen die Mehr-Ehe noch Gültigkeit hat, wird diese so gedeutet, daß sie mit den modernen Anschauungen möglichst in Einklang gebracht werden kann. Der Schleier, lange
Zeit das Symbol der Abschließung der muslimischen Frau, ist weithin
in islamischen Ländern verschwunden. Ein interessantes Beispiel einer
modernen Leugnung der Gesellschaftslehren des *Korān* ist das Buch
einer jungen Drusenfrau *Nāzer Zaìn el-Din*. Ihr Buch *As – Sitr wa'*

[86] Ruth Frances W o o d s m a l l, Moslem Women enter a new World, New
York 1932; dtsch.: Der Aufstieg der muhammedanischen Frau. Erlenbach–
Zürich 1938.
[87] Attilo G a u d i o, La révolution des femmes en Islam, 1957.
[88] W o o d s m a l l, Aufstieg S. 145.
[89] W o o d s m a l l, Aufstieg, 492.

l-ḥiǧāb (Entschleierung und Verschleierung) hat viel Beachtung gefunden. Eine andere muslimische Frau, *Ishān Shakir al Kusi,* suchte sogar zu zeigen, daß der *Korān* die Verschleierung nicht vorschreibt. Bis zum heutigen Tage verrichtet zwar die muslimische Frau das Pflichtgebet mehr in den Häusern als in der Moschee. Gleichwohl hat sie mehr Freiheit in der Moschee als in früheren Zeiten. Frauen wurde sogar gestattet, den *Korān* in der Moschee zu rezitieren. Man sollte dabei aber nicht vergessen, daß dieser Wandel in der Stellung der Frau im Islam nicht eine völlige Neuerung ist, sondern in vieler Hinsicht eine Rückkehr zu den Gepflogenheiten in der ältesten Zeit des Islam. Und trotzdem steckt ein nicht zu unterschätzender Wahrheitskern in dem Ausspruch des Franzosen G a u d i o : „Die Emanzipation der muslimischen Frau wird das deutliche Zeichen der Emanzipation der muslimischen Völker überhaupt sein".[90]

---

[90] G a u d i o , Révolution, 217.

III. CHRISTENTUM

In der Stellung zur Frau hat das C h r i s t e n t u m zwar manches mit seiner Mutterreligion, dem Judentum und dessen Schwesterreligion, dem Islam, gemeinsam; es unterscheidet sich von ihm dadurch, daß die Frau in ihm – wenigstens in seiner Ursprungszeit und in Zeiten der Erneuerung – einen ungleich höheren Rang und eine ungleich größere Bedeutung besaß. Jesu Wirken bedeutete eine grundlegende Änderung in der Wertung der Frau – teilweise gegenüber dem Heidentum, vor allem aber gegenüber dem zeitgenössischen Judentum. Im Urchristentum erscheint die Frau dem Manne ebenbürtig. J e s u F r o h b o t s c h a f t richtet sich in gleicher Weise a n M ä n n e r u n d F r a u e n ; nicht nur seine öffentliche Verkündigung, sondern auch seine persönliche Seelsorge ist beiden in gleicher Weise gewidmet. Bedenkt man, daß die jüdischen Rabbinen die Frauen nicht nur als unfähig zum Studium der Tora ansahen, sondern sie mißachteten, ja, nicht einmal auf der Straße eines Blickes würdigten (manche nicht einmal ihre eigene Ehefrau, wenn sie ihnen begegnete), so kann man ermessen, was diese Gleichachtung von Mann und Frau in der Wirksamkeit Jesu bedeutete. „Die jüdische Frau", erklärt V i t e a u , „wurde außerhalb der Religion gehalten; das Gesetz des Mose und die rabbinische Lehre hatten nichts, um ihren Wissensdrang und ihre religiösen Aspirationen zu befriedigen. Das Christentum mußte völlig mit dieser entwürdigenden Routine brechen, sozusagen die Lage der jüdischen Frau umkehren und ihr künftig den gleichen Platz im neuen Gottesreich sichern wie dem Manne."[1] Jesus setzte sich in seiner neuen Haltung gegenüber der Frau über die geltende jüdische Sitte mutig hinweg und scheute sich nicht, öffentlich Anstoß zu erregen. Wie Buddha, so verkehrte auch er völlig unbefangen mit Frauen. Ja, er ließ sich auf seinen Predigtwanderungen nicht nur von den erwählten Jüngern begleiten, sondern auch von Frauen, und zwar von solchen, die er von psychischen und leiblichen Krankheiten geheilt hatte. Lukas berichtet wörtlich: „Er wanderte durch Städte und Dörfer und predigte die Frohbotschaft vom Gottesreich, und die zwölf

---

[1] J. V i t e a u , L'institution des diacres et des veuves. RHE 22 (1926) 529.

Apostel mit ihm, und einige Frauen, die von bösen Geistern und Krankheiten geheilt worden waren, Maria, die sogenannte Magdalena, aus
der sieben Teufel ausgefahren waren, und Johanna, die Frau des Chuza,
eines Verwalters des Herodes, und Susanna und viele andere, die ihnen
aus ihrem Vermögen dienten" (Luk. 8, 1 ff.). Aus dem Parallelismus
zwischen Aposteln und Frauen, der in diesen Worten sich ausdrückt, ist
zu schließen, daß die T ä t i g k e i t d i e s e r F r a u e n sich nicht nur
auf die Sorge für Essen und Trinken beschränkte, sondern eine e v a n -
g e l i s t i s c h e Tätigkeit, jedenfalls gegenüber Frauen, einschloß.
Johannes L e i p o l d t , welcher der Stellung der Frau im Urchristentum
eine besonders gründliche und umsichtige Studie gewidmet hat, erklärt:
„Die Verbindung zwischen Jüngern und Jüngerinnen scheint mir zu
eng, als daß man sich auf diese Auffassung beschränken dürfte. Der Erzähler will verdeutlichen, daß auch die Frauen unmittelbar dem Evangelium dienen. In einem Lande, in dem ein guter Teil der Weiblichkeit
im Harem lebt, kann man kaum eine allseitige Werbung und Predigt
durchführen, ohne Frauen heranzuziehen."[2] Aber „auch ohne dies ist . . .
unzweideutig, wie wenig sich Jesus und sein Kreis um die jüdische Sitte
kümmert. Verheiratete Frauen, aber auch Mädchen verlassen Heim und
Familie, folgen Jesus bei seinen Wanderungen kreuz und quer durchs
Land, harren aus in Gefahr. Der Tatbestand ist für die palästinensischen
Menschen unerträglich, selbst wenn wir berücksichtigen wollen, daß
ein Teil der Jünger verheiratet ist. Aber Jesus erträgt diese scheinbare
Sittenlosigkeit; man gewinnt eher den Eindruck, daß er sich über diese
vielleicht unerwartete Hilfe freut; sie ist ein Beweis dafür, daß die
Helferinnen bereit sind, um des Reiches willen üble Nachrede auf sich
zu nehmen".[3] Aber noch weitere Verstöße gegen die Sitte erwähnen die
Evangelien: er nahm die Gastfreundschaft eines unverheirateten Schwe-
sternpaares an, der Martha und Maria (Luk. 10, 38 ff.). „Dem Juden
ist sie (diese Erzählung) unbegreiflich. Wie darf Jesus in einem Hause
Einlaß begehren, in dem sich nur zwei Mädchen befinden? Das kann
in manchen Gegenden Griechenlands vorkommen, etwa in Leuktra, wo
ein Schwesternpaar eines Tages zwei fremde Wanderer aufnimmt,"[4]

---

[2] Johannes L e i p o l d t , Die Frau in der Antike und im Urchristentum,
Leipzig 1955[2], 127.
[3] L e i p o l d t , Frau 128.
[4] ebd. 125.

wie in Plutarchs Liebesgeschichten erzählt wird.[5] In Palästina gilt es als
unmöglich. Dazu kommt, daß der strenge Jude sich nicht von einer
Frau bedienen läßt. Der unerhörte Tatbestand macht nun erst recht
deutlich, daß es sich um Jüngerinnen Jesu handeln muß. Nur dann
läßt sich verstehen, daß sowohl Jesus wie Martha und Maria sich gar
nicht um die Sitte kümmern: hier überwiegt die Aufgabe, das Reich
Gottes zu bauen."[6] In diesen Zusammenhang gehört auch Jesu Besuch
bei der Schwiegermutter des Petrus, die er durch Berührung ihrer Hand
vom Fieber heilt (Mk. 10, 30 f.).

Einen noch größeren Anstoß erregte Jesus bei seinen Volksgenossen,
allererst bei den Pharisäern und Schriftgelehrten dadurch, daß er mit
verrufenen Frauen ebenso verkehrte wie mit den im Volk verhaßten er-
presserischen Zöllnern. Wie er Matthäus von seiner Zollstätte weg zum
Apostel berief, so duldete er in seiner Umgebung auch übel beleumun-
dete Frauen. Im Hause eines Pharisäers nahm er während des Gast-
mahls die Huldigung einer öffentlichen Sünderin an, die einen Alaba-
sterkrug mit Salböl brachte, seine Füße mit Tränen benetzte und sie
mit den Haaren ihres Hauptes trocknete, seine Füße küßte und mit Öl
salbte (Luk. 7, 37 ff.). Wir müssen dabei besonders beachten, daß „die
Frau, die vor Männern ihre Haare auflöst, den Juden als schamlos
galt"[7] – abgesehen von der Totenklage, bei der die Sitte dies vorschreibt. Seinem peinlich berührten Gastgeber erklärt Jesus: „Ihr sind viele
Sünden vergeben, denn sie hat viel geliebt; wem aber wenig vergeben
ist, der liebt wenig". Und der Frau selbst gab ҁ die tröstliche Zusiche-
rung: „Dein Glaube hat dir geholfen, geh᷄ in in Frieden" (Luk. 7, 50).

Während Jesus gegenüber der ҆᷄sen Sünderin nur gegen die Sitte
verstieß, lehnte er sich gegen das jüdische Gesetz auf, indem er seine
schützende Hand über die E h e b r e c h e r i n[8] hielt, welche die Juden
vor ihn führten und auf die Bestimmung der Tora hinwiesen, welche

[5] P l u t a r c h , Liebesgeschichten 3, S. 773, c. d.

[6] L e i p o l d t , Frau 125.

[7] ebd. 145.

[8] Joachim J e r e m i a s , Zu Joh. 8, 3 ff. ZNW XLIII (1953) 145 ff., 148,
Anm. 17; Ulrich B e c k e r , Jesus und die Ehebrecherin. Untersuchungen
zur Text- und Überlieferungsgeschichte von Joh. 7, 53 bis 8, 11. Beihefte
zu ZNW 28, XII + 104 S.

für Ehebrecherinnen die Todesstrafe befiehlt. Offensichtlich wollten sie
ihm eine Falle stellen; entweder würde er durch seine Antwort sich
gegen die Tora aussprechen oder mit dem römischen Recht in Kon-
flikt kommen, das die Todesstrafe der römischen Besatzungsmacht vor-
behielt. Jesus schweigt zunächst gegenüber ihrem Hinweis auf das Gesetz; er bückt sich und schreibt auf die Erde – offenbar, um zu überlegen; und als sie ihn bedrängen, zu antworten, erklärt er: „Wer von
euch ohne Sünde ist, der werfe als erster auf sie einen Stein", und
bückt sich wieder und schreibt in den Sand. Und als sich einer nach
dem anderen weggeschlichen hatte, fragt er: „Wo sind deine Ankläger?
Hat dich keiner verurteilt?" Und als das Weib antwortet: „Keiner,
Herr", da spricht er zu ihr: „So verurteile auch ich dich nicht. Gehe
hin und sündige hinfort nicht wieder".

Aber nicht nur den Juden war diese seelsorgerliche Milde ein Ärgernis, sondern vielen Christen der ersten Gemeinden. An keiner Stelle
des Neuen Testamentes, abgesehen vom Schluß des Stammbaumes Jesu
bei Matthäus, haben die Abschreiber so viel herumkorrigiert wie an
dieser Perikope. Ja, nicht einmal ihr Platz innerhalb der Evangelien steht
fest. Ein Teil der Handschriften bringt sie nach Luk. 21, 38 unmittelbar
vor der Erzählung vom letzten Mahl. Andere, nämlich die antiocheni-
sche Gruppe, alte lateinische Übersetzungen und der berühmte alte
Codex D bringen sie nach Joh. 8, 52, nach einer Rede Jesu im Tempel
und einer Auseinandersetzung der Hohenpriester und Pharisäer mit den
Tempeldienern und Nikodemus. Wieder andere Handschriften bringen
die Erzählung an zwei früheren Stellen des gleichen Kapitels bei Johannes. Eine größere Anzahl von Handschriften, vor allem die des ägyptischen Typus und ebenfalls einzelne lateinische Übersetzungen sowie
Tertullian und Origenes – beide Rigoristen – lassen sie überhaupt aus.
Aller Wahrscheinlichkeit nach gehörte diese Perikope dem Lukasevan-
gelium an, das ja Jesus in besonderer Weise als den Sünderheiland darstellt. Es ist bezeichnend, daß in einer Zeit, da ein großer Teil der
Kirche mit rigoroser Strenge gegen die Ehebrecher vorging, diese durch
Jesu vergebende Milde in Verlegenheit gebracht wurden und deshalb
vor Textänderungen im Neuen Testament nicht zurückschreckten. Aber
selbst ohne diese zweifellos echte Perikope ist Jesu Grundhaltung nach
den Evangelien eindeutig. Nicht ohne Grund trägt er eben darum im
Munde der Pharisäer und Schriftgelehrten den Namen: „der Zöllner
und Sünderinnen Freund." (Luk. 7, 34.) Jesus selbst rechtfertigt seine

Sünderliebe mit den Worten: „Nicht die Gesunden bedürfen des Arztes, sondern die Kranken; ich bin nicht gekommen, Gerechte zu berufen, sondern Sünder" (Mk. 2, 17). Er schleudert seinen Widersachern die Worte entgegen: „Zöllner und Huren kommen eher ins Gottesreich denn ihr" (Mt. 21, 31).

So war Jesus ein Freund der Frauen. Dies zeigt sich auch darin, daß er unvergleichlich häufiger als die Rabbinen in Gleichnissen seine Gedanken durch Frauengestalten illustriert: eine Frau durchmengt das Mehl mit Sauerteig (Mt. 13, 33, Luk. 13, 20 f.); zwei Frauen sitzen an einem Mühlstein (Luk. 17, 35); eine Frau kehrt auf der Suche nach dem verlorenen Groschen das ganze Haus (Luk. 15, 8 f.); eine Frau überwindet durch ihre Ausdauer den abweisenden und ungerechten Richter (Luk. 18, 1 ff.); eine Frau opfert ihren letzten Groschen für den Gotteskasten im Tempel (Mk. 12, 42 f.); die klugen Mädchen haben genügend Öl für ihre Lampen vorgesehen (Mt. 25, 1 ff.).

So wie Jesus ein Freund der Frauen war, so hingen auch die Frauen in Liebe und Verehrung an ihrem Meister. Sie hielten ihm die Treue bis in den Tod. Eine große Anzahl Frauen begleitete weinend und wehklagend den kreuztragenden Jesus auf dem Wege nach Golgatha. An sie richtete Jesus die Worte: „Töchter Jerusalems, weinet nicht über mich, sondern weinet über euch und über eure Kinder" (Luk. 23, 27 f.). Während die Apostel bei seiner Verhaftung feige geflohen waren und Petrus ihn im Richthaus des Pilatus verleugnete, wobei sein früheres Messiasbekenntnis wie ein „auf Sand" gebautes Haus zusammenstürzte, wurden die Jüngerinnen Jesu zu „Felsen seiner Gemeinde"[9]; die Frauen, die Jesus in Galiläa auf seinen Wanderungen begleitet hatten, und viele andere, die mit ihm von dort nach Jerusalem zum Osterfest heraufgezogen waren, harrten während der schrecklichen Kreuzigungsszene aus und beobachteten sie aus einiger Entfernung vom Schauplatz. Das Markus-Evangelium nennt mit Namen Maria Magdalena, Maria, die Mutter Jakobus des Kleinen und des Joses sowie Salome (Mk. 15, 40 f). Diese Frauen geleiteten ihn mit Josef von Arimathia zum Grabe und kehrten nach Ablauf des Sabbats wieder dorthin zurück, um den Leichnam einzubalsamieren, ohne davor zurückzuschrecken, als mit einem hingerichteten Verbrecher liiert zu erscheinen.

Wenn das vierte Evangelium (19, 25 ff.) Maria Magdalena mit

---

[9] Theodor K e i n , Geschichte Jesu von Nazareth, Zürich 1879. Bd. III, S. 423.

Maria, der Mutter des Kleophas sowie die Mutter Jesu samt dem
anonymen „Lieblingsjünger" unmittelbar unter das Kreuz Jesu stellt
und die Mutter das Wort des Gekreuzigten: „Weib, siehe, dein Sohn",
und den Jünger: „Sohn, siehe, deine Mutter" vernehmen läßt, so handelt es sich wie bei vielen anderen Szenen des Johannes-Evangeliums
um allegorische Gestalten; die Mutter ist wohl, wie in der Erzählung
von der Hochzeit zu Kana, als die Repräsentantin der jüdischen Gemeinde, der Sohn als das Symbol der urchristlichen Gemeinde zu verstehen.

Jesus hat nicht nur in seiner Eigenschaft als Seelsorger die Frau
als dem Manne ebenbürtig anerkannt, er hat ihre Wertung durch eine
völlig neue A u f f a s s u n g v o n d e r E h e verändert. Er begnügte
sich nicht damit, die grausame Gesetzesbestimmung zu ignorieren, welche die Todesstrafe für die Frau bei Ehebruch forderte, und zwar nicht
nur für die verheiratete Frau, sondern auch für die Verlobte,[10] wenn
sie sich einem anderen als ihrem Bräutigam hingab (5. Mos. 22, 22 ff.).
Er wendet sich mit offener Kritik gegen eine vermeintlich mosaische
Bestimmung der Tora, welche die Scheidung, richtiger gesagt: die Ent-
lassung der Ehefrau durch den Mann gestattet. „Wenn jemand ein
Weib nimmt und ehelicht sie, und sie findet nicht Gnade vor seinen
Augen, weil er etwas Widerwärtiges an ihr gefunden hat, so soll er ihr
den Scheidebrief schreiben und ihr in die Hand geben und sie aus
seinem Hause entlassen" (Dt. 24, 1). Gegenüber den Pharisäern, die an
diese Gesetzesvorschrift erinnern, erklärt Jesus dieses geschriebene Gesetz als ein Abweichen von der Schöpfungsordnung, als eine falsche
Konzession des Moses an die Schwäche seiner Landsleute. „Wegen eurer
Herzenshärtigkeit hat Moses euch erlaubt, eure Frauen zu entlassen,
aber am Anfang der Schöpfung war es nicht so". „Der im Anfang den
Menschen gemacht hat, der machte, daß sie ein Mann und eine Frau
seien; um dessentwillen wird der Mensch seinen Vater und seine Mutter
verlassen und die beiden werden ein Fleisch sein, sodaß nicht mehr
zwei sind, sondern ein Fleisch. Was nun Gott zusammengefügt (wörtlich: in ein Joch gespannt) hat, das soll der Mensch nicht scheiden"
(Mt. 19, 8; 4 ff.). Und gegenüber den Jüngern, die ihn im Hause darüber

---

[10] s. J. J e r e m i a s , Jerusalem zur Zeit Jesu II, Göttingen ²1959; vgl. LThK
    4, 297 f.

befragten, erklärt er eine Ehescheidung gleichbedeutend mit einem Ehebruch. (Mk. 10, 11 f.) „Wenn eine Frau ihren Mann verläßt und einen anderen heiratet, so bricht sie die Ehe; und wenn ein Mann seine Frau entläßt und heiratet eine andere, so bricht er die Ehe." In dieser Textform des Markusevangeliums, welche der Codex Syrus-Sinaiticus bietet, ist sogar die Frau vorangestellt; Leipoldt[11] hält sie wohl mit Recht für die ursprünglichere Form, während die umgekehrte Folge, die sich in den meisten Handschriften findet, auf dem Einfluß des jüdischen und römischen Rechtes beruhen dürfte. Die Fassung des Jesuswortes bei Matthäus, dessen Evangelium ausgesprochen judenchristlichen Charakter trägt, ist wiederum in jüdischem Sinne abgeschwächt, und zwar in doppelter Hinsicht: einmal wird in dieser Fassung die Ehescheidung in einem Ausnahmefall für erlaubt erklärt, nämlich im Falle der Unzucht: „Wer seine Frau entläßt, es sei denn wegen Unzucht, und eine andere heiratet, der bricht die Ehe" (Schon das Fehlen dieses Zusatzes bei Paulus – 1. Kor. 7, 10 – zeigt, daß es sich um eine Hinzufügung des Matthäus zum Markus-Text handelt). Außerdem wird bei Matthäus der Parallelfall des Verlassens des Mannes durch die Frau überhaupt verschwiegen (Mt. 19, 9 f.).

Jesus geht aber in seiner sittlichen Forderung der Unlöslichkeit der Ehe noch einen Schritt weiter. Weil für ihn die Ehe eine unlösliche, leiblich-geistig-sittliche Lebensgemeinschaft ist, darum ist für ihn nicht nur die Ehescheidung = Ehebruch, sondern jeder ehrfurchtslose, lüsterne Blick auf eine Frau: „Wer ein Weib ansieht, um sie zu begehren, der hat bereits mit ihr die Ehe gebrochen in seinem Herzen" (Mt. 5, 28).

Die Antwort Jesu enthält aber nicht nur eine Verurteilung der Ehescheidung, um die es den fragenden Pharisäern ging, sondern auch eine Verurteilung der Polygamie,[12] die im zeitgenössischen Judentum für ebenso erlaubt angesehen wurde wie in der frühisraelitischen Zeit – man denke an die beiden Frauen Abrahams, die sogar Paulus im Galater-brief für eine Allegorie gebraucht. Unter gottgewollter, un-

---

[11] L e i p o l d t , Frau, 134 f.
[12] z. B. Ri. 8, 30; 2. Sam. 3, 2–5; 5, 15 u. ö.; dagegen: Dt. 17, 17. Die Vielehe von Herrschern war kaum typisch für das Volk – schon aus wirtschaftlichen Gründen. Selbst die Zweitehe mit einer freien Frau war selten, häufiger eine Nebenfrau, d. h. eine Unfreie. A. O e p k e , Gyné, in: K i t - t e l , Theolog. Wörterbuch zum N. T. I (1933) 783.

löslicher Ehe versteht Jesus die Einehe, wie sie in der alttestamentlichen Schöpfungsgeschichte vorausgesetzt wird.

Mit der uneingeschränkten Verwerfung der Ehescheidung und der Forderung der Einehe hat Jesus das durch die Autorität des Mose geschützte jüdische Eherecht umgestaltet und ist damit zugleich der laxen Eheanschauung der damaligen griechisch-römischen Welt entgegengetreten. Wenn wir das traurige Los bedenken, das eine vom Mann entlassene Frau im Judentum und auch später im Islam traf, dann erkennen wir, daß Jesus den Frauen auch in Bezug auf ihre gesellschaftliche Stellung einen Dienst der Barmherzigkeit getan hat. Alles in allem hat Jesus in der antiken Welt eine neue Wertung der Frau herbeigeführt. Das ist nicht bloß die Auffassung der christlichen Theologen, welche darin vielleicht als voreingenommen angesehen werden könnten, sondern eine Feststellung, welche eine Reihe außer- bzw. unkirchlicher Forscher ausgesprochen hat. So sagt der Verfasser des vielbefehdeten „Leben Jesu", E r n e s t R e n a n in seinem Werk über die Apostel: „Die sittliche Freiheit der Frau hat mit dem Tage begonnen, an dem die Kirche ihr in Jesus einen Vertrauten, einen Führer gegeben hat, der sie leitet und tröstet, der sie immer hört und bisweilen sie anregt, Widerstand zu leisten. Die Frauen haben das Bedürfnis, gelenkt zu werden . . ., aber sie müssen den lieben, der sie lenkt. Gerade das hat weder die alte Gesellschaft noch das Judentum noch der Islam zu tun vermocht. Die Frau hatte bis dahin kein religiöses Bewußtsein, keine sittliche Individualität, keine eigene Meinung; erst im Christentum hat sie eine solche erlangt."[13] (Diese Auffassung ist übertrieben insofern als das griechische und römische Heidentum prachtvolle Frauengestalten aufzuweisen hat und einzelne Mysterienkulte wie der der Isis der Frau eine reiche Entfaltung ihres religiösen Lebens ermöglichten. Aber richtig ist, daß alle Wertung der Frau in den Kulturen der Zeitwende sich nicht messen kann mit dem, was Jesus für die Frau getan hat.)

Der französische Schriftsteller E d o u a r d S c h u r é († 1929, Propagator Richard Wagners in Frankreich) schreibt in seinem theosophisch ausgerichteten Werk „Les grands Initiés": „Christus ist der Wiederhersteller und Befreier der Frau, was auch der heilige Paulus und die Kirchenväter gesagt haben mögen, die, indem sie die Frau zur Dienerin des Mannes herabwürdigten, den Gedanken des Meisters fälschten.

---

[13] Ernest R e n a n , Les apôtres (1866) 125.

Die vedischen Zeiten hatten sie verherrlicht, Buddha (richtiger müßte er sagen: ,das buddhistische Mönchtum', d. Verf.) hatte ihr mißtraut. Christus hebt sie empor zu ihrer Mission der Liebe und des ewigen Schauens".[14]

Der dänische Orientalist D i t l e f N i e l s e n bekennt in seinem von Theologen wenig willkommengeheißenen Werk „Der dreieinige Gott in religionsgeschichtlicher Betrachtung":

„Für das Judentum war es allerdings ein starkes Stück, daß Samaritaner und Nicht-Juden dem auserwählten Volk vorgezogen wurden; daß aber auch Weiber in der Religion und in der Ehe den Männern gleichgestellt wurden, war für sämtliche Semiten etwas ganz Revolutionäres. Noch heutzutage steht im Islam die Frau nicht allein außerhalb der Religion und ist unwürdig, am Kult teilzunehmen", (das gilt freilich nur mit Einschränkung) „sondern ist auch – wie im vorchristlichen Semitentum – in sozialer Hinsicht völlig rechtlos. Sie wird als Ehefrau durch Kauf erworben und ein Wort des Mannes genügt, um die Ehe aufzuheben. In anderen semitischen" – müßte heißen: orientalischen – „Religionsformen, z. B. bei den Manichäern, war die Frau ein Wesen niederen Ranges, und kein jüdischer Rabbi sprach mit Frauen über die Religion. Es mußte also Aufsehen erregen, wenn Jesus auch für Frauen predigte und ihnen in der Religion und Ehe eine gleichwertige Stellung neben dem Manne gab (Mk. 10, 2–12). Wie weit Jesus hier seiner Zeit voraus war, geht wohl am deutlichsten daraus hervor, daß eine so moderne Bewegung wie die Frauenbewegung sich auf Jesu Worte stützen konnte".[15]

Ein anderer unverdächtiger Zeuge ist C h a r l e s S e l t m a n in seinem Buch „Women in Antiquity". Er sagt:

„Nach den überlieferten Evangelien steht fest, daß Jesus in weit höherem Maße als seine Gefährten und Anhänger ein Herz für die Frauen hatte ... Manches Gleichnis und Ereignis ... zeigt eine Frau als Hauptfigur: die Witwe, die den verlorenen Groschen sucht oder ihr Scherflein spendet; das Weib aus Samaria mit den Anschauungen einer griechischen Gefährtin (Hetäre); ein kleines Mädchen, des Jairus

---

[14] Edouard S c h u r é , Les grands initiés (1889), dtsch: Die großen Eingeweihten. Skizze einer Geheimlehre der Religionen. (1907), 440; (1911²).
[15] Ditlef N i e l s e n , Der dreieinige Gott in religionsgeschichtlicher Betrachtung (1922), 437 f.

Töchterlein, das wieder gesund wird; die Frau mit der roten Ruhr, die den Saum Seines Gewandes berührt; Maria und ihre Schwester Martha; die Frau, die beim Ehebruch ertappt wurde; eine andere, die Seine Füße mit Narde salbte und mit ihrem Haar trocknete; Seine Mutter und die Frauen zu Füßen des Kreuzes; das offene Grab, das von Maria aus Magdala entdeckt wurde ... Von den Jüngsten zu den Ältesten, von den Kindlein – zur Hälfte vermutlich kleine Mädchen –, die Er zu Sich kommen hieß, bis zu der alten, kranken Frau, Petrus' Schwiegermutter, die Er heilte, war der Messias ebenso um Frauen besorgt wie um Männer. Kein anderer westlicher Prophet, Seher oder Scheinerlöser war der weiblichen Hälfte der Menschheit so zugetan wie Er. Dies kann gar nicht genug betont werden angesichts der Entstellungen der Lehre, die sich unter den männlichen Geschöpfen herausbildeten, obwohl diese vorgaben, nicht nur die Erste und Dritte Person der Dreieinigkeit anzubeten, sondern dem Beispiel der Zweiten zu folgen."[16]

Ich führe alle diese Zeugnisse in extenso an, damit jeder Verdacht, es gehe hier um eine apologetische Höherstellung des Christentums gegenüber den anderen Religionen, ausgeschlossen ist.

Nachdem Jesus in seiner Wirksamkeit der Frau Lebensraum eröffnet hatte und Frauen seine treuesten Jüngerinnen wurden, kann es nicht verwundern, daß Frauen für die Entwicklung der j u n g e n C h r i s t e n g e m e i n d e[17] eine entscheidende Bedeutung erlangten. Frauen,

---

[16] Charles S e l t m a n , Women in Antiquity, London (1954). Dtsch.: Geliebte der Götter. Eine Kulturgeschichte der Frau im Altertum. Stuttgart (1958) 179.

[17] Leopold Z s c h a r n a c k , Der Dienst der Frau in den ersten Jahrhunderten der christlichen Kirche. Göttingen 1902; Lydia S t ö c k e r , Die Frau in der alten Kirche, Tübingen 1907; J. P. K i r s c h , Die Frauen des kirchlichen Altertums, Paderborn 1912; Ed. v o n d e r G o l t z , Der Dienst der Frau in der christlichen Kirche, Potsdam 1914; B. A l w o r t h , Women in the Apostolic Church, Cambridge 1917; Arnold C. E. G e r l i n g s , De vrouw in het oud christlijke gemendeleven. Ak. Proefschrift, Amsterdam 1913; Joh. L e i p o l d t , (s. o. Anm. 2); Albrecht O e p k e , Gyné. Theol. Wörterbuch zum N. T., hsg. Kittel, Stuttgart 1933, I 776–790; Friedrich A n g e r , Die Frau im römischen Christenprozeß..., Leipzig 1905; Henriette D a c i e r , Saint Chrysostome et la femme chrétienne au IVe siècle de l'église grecque, Paris 1907[1]. Dora Allen L o n g e e , The state of women as seen in the earlier Latin Patristic writers. Urbana III, 1926.

die Zeugen waren seines qual- und schmachvollen Todes und seiner Bestattung, wurden die ersten B o t e n   s e i n e r   A u f e r s t e h u n g. Schon A b a e l a r d, der weitblickende frühmittelalterliche Theologe, schrieb in einem Brief an seine frühere Geliebte, die Äbtissin Héloise: „Frauen sind es gewesen, die an der Begräbnisstätte Christi gewacht haben, die mit köstlichen Salben seinen Leib pflegten und seinen Leichnam betreuten, die dann an seiner Grabstätte Wache hielten und mit Tränen in den Augen um seinen Tod jammerten, wie geschrieben steht ... Darum sind sie auch zuerst getröstet worden, haben früher als die anderen von seiner Auferstehung Kunde erhalten, da ihnen ja ein Engel erschien und zu ihnen sprach. Sie waren auch die ersten, welche die Freude der Auferstehung selbst kosten durften, da der Herr ihnen zweimal erschien und sie seine Hände berühren durften."[18]

Die Überlieferung ist freilich nicht einheitlich in den Evangelien. Nach den synoptischen Evangelien finden Frauen das Grab leer. Markus (16, 1) nennt Maria Magdalena, Maria, die Mutter Jakobus' des Jüngeren und Salome; Matthäus (27, 56) hat als dritte die Mutter der Zebedäus-Söhne; Lukas (23, 55–24, 1 ff.) spricht ohne Namensnennung von den Frauen, die ihm aus Galiläa gefolgt waren. Nach dem vierten Evangelisten kam nur Maria Magdalena an das Grab und sah den Stein weggewälzt; nach ihm wie nach dem unechten Markus-Schluß (16, 9–20) erschien Christus zuerst Maria Magdalena allein, und sie brachte als erste die Auferstehungsbotschaft den Aposteln, wie es ihr Jesus – nach dem Johannesevangelium – aufgetragen hatte. Nach Lukas hingegen überbrachten alle Frauen die Osterbotschaft den Aposteln und den übrigen Jüngern (Luk. 24, 9). Nach Markus (16, 54 f.) und Matthäus (28, 5 ff.) erhielten die Frauen von einem am Grabe sitzenden Jüngling bzw. Engel den Auftrag, die Botschaft von der Auferstehung den Jüngern zu überbringen und sie aufzufordern, nach Galiläa zu gehen, wo sie Christus sehen würden; aus Furcht – so Markus – sagten sie jedoch nichts (16, 8). Nach Lukas (24, 1 ff.) gaben zwei Männer den Frauen den gleichen Auftrag. Matthäus berichtet sodann, daß ihnen danach der auferstandene Christus selbst erschien und den Auftrag an die Jünger,

---

[18] Pierre A b a e l a r d, Die Leidensgeschichte und der Briefwechsel mit Héloise, übs. u. hsg. von Eberhard B r o s t, Berlin (1938) 1954², bes. 7. Brief S. 162–215.

nach Galiläa zu ziehen, wiederholte (28, 9 f.). Die Frauen umfaßten
seine Füße, wogegen nach Johannes der Auferstandene Maria Magdalena verbot, ihn zu berühren (Joh. 20. 17).

Wie auch immer die mannigfachen miteinander unvereinbaren Aussagen, die teilweisen Widersprüche der Auferstehungsberichte in den
vier Evangelien zu erklären sein mögen – den verschiedenen Erzählungen liegt deutlich eine Tatsache zu Grunde: die Erfahrung des Aufer-
stehungsgeheimnisses wurde zuerst den Jesus liebenden Frauen zuteil
und dann erst den Aposteln. Und an der Spitze der Frauen steht un-
zweifelhaft M a r i a   M a g d a l e n a.[19]

Die bedeutende Rolle, welche diese Frau in der Entstehungszeit der
christlichen Gemeinde einnahm, erklärt es, daß in einer der sehr verbreiteten Schriften der frühchristlichen Gnosis, der *Pistis Sophia*,[20]
Maria Magdalena als den Jüngern und Jüngerinnen überlegen, ja
geradezu als die Hauptsprecherin angesehen wird, die als erste das
Wort ergreift und damit eine Reihe von Unterredungen einleitet. (S. 16)
Jesus spricht zu ihr stets in auszeichnenden Worten: „Maria, du selige,
welche ich in allen Mysterien von der Höhe vollenden werde, sprich mit
Freimut, du, deren Herz auf das Himmelreich mehr gerichtet ist als
das aller Brüder" (S. 16). „Vortreffliche Maria, da du selig bist vor allen
Weibern auf Erden, weil du die Fülle (πλήρωμα), alle Fülle und Vollen-
dung aller Fülle sein wirst, rede offen und fürchte dich nicht. Alle
Dinge, nach denen du gefragt wirst, werde ich dir offenbaren. Vortreffliche Maria, du selige, die Fülle oder die allselige Fülle, diese, welche
bei allen Geschlechtern selig gepriesen wird. Vortreffliche Maria, du
selige, die das ganze Lichtreich erben wird" (S. 17).

Maria Magdalena ist in der Gnosis zur Trägerin der besonderen
christlichen Geheimüberlieferung geworden; und in der Volksfrömmig-
keit, die, wie auch sonst z. B. hinsichtlich der Mutter des Herrn, aus
gnostischen Überlieferungen schöpfte, wurde sie von einem reichen Le-

---

[19] U. H o l z m e i s t e r, Die Magdalenenfrage in der kirchlichen Überlieferung. ZKTh 46 (1922) 402–422; 556–584. Weitere Lit.: LThK 1962² VII 31;
Charlotte L i e r s c h, Motivgeschichtliche und stilistische Untersuchungen
zur alemannischen Magdalenenlegende. Diss. Marburg 1936 (Lit.).

[20] Koptisch-gnostische Schriften hsg. Carl S c h m i d t, bearb. W. T i l l I²
(GCS 45) Berlin 1954.

gendenkranz umgeben.[21] Selbst Kirchenväter konnten nicht umhin, ihre einzigartige Bedeutung hervorzuheben. Als erste, die einer Erscheinung des Auferstandenen gewürdigt wurde, erscheint sie dem sonst keineswegs sehr frauenfreundlichen Augustinus als die Repräsentantin der ganzen Kirche: *„Videte ista Maria ... Ecclesiae gestae personam ... Ecce interrogo Ecclesiam toto orbe terrarum diffusam, cuius persona erat in una femina, et una voce mihi respondet: Tunc credidi, cum Jesus accendisset ad Patrem. Quid est ‚Tunc crediti‘ nisi 'tunc tetigi?‘"*[22] Erzbischof Rhabanus von Mainz nennt sie (die er wie das ganze Mittelalter mit der Schwester der Martha verwechselt) größer als Eva, die Freundin Christi, *apostola apostolorum*. Der Ausdruck kehrt wieder in ihrem Festoffizium des Dominikanerbreviers, in der Antiphon zum Benedictus:

> *O mundi lampas et margarita praefulgita*
> *quae resurrectionem Christi nuntiando*
> *Apostolorum apostola fieri meruisti*
> *Maria Magdalena, semper pia exoratrix,*
> *pro nobis adsit ad Deum, qui te elegit.*

Ja, selbst der als freidenkerisch geltende E r n e s t   R e n a n singt, trotz seiner auch hier nicht ganz verleugneten Ironie eines Rationalisten, ein klangvolles Preislied auf diese Frau als Trägerin des irrationalen christlichen Glaubens an Christi Auferstehung:

„Sie trug an jenem Tage (der Auferstehung) die ganze Arbeit des christlichen Bewußtseins; ihr Zeugnis entschied den Glauben der Zukunft. Die Ehre der Auferstehung gehört Maria von Magdala. Der Schatten, der durch ihren zarten Sinn erzeugt wurde, schwebt noch über der Welt. Königin und Patronin der Idealisten, hat Maria Magdalena besser als irgend jemand es verstanden, ihren Traum zu bekräftigen, allen die heilige Vision einer leidenschaftlichen Seele näherzubringen. Ihre große frauenhafte Bekräftigung ‚Er ist auferstanden‘ ist die Grundlage des Glaubens der Menschheit gewesen. Weit weg, du ohnmächtige Vernunft! Wage es nicht, eine kalte Analyse an dieses Meister-

---

[21] Vgl. Literaturangaben Anm. 17, bes. Zscharnack S. 160 f. und Oepke; dazu: Der Dienst der Frau in der christlichen Gemeinde. Allgemeine Missionszeitschrift 1939, 39–53, 81–86.

[22] A u g u s t i n , Sermo 243, 2. MPL 38, 1144.

werk des Idealismus und der Liebe anzuwenden. Wenn die Weisheit
darauf verzichtet, dieses arme Menschengeschlecht zu trösten, so laß
die Torheit ihr Glück versuchen. Wo ist der Weise, welcher der Welt
so viel Freude gegeben hat wie die besessene Maria von Magdala?"[23]

Renan meint, daß der Glaube an die Auferstehung Christi auf ein
innerseelisches, visionäres Erlebnis einer Frau zurückgehe. Er stimmt
darin mit einem antiken Rationalisten überein, mit Celsus, der „die
Auferstehungserzählung als Phantasie erregbarer Frauen" ansah; aber
Renan unterscheidet sich von Celsus dadurch, daß er solche seelischen
Erlebnisse nicht nur als Realitäten, sondern als segensreich für die ganze
Menschheit betrachtet.

Neben Maria Magdalena begann auch M a r i a , d i e M u t t e r
J e s u , einen Ehrenplatz in der christlichen Gemeinde einzunehmen.
Das älteste Evangelium, das des Markus, berichtet, daß sie bei Beginn
der öffentlichen Wirksamkeit Jesu mit ihren Angehörigen, die als Jesu
Brüder und Schwestern bezeichnet werden, glaubte, daß ihr Sohn von
Sinnen sei (ὅτι ἐξέστιν) und zog deshalb mit ihnen aus, um ihn fest-
zuhalten (κρατῆσαι). Sie ließen ihn rufen, als er von einer Volksmenge
umgeben war und lehrte. Die Umstehenden teilten Jesus mit: „Siehe,
deine Mutter und deine Brüder und deine Schwestern stehen draußen
und suchen dich". Er antwortete: „Wer ist meine Mutter und wer sind
meine Brüder?" Und indem er seinen Blick über die im Kreis Sitzenden
schweifen ließ, sagte er: „Siehe da, meine Mutter und meine Brüder.
Wer den Willen meines Vaters tut, der ist mein Bruder und meine
Schwester und meine Mutter" (Mk. 3, 21; 31–35). Um seinen göttlichen Auftrag, das Reich Gottes zu verkünden und zu verwirklichen,
vollzog Jesus die schmerzliche Trennung zwischen sich und seiner
Familie, die ihn nicht verstanden hatte. Dieses Irrewerden der Mutter
an ihrem Sohn hat schon einzelne Kirchenväter beschäftigt. Sie sehen
darin die Erfüllung der Weissagung des Simeon im Tempel zu Jerusalem: „Deine Seele wird ein Schwert durchdringen" (Luk. 2, 34), und sie
deuten dieses Schwert auf die Zweifel, die Maria überkamen, nahmen
aber keinen Anstoß daran, daß das Bild Marias diesen Schatten zeigte.
Von diesem Vorkommnis an, das auch Matthäus und Lukas berichten,
schweigen die synoptischen Evangelien über die Mutter Jesu. (In der

---

[23] R e n a n , Les apôtres 7.

im vierten Evangelium berichteten Szene unter dem Kreuz hat die Mutter Jesu ebenso wie in der Erzählung von der Hochzeit zu Kana allegorische Bedeutung). Nur noch einmal wird Maria in einem späteren Augenblick erwähnt, und zwar von dem Verfasser der Apostelgeschichte. Nach der Erzählung von der Himmelfahrt Christi sehen wir sie mit den versammelten Aposteln und den in der Kreuzigungs- und Grabesgeschichte genannten Frauen im Gebet verharrend im „Obergemach", d. h. im Abendmahlssaal in Jerusalem (Apg. 1, 14). Einzelne Forscher nehmen an, daß sie durch eine Erscheinung des auferstandenen Jesus zu ihm bekehrt wurde. Jedenfalls nahm sie von da an in der Gemeinde der Christen einen Ehrenplatz ein. Für die gnostische Überlieferung wird Jesu Mutter ähnlich wie Maria Magdalena zur Trägerin besonderer Offenbarungen, ja, geradezu zum Mittelpunkt der Kirche.[24] Der Ehrentitel „Mutter der Kirche", welchen Papst Paul VI. ihr am Schluß des II. Vaticanischen Konzils zuerkannt hat, entspricht dieser ihrer zentralen Stellung innerhalb der Urgemeinde. Die gnostische Literatur kannte mehrere Schriften, welche die von Maria weitergegebene Geheimlehre enthielten, darunter ein „Evangelium nach Maria".[25]

Während die meisten gnostischen Schriften untergegangen sind, fanden die Erzählungen über Jesu wunderbare Empfängnis und Geburt zum Teil Aufnahme in kanonischen Evangelien – Matthäus und Lukas – zum anderen Teil in dem apokryphen, aber erhaltenen Protevangelium des Jakobus. Die beiden kanonischen Evangelien, welche die Kindheitsgeschichte enthalten, fußen freilich auf verschiedenen Überlieferungen. Die Kindheitsgeschichte des Matthäus stellt die Rolle Josephs deutlich heraus und sieht die Geschehnisse als Erfüllung alttestamentlicher Weissagungen; die Kindheitsgeschichte des Lukas hingegen läßt Maria hervortreten und erhöht ihre Bedeutung durch den Parallelismus mit ihrer Base Elisabeth und ihrer beider Söhne Jesus und Johannes. Nach einer späteren Tradition hat der Evangelist Lukas Maria gemalt – diese Überlieferung ist freilich unhistorisch, und noch weniger sind es die

---

[24] Z s c h a r n a c k (o. Anm. 17) S. 162.
[25] Carl S c h m i d t, Ein vor-irenäisches gnostisches Originalwerk in koptischer Sprache. Sitz.-Ber. d. Preuß. Akademie d. Wiss. zu Berlin. 1896 XXXVI, S. 839–847. Vgl. dazu: Neutestamentliche Apokryphen. hsg. H e n - n e c k e - S c h n e e m e l c h e r, I (1964²) Sophia Jesu Christi, S. 168–173, bes. S. 171.

heute noch als Werke des Lukas gezeigten Marienbilder, z. B. das in der Kapelle auf dem großen Hügel bei Madras-Mylapore, der angeblichen Stätte des Todes des Apostels Thomas, ein typisch portugiesisches Werk aus der Zeit der portugiesischen Herrschaft in Indien. Der Wahrheitskern dieser Überlieferung liegt darin, daß Lukas in der Kindheitserzählung ein literarisches Kunstwerk geschaffen hat, das einzigartig in der frühchristlichen Literatur ist. „Siehe, von nun an werden mich selig preisen alle Geschlechter" – diese Worte des *Magnificat* (Luk. 1, 46 ff.) werden zwar in mehreren alten lateinischen Handschriften und bei Irenaeus der Elisabeth in den Mund gelegt, aber sie sind als Marienworte nicht nur in die meisten Evangelienhandschriften, sondern in die Liturgie der Kirche eingegangen. Sie stellen den Anfang der Marienverehrung dar, welche in den kommenden Jahrhunderten, zunächst langsam, dann aber immer größere Ausdehnung entfaltet hat. Sie sind auch ein weithin sichtbarer Ausdruck für die neue Stellung, welche die Frau durch Jesus erhalten hat. Hier erscheint Maria zum ersten Mal als ein wesentliches Element des göttlichen Erlösungswerkes. Einer der drei Erzengel des spätjüdischen Glaubens bringt ihr die Botschaft von der messianischen Würde und dem Heilandswerk ihres Sohnes, und sie spricht als demütige Magd das *Fiat* zum göttlichen Plan (Luk. 1, 38); sie bewahrt in ihrem Herzen alle die wunderbaren Begebenheiten bei seiner Geburt und in seiner Kindheit (Luk. 2, 19; 51). Der Evangelist Lukas wurde zum Vater des christlichen Madonnenkultes in seinen verschiedenen Verzweigungen – in Frömmigkeit und Theologie, in darstellender Kunst und Poesie.

Die j e r u s a l e m i s c h e U r g e m e i n d e wurde nach der Darstellung der Apostelgeschichte durch Männer geleitet, ihr aramäischer Teil von den zwölf Aposteln, an ihrer Spitze Petrus und der Herrenbruder Jakobus, ihr hellenistischer Teil von einem Sieben-Männer-Kollegium unter Führung des Stephanus. Gleichwohl liegt ein Wahrheitsmoment in der Darstellung der gnostischen Schrift „*Pistis Sophia*", nach welcher neben dem Zwölf-Apostel-Kollegium eine Siebenzahl von Jüngerinnen ihre Fragen vorlegt und die gewünschte Antwort erhält. Auch scheint in Jerusalem bereits eine Witwenorganisation[26] bestanden zu

---

[26] J. V i t e a u, L'institution des diacres et des veuves. RHE 22 (1926) 513 bis 536; A. R o s e m b e r t, La veuve en droit canonique jusqu'au XIVᵉ siècle, Paris 1923.

haben zum Zweck der Seelsorgearbeit besonders unter den Frauen. Eine solche Witwe, die ihren Genossinnen viel Gutes getan hatte, Tabitha,[27] wurde von Petrus wieder zum Leben erweckt (Apg. 9, 36 ff.). Die Witwen werden in dem Bericht der Apostelgeschichte (9, 41) zu den ἅγιοι (Heiligen) in Parallele gestellt.

Während in der jerusalemischen Urgemeinde noch Vorurteile die volle Auswirkung der Haltung Jesu gegenüber den Frauen hemmten, konnte in den heidenchristlichen Gemeinden die Frauenarbeit sich frei entfalten. In der hellenistischen Welt, in welcher die Frau eine viel freiere Stellung einnahm als in der jüdischen, konnte mit dem Grundsatz des Völkerapostels Ernst gemacht werden: „Hier ist nicht Jude noch Grieche, hier ist nicht Knecht oder Freier, hier ist nicht Mann und Weib, sondern ihr seid alle eins in Christo Jesu" (Gal. 3, 28). Die Geschlechter sind ebenso völlig gleichrangige Glieder an dem einen Leibe Christi wie die verschiedenen Völker und sozialen Stände.

Näherhin sind es vier Gebiete, auf denen im Urchristentum die Frauentätigkeit sich entfaltete:

1. Gleich zu Anfang begegnen wir dem p r o p h e t i s c h e n Wirken von Frauen. Nach der Weissagung Joels (3, 1 ff.), deren Erfüllung Petrus in seiner Predigt am Pfingstfest verkündete, wird „der Geist Gottes" über alles Fleisch ausgegossen, über Männer und Frauen: „Eure Söhne und eure Töchter werden weissagen... Und auf meine Knechte und meine Mägde werde ich in jenen Tagen ausgießen von meinem Geist, und sie werden weissagen" (Ap. G. 2, 17 ff.). Dieser pneumatische Enthusiasmus des Pfingstfestes wirkte fort unter Männern und Frauen, in der Jerusalemer Urgemeinde wie in den heidenchristlichen Gemeinden. Die vier Töchter des Philippus, Mitglied des hellenistischen Sieben-Männer-Kollegiums des Stephanus, der später in Caesarea wirkte, sind die ersten weiblichen Propheten, von denen die Apostelgeschichte (21, 9) erzählt. Der frühchristliche Schriftsteller P a p i a s von Hierapolis (Phrygien) kannte sie noch persönlich.

Unter προφητεύειν (weissagen) ist nicht nur das Vorhersagen der Parusie des Herrn und der sie begleitenden Endereignisse zu verstehen, sondern alles inspirierte, enthusiastische Reden, Verkünden und Beten; προφητεύειν bedeutet ja gar nichts anderes als „an Stelle eines anderen",

---

[27] Ein aramäischer Frauenname, griechisch: Dorkas (= Gazelle, Reh).

d. h. an Stelle Gottes „reden", der dem Redenden seine Worte in den
Mund legt – „nicht ihr seid es, die da reden, sondern der Geist eures
Vaters ist es, der in euch redet" (Mt. 10, 19). Diese charismatische
Prophetie hatte ihre Stätte im christlichen Gottesdienst. Ein jeder, der
vom Geist ergriffen wurde, hatte – im Rahmen der nötigen Ordnung –
das Recht zur prophetischen Verkündigung, mochte er Mann sein oder
Frau. Noch Justin rühmt zu Beginn des 2. Jahrhunderts in seinem Dialog mit dem Juden Tryphon: „Bei uns kann man sehen, daß Frauen
und Männer Gnadengaben (χαρίσματα) vom Geiste Gottes haben".[28]
Paulus setzt dieses Weissagen und freie Beten von Frauen in der gottesdienstlichen Versammlung in Korinth voraus, aber er setzt es nicht nur
voraus, sondern er billigt es. Gegenüber der gnostischen Sekte der
Aloger, welche den die Prophetie fördernden Montanismus besonders
scharf bekämpften, weist Irenäus darauf hin, daß Paulus „weissagende
Männer u n d F r a u e n in der Gemeinde anerkannte".[29] Wogegen
Paulus sich wendet, gebunden an seine jüdische Tradition und offenbar
auch an bestimmte zauberhafte Vorstellungen, ist nicht die weibliche
Prophetie, sondern lediglich das Auftreten der Frau im Gottesdienst
ohne Verhüllung des Hauptes, wie dies der freien griechischen Sitte
entsprach (1. Kor. 11, 5). Daß er mit dieser jüdischen Forderung nicht
durchdrang, ergibt sich aus den Darstellungen betender Frauen in den
Katakomben, welche die Oranten (betende Frauen) großenteils unverschleiert darstellen. Noch Tertullian sah sich zu Beginn des 3. Jahrhunderts genötigt, eine eigene Schrift *de velandis virginibus* zu schreiben. (Erst in späterer Zeit setzte sich sich diese Forderung durch – in
anglikanischen Kirchen wurde sehr darauf gesehen, daß die Frauen nicht
unbedeckten Hauptes in die Kirche gingen und in Italien legten sich
Frauen – jedenfalls noch bis vor kurzer Zeit – wenn sie nicht mit
Schleier oder Hut in die Kirche kamen, wenigstens ein Taschentuch
auf den Kopf.)

Es steht somit fest, daß im urchristlichen Gottesdienst Frauen das
prophetisch-charismatische Verkünden und Beten einschließlich des
Zungenredens gestattet war. Die Frage, ob Frauen auch die Eucharistie
feiern durften, läßt sich nicht eindeutig beantworten, und zwar deshalb

---

[28] Dial. c. Tryph. 88.
[29] I r e n ä u s III 11, 9.

nicht, weil wir das urchristliche Herrenmahl nicht nach den Maßstäben
des vollentwickelten kirchlichen Sakramentsgottesdienstes beurteilen
dürfen; in jener urchristlichen Zeit gab es auch nicht Priester im heutigen Sinne. Den Vorsitz beim gemeinsamen Mahl, bei dem man nach
antiker Sitte zu Tische lag (wie das die Mahldarstellungen in den Katakomben zeigen), führte ein „Vorsteher" oder „Ältester" (ἐπίσκοπος oder
πρεσβύτερος). Das große Dankgebet oder eucharistische Hochgebet sprach
nach dem Zeugnis der D i d a c h e , in welcher uns die ältesten christlichen Abendmahlsgebete überliefert sind, ein Prophet; die Propheten
hatten nach diesem alten Dokument des christlichen Gottesdienstes als
„Hohepriester" den Vorrang vor den Bischöfen und Presbytern. Als
Träger des heiligen Geistes durften sie, wie die Didache bestimmt,
„danksagen, so viel sie wollten"[30] – d. h. sie waren in der Formulierung
wie in der Ausdehnung des Dankgebetes ganz frei. Nur wenn keine
Apostel oder Propheten in der Gemeinde waren, traten an ihre Stelle
die Bischöfe, Presbyter oder Diakone. Da nun prophetische Frauen das
Recht zum freien Beten hatten, muß man annehmen, daß auch sie das
große Dankgebet sprachen, durch welches Brot und Wein geheiligt und
zur sakramentalen Speise wurden. Für die Großkirche liegen dafür zwar
keine ausdrücklichen Zeugnisse vor, wohl aber für „häretische" Gemeinden, sowohl gnostische wie montanistische. Da diese die urchristlichen Formen auch dann noch festhielten, als die Großkirche über sie
hinausgewachsen war oder sie bewußt abgestoßen hatte, müssen wir
den Schluß ziehen, daß auch weibliche Propheten die eucharistischen
Gebete gesprochen und so Brot und Wein geheiligt, in unserer Sprache:
konsekriert haben. I r e n a e u s berichtet, daß der gnostische Sekten-
stifter Markus Frauen befahl, das eucharistische Dankgebet über dem
Kelch zu sprechen, während er beim heiligen Mahl den Vorsitz führte
(ἐκπώματα κεκραμένα ἐγκελεύεται παρεστῶτος αὐτοῦ). Der kleinasiati-
sche Bischof F i r m i l i a n , der mit C y p r i a n einen Briefwechsel führte,
erzählt von einer ekstatischen Prophetin der montanistischen Sekte, daß
sie häufig wagte, sich den Anschein zu geben, mit einer nicht zu verachten-
den Anrufung (gemeint ist die Epiklese) das Brot zu heiligen und die
Eucharistie zu vollziehen und das Opfer des Herrn nicht ohne das
Sakrament der gewohnten Verkündigung (gemeint ist der Einsetzungs-

---

[30] Did. 10, 7; 13, 3; 15, 1 f.

bericht des Abendmahls) zu opfern, ja auch viele Menschen zu taufen, indem sie die gewohnten und rechtmäßigen Worte der Tauffragen miß- brauchte, sodaß sie in nichts von der kirchlichen Regel abzuweichen schien *(illa mulier . . . etiam hoc frequenter dusa est, ut et invocatione non contemptibili sanctificare se panem et eucharistiam facere simularet et sacrificium Domini non sine sacramento solitae praedicationis offerret, baptizaret quoque multos usitata et legitima verba interrogationis usurpans, ut nil discrepare ab ecclesiastica regula videretur).*[31] Gerade aus diesem Bericht geht deutlich hervor, daß in der montanistischen Gegenkirche die Eucharistie genau so gefeiert wurde wie in der Groß- kirche – d. h. der katholischen Kirche – sowohl was die Form als was die Intention betrifft. Der Rückschluß auf die Urkirche scheint mir zwingend zu sein.

2. Das zweite Gebiet der frühchristlichen Frauenwirksamkeit ist die L e h r t ä t i g k e i t,[32] sowohl die missionarische wie die kateche- tische. Die frühchristliche Kirche war in ihrem missionarischen Eifer auf die Frauen angewiesen, da männliche Verkünder des Evangeliums, ohne Verdacht zu erregen, die Frauengemächer (γυναικαῖα) nicht betreten konnten. Sie mußten deshalb Frauen mit Lehrvollmacht dorthin ent- senden. Die Grußlisten in den Briefen des Apostels Paulus, besonders im Römerbrief (Kap. 16) geben uns Kunde von der ausgedehnten und erfolgreichen Missionstätigkeit christlicher Frauen. Der Apostel nennt sie rühmend seine „Mitarbeiterinnen" und „Mitkämpferinnen" (Röm. 16, 3). Vor allem rühmt er P h ö b e, die Diakonin der Gemeinde von Kenchreae, der Hafenstadt von Korinth (Röm. 16, 1), sodann P r i s c a von Korinth, desgleichen vier Frauen in Rom, die gute Arbeit geleistet hätten (Röm. 16, 2 f, 12 f).

Zu großer Berühmtheit gelangte in der östlichen Kirche, später teil- weise auch in der abendländischen, T h e k l a, die als Schülerin und Ausgesandte des Apostels Paulus ein großes missionarisches Werk voll- bracht zu haben scheint. Über sie berichten die vielgelesenen *Thekla-*

---

[31] C y p r i a n, Epist. LXXV, X, 5; vgl. Zscharnack (o. Anm. 17) 156–190. Friedrich W i e c h e r t, Der Dienst der Frau außerhalb der Großkirche. EhK 1939, 129 ff.

[32] A. v. H a r n a c k, Die Mission und Ausbreitung des Christentums II² (1906) 51–67.

Akten,[33] die einen Teil der als apokryph geltenden Paulusakten bilden. Sie sind von einem kleinasiatischen Presbyter um 180 verfaßt worden. Sie standen im Osten in so hohem Ansehen, daß sie bei den syrischen Jakobiten im 6. Jahrhundert kanonische Gültigkeit erhielten als fünftes Stück des biblischen Frauenbuches, welches außerdem die Bücher Ruth, Susanna, Esther und Judith umfaßte. Schon im 5. Jahrhundert hatte Bischof *Rabulas* von Edessa sie als kanonisches Buch des Neuen Testaments mit der Formel „es steht geschrieben" zitiert. Diese Thekla-Akten erzählen, wie die Paulus-Jüngerin wiederholt auf wunderbare Weise vom Märtyrertod errettet wurde, einmal, als sie zum Feuertod verurteilt war, das andere Mal zum Kampf mit den wilden Tieren in der Arena. Nach langer missionarischer Arbeit starb sie in Seleucia.

Obgleich in diesen Akten die legendäre Ausschmückung offenkundig ist, enthalten sie ohne Zweifel einen Wahrheitskern. Danach wurde Thekla von Paulus zur Evangeliumsverkündigung bevollmächtigt: „Gehe hin und lehre das Wort Gottes!"[34] Sie lehrte nicht nur in Frauengemächern – so im Hause der Tryphania in Ikonium – sondern taufte auch viele. Schon frühchristliche Schriftsteller wie Origenes und Methodius von Olympas rühmen sie, vor allem die großen kappadokischen Kirchenväter G r e g o r v o n N a z i a n z , G r e g o r v o n N y s s a und B a s i l i u s , welch letzterer sogar ein Buch über sie schrieb. N i k e t a s v o n P a p h l a g o n i e n (um 890) pries in einem λόγος ἐγκωμιαστικός ihr „apostolisches Leben" und bezeichnete sie als „Apostolin Christi".[35] Und Patriarch P h o t i o s ehrte sie mit dem Titel πρωτομάρτυς (Erstmärtyrerin neben Stephanus als dem Erstmärtyrer). Als solche ging sie in das Menologion (Heiligenkalender) der Ostkirche ein, die ihrer als der πρωτομάρτυς Χριστοῦ ἐνγυναιξί, als der „Apostelgleichen" alljährlich am 24. September gedenkt.

Im Abendlande wurden die Thekla-Akten zunächst diskreditiert durch die Polemik des Tertullian,[36] die aber das Gepräge der Unsach-

---

[33] Acta Apostolorum apocrypha, ed. L i p s i u s - B o n n e t. Leipzig (1891) I 235–272; BHG II 267 ff.; dtsch.: H e n n e c k e - S c h n e e m e l c h e r , Neutestamentliche Apokryphen II. Thekla-Akten (innerhalb der Paulus-Akten) 221 ff.; 227 ff.; 243–45.

[34] Thekla-Akten Kap. 41.

[35] MPG 105, 330; vgl. Zscharnak 84.

[36] T e r t u l l i a n , De baptismo 17; MPL I, 219 A.

lichkeit an der Stirne trägt. Als Frauenfeind, der darüber empört ist, daß in der christlichen Kirche Frauen in unverschämter Weise *(petulantia)* Lehrtätigkeit und Sakramentsspendung sich anmaßten, erregt er sich darüber, daß sich solche Frauen auf das Beispiel der Thekla berufen konnten. Er behauptete nun, der asiatische Verfasser habe gestanden, daß er diese Akten erdichtet habe, um Paulus zu ehren, und sei daraufhin seiner Würde verlustig gegangen. Tertullians Behauptung hatte zur Folge, daß zunächst die abendländischen Kirchenschriftsteller dieser Märtyrerin keine Aufmerksamkeit schenkten und die römische Kirche sie zunächst nicht in ihr Heiligenverzeichnis aufnahm, obgleich in Rom nahe bei der Paulus-Kirche ein Thekla-Coemeterium gezeigt wurde und auch Hippolyt auf die Thekla-Akten anspielte. Auf dem Wege über Mailand, welches um 1350 den östlichen Einflüssen sich öffnete, gelangte die Thekla-Verehrung dann aber auch in die abendländische Kirche. Der Ambrosiaster (Verf. eines Kommentars der Paulusbriefe – Ende des 4. Jhdts. – der lange Ambrosius zugeschrieben wurde), Ambrosius und Zeno von Verona sprechen von ihr. Auch Südfrankreich und Tarragona, die unter östlichem Einfluß standen, wurden Hauptstätten der Theklaverehrung. Die berühmte spanische Ostpilgerin Aetheria von Aquitanien besuchte sogar das Grab der Thekla in Seleucia.[37] Zwar kamen die Thekla-Akten samt den Paulus-Akten auf den ersten römischen *Index librorum prohibitorum,* nachdem das *Decretum Gelasianum* sie als apokryph erklärt hatte. Das hinderte aber nicht, daß sie genau so wie der legendäre *liber de transitu Mariae*[38] in die abendländische Erbauungsliteratur eindrangen. Die Thekla-Akten finden sich in den meisten Passionarien und Legendenbüchern des Abendlandes. Einer der größten abendländischen Hymnendichter, V e n a n t i u s   F o r t u n a t u s , pries sie als Vorbild der Jungfrauen und Märtyrer. Eine Reihe von lateinischen Übersetzungen der Thekla-Akten wurden in den Klöstern verbreitet und am Ende des Mittelalters auch in die Volkssprachen übersetzt, sodaß am Ende des 16. Jahrhunderts die Thekla-Akten in der ganzen abendländischen Kirche bekannt waren; ja, der Name der heiligen Thekla wurde sogar

---

[37] Sylviae peregrinatio. CSEL 39, 69 f.
[38] S. dazu: Friedrich H e i l e r , Das neue Mariendogma im Lichte der Geschichte und im Urteil der Oekumene. Oek. E. 1951, Heft II, S. 14 ff. und Anm. 51.

in das Sterbegebet *Libera* der römischen Kirche aufgenommen; desgleichen kam ihr Name in zahlreiche Kalender des Abendlandes und schließlich 1568 auch in das *Calendarium Romanum* (23. September). Im Mittelalter stand ihr Name auch in der Allerheiligenlitanei. Dort blieb er zwar nicht, wohl aber fand sich seit der Herausgabe des *Breviarium Pianum* 1568 ein Auszug aus den Thekla-Akten im offiziellen römischen Brevier. Diese Missionarin und Märtyrerin errang so einen Ehrenplatz in der römischen Kirche. Aber auch gesetzt den Fall, Tertullian, der Frauenfeind, hätte damit recht gehabt, daß die ganze Thekla-Geschichte eine reine Dichtung sei, so blieben die Thekla-Akten doch ein Zeugnis dafür, daß in der östlichen Kirche niemand an einer umfassenden missionarischen Tätigkeit dieser Paulusjüngerin Anstoß nahm. Das, was ihre Akten von ihr berichten, nämlich die Verkündigung des Evangeliums, die Spendung der Taufe und die charismatische Heilung von Kranken durch Frauen ist in der Tat ein Stück Urchristentum, das in den Paulusbriefen sein neutestamentliches Zeugnis besitzt.

Thekla war nicht die einzige frühchristliche Missionarin, von der die altchristliche Literatur berichtet. Auch von M a r i a m n e , der Schwester des Evangelisten Philippus, wird erzählt, daß sie mit den Aposteln Philippus und Bartholomäus nach Lykaonien wanderte, das Wort predigte und viele taufte.

Eine Predigttätigkeit unter den Frauen setzt auch der Verfasser des Titusbriefes voraus, wenn er die älteren Frauen ermahnt, καλοδιδάσκαλαι (gute Lehrerinnen) der jüngeren Frauen zu sein (Tit. 2, 2). Das gleiche finden wir beim Verfasser des *Pastor Hermae,* wenn er schreibt, die Witwe Grapte solle das Buch der Geschichte den Witwen und Waisen vorlesen, während er selbst es gemeinsam mit den Ältesten, den Vorstehern der Gemeinde der Stadt vorlesen wolle.[39]

Die freie missionarische Tätigkeit unter den Frauen wurde abgelöst durch eine geordnete k a t e c h e t i s c h e U n t e r w e i s u n g der Taufkandidatinnen, die Hauspredigt unter der Leitung des Bischofs. Diese Frauenkatechese hat an einzelnen Orten sich noch lange erhalten. So bestimmt das IV. Konzil zu Karthago: „Die Witwen oder *sanctimoniales,* welche zum Dienst der zu taufenden Frauen erwählt werden, sollen so unterrichtet sein zum Dienst, daß sie in geeigneter und ge-

---

[39] *Pastor Hermae,* visio 2, 4, 3.

sunder Rede die unerfahrenen und ungebildeten Frauen zu der Zeit, da sie getauft werden wollen, lehren, wie sie dem Taufenden (Priester oder Bischof) auf seine Fragen antworten und wie sie nach Empfang der Taufe leben sollen".[40] Ähnlich schreibt H i e r o n y m u s, daß im Orient die Diakonissen die jüngeren Frauen für die Taufe unterrichteten, obgleich nur privatim; immerhin anerkennt er diesen Unterricht als ein *ministerium verbi*.[41] Verglichen mit der charismatischen Prophetie in der Urgemeinde und der umfassenden Missionspredigt von Frauen wie Phoebe, Thekla und Mariamne, erscheint diese Lehrtätigkeit freilich nur noch als ein Rudiment, das kaum lange Zeit lebenskräftig war und immer mehr verkümmern mußte.

3. Die dritte Funktion, welche im Urchristentum der Frau zukam, war die V o r s t e h e r s c h a f t   v o n   H a u s g e m e i n d e n. Jene begüterten Frauen, welche über entsprechend große Räume verfügten und solche den entstehenden Gemeinden für christliche gottesdienstliche Versammlungen zur Verfügung stellten, wurden auf diese Weise von selbst zu Vorstehern dieser Gemeinden. Der neutestamentliche Terminus hierfür ist προστάτης. Schon das hellenistische Judentum kennt solche προστάται, die auch πρεσβύτεραι, ἀρχισυναγωγαὶ oder μητέρες τῶν συναγωγῶν heißen. Vorsteherinnen urchristlicher Hausgemeinden waren M a r i a, die Mutter des Johannes Markus in Jerusalem (Apg. 12, 12), N y m p h a in Laodicea (Kol. 4. 15), L y d i a in Philippi (Ap. G. 16, 15); ihr Haus wurde nach den Worten von Kardinal Faulhaber „die erste Notkirche, das erste Oratorium in Europa, wo bei verschlossenen Türen die heiligen Geheimnisse gefeiert und der Morgensegen des europäischen Kultes gesprochen wurde. Als bald darauf die Verfolgung auch in Philippi begann und Paulus mit seinen Mitarbeitern in das Gefängnis wanderte, setzten die Christen ihre religiösen Versammlungen im Hause Lydias fort". I g n a t i u s   v o n   A n t i o c h i e n berichtet von T a v i a und von „der des Epitropos" als Patroninnen von Hausgemeinden. Auch die Diakonin P h o e b e wird von Paulus mit diesem Titel προστάτης ausgezeichnet, und zwar nennt er sie προστάτης πολλῶν καὶ ἐμοῦ (was nicht ganz richtig in der Lutherübersetzung wiedergegeben wird mit „Beistand geleistet"; es müßte heißen: „Vorsteherin gewesen" von vielen oder bei vielen, „auch bei mir"). Aus dem hohen

---

[40] Conc. Carth. IV (398).
[41] *Hieronymus*, De vir. ill. 7.

Lob des Apostels für die Missionsarbeit dieser Frau muß geschlossen werden, daß sie und die anderen Vorsteherinnen von Hausgemeinden eine Lehrtätigkeit ausübten (Röm. 16, 1f.).

4. Zu diesen drei Wirkensbereichen der Frauen, nämlich der Prophetie (einschließlich des Rechtes, die liturgischen Gebete bei der Eucharistiefeier zu sprechen), der Missions- und Lehrtätigkeit und des Vorsteheramtes kommt als vierte, höchst wichtige Aufgabe die k a r i - t a t i v e T ä t i g k e i t , die Sorge für das leibliche Wohl, d. h. einerseits der das Wort verkündigenden Wanderapostel, sodann aller Bedürftigen, der Armen, Witwen und Waisen. Diese Tätigkeit oblag den W i t w e n.[42] Die Witwe hatte in der antiken Welt ein wirtschaftlich wie gesellschaftlich bedauernswertes Los. Die christlichen Gemeinden sammelten die Witwen, unterstützten sie materiell und gaben ihnen vor allem einen neuen Lebensinhalt. In ihrem Wirken für die Gemeinde und ihre Diener setzte sich der Dienst fort, den die galiläischen Frauen Jesus und seinen Jüngern auf deren Wanderungen erwiesen hatten. Der Name Witwe wurde ein Ehrenname. Dem entsprach der Ehrenplatz, den die Witwen nach den Presbytern und Diakonen in der Gemeindeversammlung einnahmen. Die Witwenschaft bildete schon in der jerusalemischen Urgemeinde, wie R e n a n richtig erkannt hatte, eine Art Kongregation.[43] Die Frauenvereinigungen der Beginen und der Orden der Barmherzigen Schwestern sind zwar eine spätere kirchliche Schöpfung, haben aber ihr Urbild in der urchristlichen Witwenschaft, an deren Spitze in Jerusalem die Mutter des Herrn stand. Aus der Zahl der Witwen, welche im Falle der Not von der Gemeinde unterstützt wurden, wurde eine Anzahl ausgewählt, die über 60 Jahre alt und nur einmal verheiratet waren und sich als dienstfreudig erwiesen hatten (1. Tim. 5,

---

[42] J. V i t e a u , L'institution des veuves. RHE 22 (1926) 513–536; Monumenta de viduis diaconissis virginibusque tractantia, coll. Josephine M a y e r , Florilegium patristicum XLII) Bonn 1938; A. R o s e m b e r t , La veuve en droit canonique jusqu'au XIVe siècle, Paris 1923; A. K a l s b a c h , Die altkirchliche Einrichtung der Diakonisse. Freiburg 1926 (Lit.); Friedrich W i e c h e r t , Die Geschichte der Diakonissenweihe. EhK (1939) 37–76 (Lit.); J. F o r g e t , Diaconesses. Dictionnaire de théologie catholique IV 685–703.

[43] Ernest R e n a n , Oeuvres complètes, 1947–1952. tom. IV, Les apôtres, pag. 544 f.

3–10). Sie hatten ein Ehrenamt in der Gemeinde inne, welches das weibliche Seitenstück zum Ehrenamt der „Ältesten" bildete; noch zu Tertullians Zeit saßen Frauen unter den Presbytern. Sie hießen deshalb auch πρεσβυτίδες, προκαθήμεναι oder auch καλογρίαι oder, in Parallele zur hellenistisch-jüdischen Bezeichnung μητέρες τῶν ἐκκλησιῶν.[44] Sie empfingen nicht allgemein eine bischöfliche Ordination. Eine solche wird im Canon des Clemens erwähnt, während sie in den Konstitutionen der ägyptischen Kirche verneint wird. In dem Maße als das Presbyterat aus einem Ehrenamt, das etwa dem der heutigen evangelischen Kirchenvorsteher entspricht, zu einem sacerdotalen Amt, einem Priesteramt im heutigen Sinne sich entwickelte, sank der Viduat oder der weibliche Presbyterat zu einem Seitenstück des männlichen Diakonates herab. Die leitenden Witwen wurden zu Gehilfinnen des Bischofs und der Presbyter. Ihre Stellung nach den Diakonen wird bereits deutlich in einem Wort des Clemens von Alexandrien: „Vieles, was auf auserwählte Personen sich bezieht, steht schon in den heiligen Büchern geschrieben: dieses von den Presbytern, anderes von den Bischöfen, anderes von den Diakonen, anderes von den Witwen".[45]

Obgleich auch die Witwen ursprünglich als παρθένοι (d.h. Ehelose) bezeichnet worden waren, wurden sie infolge der immer mehr sich steigernden Wertung der unberührten Jungfräulichkeit durch die Jungfrauen-Diakonisse überflügelt, ja zurückgedrängt. Während ursprünglich die bejahrte Witwe der unberührten Jungfrau nicht nur ebenbürtig, sondern überlegen war, wurde sie in zunehmendem Maße geringer eingeschätzt als diese. Schließlich verschwand der Viduat als Ehren- und Gemeindeamt völlig aus dem Leben der Kirche.

Die ursprüngliche Ebenbürtigkeit von Mann und Frau im Christentum fand ihre Krönung im Martyrium. Der Geist, der über Männer und Frauen in gleicher Weise ausgegossen war, erwies seine göttliche Kraft ebenso in Männern wie Frauen vor dem heidnischen Richterstuhl und an der Hinrichtungsstätte. Selbst der keine übertriebene Frauenfreundlichkeit zeigende Augustinus sagt von den weiblichen Märtyrerinnen: „Was gibt es Glorreicheres als diese Frauen, welche die Männer leichter bewundern als nachahmen?"[46] Ja, selbst der gelegent-

---

[44] Presbyterinnen, Vorsteherinnen, „Schöne Alte", Mütter der Kirche.
[45] Clemens Alex., Paidagogos III 12, 97.
[46] Augustin, Sermo 280, 1.

lich frauenfeindliche Origenes, der selbst noch in der Märtyrerzeit
lebte, muß bekennen: „Mit unseren eigenen Augen haben wir oft Frauen
und Jungfrauen noch ganz jugendlichen Alters, bei denen zu der natürlichen Schwachheit des Geschlechtes noch die Gebrechlichkeit des Leibes hinzukam, für das Zeugnis grausame Qualen erdulden sehen".[47]
Ein ergreifendes Dokument weiblicher Standhaftigkeit im Martyrium
sind die Akten der Perpetua und Felicitas – eine der Perlen der religiösen
Weltliteratur; ähnliches gilt von dem Bericht der Sklavin Blandina in
Lyon. In Alexandrien erlitten nach der Mitteilung des Eusebius zehntausende (μύριαι) von Frauen den Märtyrertod. Martyrium war für die
frühe Christenheit nicht bloß Geistesbesitz, sondern Christusgleichheit
– in den Märtyrern litt und starb fort und fort Christus.

So sehen wir die Frau in der ältesten Zeit der Kirche in einer un-
gemein reichen und, wie aus dem Zeugnis des Völkerapostels deutlich
wird, hoch geachteten Tätigkeit. In ihr wurde der Grundsatz des Apostels „Hier ist nicht Mann noch Weib" (Gal. 3, 28) in die Wirklichkeit
umgesetzt. Die rasche Ausbreitung des Christentums ist zum großen
Teil das Verdienst der Frauen, die ja, wie wir auch dem Spott der
heidnischen Christentumsfeinde entnehmen können, zahlenmäßig die
Männer übertrafen. In der Vision des *Pastor Hermae* stützen Frauen
mit ihren Tugenden den noch unvollendeten Turm der Kirche.

Diese vielfache Bedeutung der Frau wurde freilich in der Großkirche
ziemlich bald zu einem guten Teil vergessen. Auch von der christlichen
Kirche gilt das eingangs zitierte Wort eines Indologen: „Die Frau ist
immer die beste Freundin der Religion gewesen, aber die Religion
keineswegs immer eine Freundin der Frau."[48] Nur in den von der Großkirche abgetrennten Gemeinschaften, die von jener als S e k t e n bezeichnet wurden, hat sich die urchristliche Frauentätigkeit in vollem
Umfange erhalten. Das Wesen der Sekte besteht ja nach der Erkenntnis,
die schon um 1700 der protestantische Theologe Gottfried Arnold in
seiner „Unparteiischen Kirchen- und Ketzerhistorie" ausgesprochen hat,
im Fortleben oder in der Erneuerung bestimmter Elemente, auch Eigentümlichkeiten der Urgemeinde. Sowohl die Gnostiker wie die Marcioni-

---

[47] O r i g e n e s , Hom. in Jud. 9, 1.
[48] s. o. S. 1, Anm. 1.

ten, desgleichen die Nikolaiten, Kainiten und Priscillianer beließen, wenn auch in verschiedenen Variationen, der Frau die Funktionen, die sie ursprünglich in der Gemeinde innegehabt hatte: die Prophetie, die Lehre, die Vorsteherschaft und das Recht zu taufen. Bis ins vierte Jahrhundert besaßen die den Montanisten ähnlichen Quintilianer einen weiblichen Klerus nicht nur von Prophetinnen, sondern auch weibliche Priester und Bischöfe.

In der Großkirche hingegen begann ein fortschreitender Prozeß der Entrechtung der Frau, in welchem diese ihrer ursprünglichen Gleichstellung beraubt und gänzlich den Bischöfen und Presbytern, ja sogar den Diakonen untergeordnet und in ihrer Aktivität immer mehr eingeschränkt wurde. Dieser rückläufige Prozeß hatte verschiedene Ursachen – eine davon war der Umstand, daß in den häretischen Gemeinden die Frauenwirksamkeit vielfach nicht genügend diszipliniert war. Diese Undiszipliniertheit führte zu manchen Exzessen; sie öffnete der Schwärmerei, aber auch der Erotik und sinnlicher Zügellosigkeit die Pforten, wobei freilich zu beachten ist, daß nicht alles, was über solche Entartungserscheinungen die altkirchlichen Schriftsteller besonders über unsittliches Verhalten berichten, den Tatsachen voll entspricht. Viele solche Äußerungen über die Häretiker, angefangen von den Büchern des Irenäus *Adversus haereses* bis zu dem Ketzerbuch des fanatischen Epiphanius, sind, wie auch sonst immer festzustellen ist, tendenziös und polemisch.

Dieser Prozeß der kirchlichen Entrechtung der Frau begann mit einer Gegenbewegung gegen die weibliche Prophetie im Gottesdienst, und zwar im Zusammenhang mit der ablehnenden Haltung gegenüber der Prophetie überhaupt. Der Verfestigung der Anstaltskirche lief parallel das Versiegen des pfingstlichen, pneumatischen Enthusiasmus. Die darin liegende Tragik hat Heinrich Weinel ausgesprochen: „Nicht weil man den Geist nicht mehr hatte, hat man die Kirche gegründet, sondern um die Kirche zu bauen, hat man den Geist dämpfen müssen." Diesen Satz greift Leopold Zscharnack in seinen Ausführungen über die Prophetinnen im Urchristentum auf und – pointierter wohl, als es in Weinels Absicht lag – fährt fort: „Man dämpfte ihn (den Geist), indem man ihm das Recht, seine Offenbarungen seiner Natur gemäß öffentlich auszusprechen, nahm. So starben die Propheten

im alten Sinne, und mit ihnen die alten, bisher in der gottesdienstlichen
Gemeinde öffentlich redenden Prophetinnen."[49]

Mit dem Recht zur Prophetie und zum Gebet in der gottesdienstlichen Versammlung verloren die Frauen bald auch das Recht der Lehre
– sowohl der missionarischen wie der katechetischen – überhaupt. Der
Verfasser des ersten Timotheus-Briefes (2, 11 f.) (eines Briefes, der, wie
die Pastoralbriefe überhaupt, nicht von Paulus stammt, sondern an das
Ende des 1. oder den Anfang des 2. Jahrhunderts gehört), schreibt: „Das
Weib soll in Ruhe lernen, in aller Unterordnung. Zu lehren erlaube ich
nicht einem Weibe noch auch über den Mann zu herrschen, sondern
stille zu sein" – Worte, die Origenes wiederholt. Ähnlich schreibt der
Verfasser des 1. Clemensbriefes um dieselbe Zeit (21, 7): „Die Beschei-
denheit ihrer Rede sollen sie im Schweigen offenbaren." In diesen
Zusammenhang und in diese Zeit gehört auch das sprichwörtlich ge-
wordene *Mulier taceat in ecclesia* im 1. Korintherbrief (14, 34), das zum
Kronargument aller Gegner einer Frauenwirksamkeit in der Kirche geworden ist. Der Schreiber dieses Wortes stützt sich bei seinem katego-
rischen Verbot auf die Regel der Gesamtkirche: „Wie in allen Gemeinden der Heiligen sollen die Frauen (in einzelnen Handschriften heißt es
„eure Frauen") schweigen, denn es ist ihnen nicht gestattet, zu reden,
sondern sie sollen sich unterordnen, wie das Gesetz sagt. Wenn sie aber
etwas lernen wollen, sollen sie zu Hause ihre eigenen Männer fragen;
denn es ist schimpflich, wenn ein Weib in der Gemeinde redet."

Dieses Wort steht im Widerspruch zu den Ausführungen des Apostels im 11. Kapitel des gleichen Briefes, wo er klarlegt, daß es für die
Frau schimpflich sei, mit unverhülltem Haupt in der Gemeindeversammlung (Herrenmahl) zu beten und zu prophezeien. Der in die Augen
springende Widerspruch hat in alter und neuer Zeit die Exegeten be-
schäftig und ihnen viel Kopfzerbrechen gemacht. Viele glauben den Widerspruch damit lösen zu können, daß das Reden der Frauen im 14. Kapitel als ein neugieriges Fragestellen und vorlautes Diskutieren zu erklären
sei, das Reden im 11. Kapitel jedoch als vom Geist inspirierte charisma-

---

[49] Heinrich W e i n e l , Die Wirkungen des Geistes und der Geister im nach-
apostolischen Zeitalter bis auf Irenaeus. Freiburg/Br., Leipzig u. Tübingen
(1899) S. 35; L. Z s c h a r n a c k , Der Dienst der Frau in den ersten Jahrhunderten der christlichen Kirche. Göttingen (1902) S. 66.

tische Rede. So schreibt schon T e r t u l l i a n : *Aeque praescribimus silentium mulieribus in ecclesia, nec quid discendi dum taxat gratia loquantur, caeterum prophetandi ius et illas habere iam ostendi, cum mulieri etiam prophetandi velamen imponit ex lege accipit subiiciendae feminae auctoritatem* – d. h. strenges Lehr- und Redeverbot, aber für das prophetische Reden: Unterwerfung unter das Gebot, den Schleier zu tragen.[50] An anderer Stelle sagt er noch schärfer nach dem Verbot zu lehren, zu taufen, das Opfer darzubringen: „sie sollen sich hüten, irgend ein männliches Amt oder einen priesterlichen Dienst zu beanspruchen".[51]

R e i n h o l d   S e e b e r g   meint, daß nach der Zustimmung des Paulus zum prophetischen Reden der Frau (1. Kor. 11, 5) er es hier nicht verbieten könne. „Eine mit den Gnadengaben der Weissagung und des Gebetes Ausgestattete soll und darf öffentlich reden".[52] Aber an den auf die Prophetie folgenden Aussprachen, Fragen und Erläuterungen sollten die Frauen sich nicht beteiligen – also: Einschränkung der Lernfreiheit. Ähnlich äußert sich auch Z s c h a r n a c k. Andere glauben, daß es sich in den beiden Kapiteln 11 und 14 um verschiedene Formen der Gemeindeversammlung handele. Eine neuere theologische Erklärerin, Else K ä h l e r meint: 1. Kor. 11 gebe Paulus „Schicklichkeitsregeln für die a k t i v im Gottesdienst tätigen Frauen," 1. Kor. 14 hingegen „Ordnungsanweisungen für die p a s s i v am Gottesdienst Teilnehmenden, passiv im Sinne des Nicht-Prophezeiens"; den Ersteren gestatte Paulus das Reden, letzteren aber untersage er ein „ungeordnetes Dazwischenreden, besonders Dazwischenfragen".[53] Diese Deutung erscheint recht gekünstelt und steht im Widerspruch zu dem Kontext, denn vorher und nachher spricht Paulus vom Prophezeien. Die Vielzahl der Schwierigkeiten, welche der Widerspruch der beiden Stellen bereitet, wie die Vielzahl der Deutungen bringt auch der katholische Exeget Otto K u ß in seinem Kommentar zum Ausdruck, wenn er zu 1. Kor. 14 schreibt: „Es besteht eine gewisse Schwierigkeit, die Verse 34–36 mit 11, 2–26, wo ein offenes Reden der Frau vorausgesetzt wird, in Ein-

---

[50] Adv. Marc. V 8; MPL III, 490 C.
[51] De virg. vel. 9, MiPL II 902 A.
[52] Reinhold S e e b e r g, Über das Reden der Frauen in den apostolischen Gemeinden. Aus Religion und Geschichte I, (1906) 132 f.
[53] Else K ä h l e r, Die Frau in den Paulinischen Briefen. Unter besonderer Berücksichtigung des Begriffes der Unterordnung. Zürich (1960) 311.

klang zu bringen. Wenn man den Widerspruch nicht einfach stehen
lassen oder die Verse 34–36 nicht kurzerhand als unecht streichen oder
annehmen will, daß es sich um verschiedene Arten von Versammlungen
(dort Hausversammlung, hier Gemeindeversammlung) handelt, bleiben
als gangbare Auswege entweder die Annahme, daß Paulus 14, 34–36
die letzte Folgerung aus seiner eigentlichen Einstellung zieht, die er 11,
2–16 nur erst andeutet und vorbereitet, oder die Annahme, daß es sich
im Kap. 11 um ein erbauendes Reden der Frauen handelt, während an
unserer Stelle regelloses Fragen der weiblichen Teilnehmer verboten
werden soll."[54]

Alle diese Deutungen sind, wie L i e t z m a n n in seinem Kommentar zu den Korintherbriefen erklärt, „wenig überzeugend". Der Hinweis
auf die Männer, die zu Hause ihre Frauen belehren sollten, geht insofern an den Verhältnissen vorbei, als ja die große Mehrzahl der
Frauen in Korinth entweder mit Heiden verheiratet waren (Paulus behandelt ja in dem gleichen Brief das schwierige Problem der christlich-
heidnischen Mischehe) oder unverheiratet (im gleichen Brief empfiehlt
Paulus ja den Männern und Frauen, nicht zu heiraten). Auch ist schwer-
lich anzunehmen, daß in einer Gemeinde von Jungbekehrten die Männer
schon so unterrichtet – so viel besser unterrichtet – waren, daß sie ihre
Frauen belehren konnten; viel eher hätten in der Erkenntnis geistlichen
Lebens fortgeschrittene Glieder in der Gemeindeversammlung – Propheten und Älteste zumal – Antwort geben können. Schon der Übersetzer
dieses Apostelbriefes in der berühmten Berleburger Bibel (1737), die
dem Milieu des spiritualistischen und pietistischen Protestantismus an-
gehört, erinnert daran, daß es auch unter Männern genug „weibische
Naturen" gibt, die weder imstande noch berufen sind, andere zu belehren:

„Wer fasset da den Sinn des Geistes! nach welchem die Weiber
allerdings schweigen sollen in der Gemeine. Nämlich alle weiche, weibische und faule Gemüther sollen schweigen, weil sie ihr Leben nicht um
Christi willen willig in den Tod übergeben.

Die nicht in der Wahrheit von Jesu zeugen können und von der

[54] Otto K u ß , Die Briefe des Apostels Paulus an die Römer, Korinther und
Galater, übs. u. erkl. (Das Neue Testament, übs. u. erklärt, Hsg. Alfred
Winkelhausen) Regensburg (1940) 183.

neuen Geburt, weil sie noch nichts davon erfahren, auch keinen Muth
und Willen haben, als männliche Gemüther in den Tod zu gehen; denen
gebühret freilich, still zu schweigen.

Darum gehe nur jeder in sich, und suche, worin das weibische
Schweigen bestehe.

Die wahren Zeugen Jesu sind nicht weibisch! ja, ‚In Christo ist nicht
Mann noch Weib, sondern allzumal einer in ihm‘, in welchem das Wort
des Lebens, als der rechte Mann, selber zeuget.

Nach dem wahren Sinn des Geistes werden also auch noch viele
Männer noch müssen schweigen lernen, die zwar Männer heißen, aber
noch nicht einmal noch umgekehrte kleine Kindlein in Jesu worden,
und zum Himmelreich tüchtig, geschweige andere zu lehren geschickt
sind. Die werden vor Gott in ihren Dingen als weibisch und aufblähend
erfunden, gleich einem natürlichen schwätzigen Weib. Solche sollen
lernen schweigen, wie ihnen der Geist gebeut.

Darum lasse sichs ein jeglicher den H. Geist aus dem Wort zeigen,
ob und was er reden soll, damit ers rede als Gottes Wort. Sonst sinds
Reden eines befleckten Weibs, wie das Weib Jesabel ist; Offenb. 2, 20,
und die Redner nichts als klingende Schellen und läre Schwätzer, welche
schweigen sollen.“[55]

Dieser Pietist kehrt also den Spieß um und liest den Männern die
Leviten und macht ihnen klar, daß dieses vielzitierte und ebenso viel
malträtierte Wort auch die Männer angeht.

Ein paar Jahrzehnte später machte der Bahnbrecher der kritischen
Exegese und Historie im Protestantismus, J o h a n n   S a l o m o   S e m -
l e r , hinsichtlich dieses umstrittenen Bibelwortes eine wichtige Entdeckung, die das ganze Problem der Frauentätigkeit in der Urkirche in
ein neues Licht rückte. Er brachte sie in seiner *Paraphrasis in primam
Pauli ad Corinthios epistolam* an die Öffentlichkeit. „*Hic res mira
observatur*“ – „hier beobachten wir etwas Erstaunliches“: Diese zwei
Verse (34, 35) werden in den älteren Handschriften, welche der älteren
lateinischen Übersetzung vorlagen, erst am Ende dieses Kapitels gelesen,
aber nicht an diesem Platze. So bieten der *Ambrosiaster* (ein ehemaliger
Jude, Verfasser eines Kommentars der Paulusbriefe, der früher dem

---

[55] Berleburger Bibelübersetzung von J. F. H a u g , 8 Bde. (1720–42) Bd. 6
(1737) S. 454 f.

Ambrosius zugeschrieben wurde), und S e d u l i u s die Aufeinanderfolge der Verse dieser Textstelle; dasselbe finden wir bei den griechisch-lateinischen *Codices D E F G.* Es ist also sicher, daß diese Codices den griechischen Text eben in der Aufeinanderreihung bieten, wie sie vor Hieronymus und der Vulgata bestanden hat; es standen also diese zwei Verse in jenem griechischen Text, aus dem jene alte lateinische Übersetzung sich ableitete, am Ende des Kapitels nach Vers 40. Nun fragt man sich: wie und aus welchem Grunde konnte dies geschehen? Dies scheint nicht auf andere Weise erklärt werden zu können als durch die Feststellung: Paulus hat diesen Satz später, als dieser Teil geschrieben war, der heute Kapitel 14 beendet, am Rande angefügt; deshalb haben andere ihn gleich h i e r in den Text hineingeschrieben und zwar in richtiger Weise; andere aber an dem Platz, wo jener Satz aufhört, also am Ende dieses Kapitels. Zweifellos war nämlich jenes Kapitel 14 durch einen gewissen zeitlichen Zwischenraum von der übrigen Behandlung getrennt, die nun fortfährt."[56]

Semler hat richtig beobachtet: in den auch sonst sehr altertümlichen *Codices* D (*Claromontanus,* Paris) und G (*Boernerianus,* Dresden), in dem Minuskel-Manuskript 88 und in der *Itala* sowie im *Ambrosiaster* stehen die Verse am Ende des Kapitels. Mit dieser Entdeckung hat Semler den späteren Kritikern den Weg gewiesen. Sie nahmen jedoch nicht an, daß Paulus selbst die Randglosse angebracht habe, sondern ein späterer Abschreiber, und zwar in der Zeit, aus der auch das Lehrverbot im 1. Timotheusbrief stammt. Daß Paulus nachträglich seine Briefe mit Randglossen versehen habe, ist sehr unwahrscheinlich. Und wenn er sie als Korrektur von 1. Kor. 11 hätte anbringen wollen, so hätte er sie an dieser Stelle eingefügt. Es kann darum nur ein späterer Christ gewesen sein, der in einer Zeit schrieb, da das Auftreten von Prophetinnen und Missionarinnen bereits in den meisten Gemeinden der Großkirche erloschen war und die Kirchenordnungen jede Form der Frauenrede im Gottesdienst (ob charismatisch oder katechetisch) verboten. Es sind vor allem folgende bekannte neutestamentliche Exegeten, welche in den genannten Versen einen späteren Einschub sehen: Holsten, Pfleiderer, Schmiedel, Johannes Weiß, Bousset, Weinel, Win-

---

[56] Joh. S. S e m l e r , *Paraphrasis,* Halle 1771, S. 384.

disch und Bultmann; ja, auch die konservativen Theologen Karl
Heim[57] und Albrecht O e p k e , zuletzt Johannes L e i p o l d t[58] in
seinem trefflichen Werk über die Frau in der Antike und im Urchristentum, vertreten diese Ansicht. L i e t z m a n n erklärt, daß, wenn man
„Paulus den Widerspruch nicht zutraut, nur die Annahme der Interpolation übrigbleibt". Auch der katholische Exeget O t t o K u ß (s. o.
Anm. 54) zieht neben einer ganzen Reihe von Deutungen die völlige
Streichung der Verse ernstlich in Erwägung. Jedenfalls können die Ver-
treter des strengen Konservativismus und Gegner eines kirchlichen
Frauendienstes von den Befürwortern desselben nicht behaupten, daß
diese leichtfertig nach der – ihrer Ansicht nach – bei Bibelkritikern beliebten Methode verführen und solche Stellen, die ihnen nicht in ihr
Konzept passen, als interpoliert erklären. Es handelt sich hier nicht um
eine vorgefaßte Meinung, sondern um die Aufdeckung tatsächlicher
Widersprüche und um konkrete textkritische Feststellungen auf Grund
der Handschriften.

Dem Verbot der Prophetie, des prophetischen Redens im Gottesdienst folgte bald das V e r b o t d e r K a t e c h e s e , die allerdings
weit länger ausgeübt wurde als die Prophetie. In der syrischen *Didasca-*

---

[57] Karl H e i m , Die Gemeinde des Auferstandenen. Tübinger Vorlesungen
über den 1. Korintherbrief, hsg. von Friso Melzer, München (1949) 204 f.:
„Die Stelle (1. Kor. 14, 34/35) stand jedenfalls gar nicht hier im Text, sondern war eine Randbemerkung... Die Stelle könnte nur hineinpassen,
wenn nicht von dem Reden der Frau überhaupt, sondern vom Zungenreden der Frau gesprochen würde... Was dafür spricht, daß diese Stelle
als Randbemerkung aufzufassen ist, ist eine Tatsache, die auffällt". (Folgt
Hinweis auf 1. Kor. 11, 5). „Die Harmonisierung" (dieser beiden Stellen)
„versagt. Es ist dort gerade ganz ausdrücklich von der Gemeindeversammlung gesprochen, vom Herrenmahl... Es scheint mir nahezuliegen, daß
hier (14, 34/35) bereits die Gemeindeordnung der späteren Zeit unter dem
Einfluß von 1. Tim. 2,12 eingetragen wurde."

[58] L e i p o l d t , Die Frau 172 ff.: „Paulus, der geborene Jude, hat keine
Bedenken dagegen, daß eine Frau im Gottesdienst betet oder weissagt. Das
scheint mir eine echte Folgerung aus der Predigt Jesu... Diesen Schluß
zu ziehen ist auf griechischem Boden, zumal in der griechischen Großstadt,
leichter als in Palästina." „Die Frauen besitzen den Geist wie die Männer.
Darf man ihnen den Mund verbieten?"

lia Apostolorum[59] lesen wir: „Es ziemt sich nicht und ist unnötig, daß Frauen lehren, insbesondere über den Namen Christi und die Erlösung durch sein Leiden. Denn nicht dazu seid ihr bestellt, daß ihr lehrt, o Frauen, und am meisten die Witwen, sondern daß ihr betet und Gott den Herrn bittet."[60] Ähnlich befehlen die syrischen Apostolischen Konstitutionen,[61] die aus dem 4.Jahrhundert stammen: „Wir erlauben nicht, daß Frauen in der Kirche lehren; sie dürfen nur beten und auf die anderen hören". Die Taufe wird durch die genannte syrische Kirchenordnung den Frauen ausdrücklich untersagt.[62] Ähnliche Bestimmungen finden sich auch in der *Didascalia*.[63]

Die kirchliche E n t r e c h t u n g   d e r   F r a u vollzog sich freilich nicht kampflos. Die Frauen der Großkirche kämpften um die Rechte, die sie in der Urkirche besessen hatten, Rechte, welche die mit der Großkirche konkurrierenden häretischen Sekten festhielten. Die christliche Legende spiegelt diesen Kampf deutlich wider. (Auch Legenden sind Geschichtsquellen; kein Geringerer als der bedeutende protestantische Forscher A d o l f v. H a r n a c k hat das in einem Buch mit diesem Titel nachgewiesen.) Die *Pistis Sophia*, welche den Lobpreis der Maria Magdalena aus dem Munde Jesu wiedergibt, erzählt auch von einer Diskussion zwischen den Aposteln und Frauen über die Rechte der Letzteren in der Kirche. Petrus tritt als Sprecher der Männer auf, Maria Magdalena als Sprecherin der Frauen. Petrus erklärt hier: „Wir können diese Frau nicht ertragen, weil sie uns die Gelegenheit zum Reden wegschnappt. Sie läßt uns nicht reden, sondern spricht endlos". Jesus tritt jedoch für die Rechte der Frau ein: „In welchem die Kraft des heiligen Geistes aufbrechen wird, sodaß er begreifen kann, was ich sage, der möge vortreten".[64]

---

[59] Textausgabe griech.-lat.: Franz Xaver F u n k , *Didascalia et Constitutiones Apostolorum*, 2 tom. Paderborn 1905. Deutsch: H. A c h e l i s - J. F l e m - m i n g , TU. 25, 2. 1904. Buch 8 der Const. Ap. BKV Bd. 5 (Griechische Liturgien) übs. Storf, 1912.

[60] Didascalia III 6, 1 f., ed. Funk S. 190/191.

[61] Const. Apostol., ed. Funk S. 26.

[62] Didascalia III 9, 1. ed. Funk 198/199.

[63] Capitula XXX e Constitutionibus excerpta. Bei Funk, Didascalia et Const. Ap. Eccl. tom. II, p. XXXIII f.

[64] Pistis Sophia cap. 36, ed. C. S c h m i d t - W. T i l l , Koptisch-gnostische Schriften I, Berlin (1954) 36.

Anders eine Erzählung aus den *Canones Apostolorum Ecclesiastici,* einer Kirchenordnung aus dem 4. Jahrhundert. Johannes erinnert daran, daß die Frauen nicht beim letzten Abendmahl anwesend waren und deshalb nicht befugt seien, Brot und Wein in der kirchlichen Eucharistiefeier zu segnen. Er führt als Wort des Herrn an: „Das Schwache wird erlöst durch das Starke" (τὸ ἀσθενὲς σωθήσεται διὰ τοῦ ἰσχυροῦ).[65] Hier wird das Verbot der Feier der Eucharistie durch eine Frau mit der Inferiorität der Frau gegenüber dem Mann, der Abhängigkeit des schwachen Geschlechtes von dem starken, feierlich eingeschärft.

Trotz dieses rückläufigen Prozesses erhielt sich jedoch noch jahrhundertelang eine Erinnerung an die ausgedehnte Frauenwirksamkeit in der Urkirche: aus dem *Viduat* erwuchs ein weiblicher *Ordo,* der ein Stück der kirchlichen Hierarchie bildete und der, wie die anderen *ordines* – Diakonat, Presbyterat und Episkopat – in der gleichen Weise übertragen wurde: durch Handauflegung des Bischofs und Herabrufung des Heiligen Geistes, das Diakonissenamt. (Dessen Charakter ist freilich völlig verschieden von dem der Diakonissen in den heutigen evangelischen Kirchen.) Das a l t k i r c h l i c h e   D i a k o n i s s e n a m t ist zwar nur ein Residuum und Rudiment des vielgestaltigen Frauenwirkens in der alten Kirche; seine Funktionen erscheinen gegenüber den Bereichen urchristlicher Frauenarbeit stark reduziert und auf die niederen Kirchendienste beschränkt. Gleichwohl hat sich in der Idee noch die ursprüngliche Ebenbürtigkeit gegenüber der männlichen Wirksamkeit erhalten gemäß dem fundamentalen Apostelwort: „Hier ist nicht Mann noch Weib". Diese Gleichwertigkeit und Ebenbürtigkeit hat ihren eindringlichsten Ausdruck gefunden in einer der alten Kirchenordnungen – im 2. Buch der ägyptisch-syrischen *Constitutiones Apostolorum,* die hier von einer noch älteren Vorlage, der syrischen *Didascalia* aus der Mitte des 3. Jahrhunderts abhängig ist. Es heißt dort:

„Der Bischof hat den Vorsitz unter euch als der, den Gottes Ansehen schmückt, das ihm Vollmacht erteilt über den Klerus und Herrschaft über das Volk.

Der Diakon sei ihm Beistand wie Christus dem Vater und diene ihm

---

[65] Canones Apostolorum XXVI. ed. Funk, Doctrina et Constitutiones Apostolorum, Tübingen (1887) p. XXVI. vgl. Monumenta p. 7.

ohne Tadel, wie Christus nichts aus sich selbst wirkt, sondern immer das tut, was dem Vater wohlgefällig ist.

Die Diakonisse aber ehret als das Bild des Heiligen Geistes. Sie tue oder rede nichts ohne den Diakon, wie auch der Paraklet nichts aus sich redet und tut, sondern Christus verherrlicht und seinen Willen erfüllt".[66] Erst nach der Diakonisse nennt die *Didascalia* die Presbyter, welche den Typus der Apostel darstellen. (Daß übrigens die Diakonisse hier die dritte Person der Gottheit repräsentiert, hat auch einen sprachlichen Grund: im Syrischen und Arabischen ist *ruchā*, der Heilige Geist, ein Femininum.)

Der Terminus D i a k o n i n wird zum erstenmal vom Apostel P a u - l u s in der Grußliste des Römerbriefes (16, 1) in bezug auf P h o e b e gebraucht, für deren Missionsarbeit er nur Worte des höchsten Lobes hat: „Ich empfehle euch Φοίβη, unsere Schwester, οὖσαν διάκονον τῆς ἐκκλησίας τῆς εν Κεγχρέαις. Einen ähnlichen Ausdruck gebraucht I g n a t i u s v o n A n t i o c h i e n : „Ich grüße die Wächterin der heiligen Türen τὰς ἐν Χριστῷ διακόνους."[67] C l e m e n s v o n A l e x a n - d r i e n nennt die Schwestern-Frauen, von welchen die Apostel, darunter auch Petrus, auf ihren Missionswanderungen begleitet wurden, τὰς γυναῖκας συνδιακόνους („Weibliche Mit-Diakonen"). Ebenso spricht das 2. Buch der Apostolischen Konstitutionen von αἱ διάκονοι, das 3. Buch von der γυνὴ διάκονος (der weibliche Diakon). Solche γυναῖκες διακόναι werden 1. Tim. 3, 18 neben die Diakone gestellt. (An dieser Stelle sind sie oft mißverständlich als Frauen von Diakonen angesehen worden; wenn diese gemeint wären, müßte es jedoch heißen „ihre Frauen"). Erst später bürgerte sich der Terminus διακόνισσα ein, zuerst bezeugt von E p i p h a n i u s.[68]

Bei diesen weiblichen Diakoninnen handelt es sich um ein τάγμα, einen *ordo,* ein dem männlichen Diakonenamt analoges weibliches Amt der Kirche, nicht um einen bloß freiwillig übernommenen Dienst.

Dieses Diakonissenamt ist aus dem V i d u a t hervorgegangen. Als Witwen (χῆραι) im überragenden Sinne oder „Kanonische Witwe"[69]

---

[66] Constitutiones apost. II, 26, 6 ff. Funk I, p. 103–104 f.
[67] Ep. 12. Conc. von Nicaea 325, c. 19.
[68] Adv. haer. 79, 3.
[69] s. M. S c h m i d , Kanonissen LThK 5, 1288 f.

wurden die aus den zahlreichen Almosenempfängerinnen der Kirche
ausgewählten Witwen bezeichnet, die wenigstens 60 Jahre alt waren
und durch Dienste in der Gemeinde sich bewährt hatten. Sie wurden
vom Bischof geweiht und mit besonderen kirchlichen Diensten an der
Gemeinde betraut. Als solche wurden zunächst außer den wirklichen
Witwen jene Jungfrauen bezeichnet, die zu dem gleichen Dienst ausgewählt wurden. Sie hießen παρϑένοι χῆραι.

Die zunehmende Wertschätzung der asketischen Jungfräulichkeit,
die wir bei den Kirchenvätern, besonders bei C y p r i a n , A m b r o -
s i u s , M e t h o d i u s und anderen beobachten, stellten diese zunächst
im Dienst und in der ihnen zuerkannten Würde neben, allmählich aber
über die Witwen. Der jungfräuliche Stand erschien diesen kirchlichen
Schriftstellern als „Blüte der kirchlichen Pflanzung" *(flos ecclesiasti ger-
minis);*[70] er war für sie die Vorwegnahme des engelgleichen Zustandes
der Auferstehung.[71] Die Hingabe von Leib und Seele an den himmlischen Bräutigam, Christus, erschien ihnen als ein geistiges Priestertum,
das *sacerdotium castitatis.*[72] Die asketische Jungfräulichkeit stand für
sie hoch über der Ehe; denn das, was in der Ehe versinnbildet wurde,
das Geheimnis der Einheit der Kirche mit Christus, das wurde für sie
in der Jungfräulichkeit real dargestellt.[73] So bildeten die Jungfrauen
einen besonderen Stand in der Kirche als Jungfrauen-Diakonissen.

Die Stellung der Witwen-Diakonissen und der Jungfrauen-Diakonissen sowie ihr gegenseitiges Verhältnis zueinander war in den verschiedenen Kirchengebieten nicht einheitlich. Nach Aussagen der in der
überlieferten Form wohl dem 4. Jahrhundert zugehörenden syrischen
Kirchenordnung, die sich als T e s t a m e n t u m D o m i n i[74] bezeichnet, gehören die „kanonischen Witwen" eindeutig zum Klerus, die Jungfrauen höchstens auf die letzte Rangstufe, wenn sie auch allermeist mit
genannt werden, wenn vom niederen Klerus die Rede ist, – anders als

---

[70] C y p r i a n , De hab. virg. 3.
[71] Cyprian, ebd. 22.
[72] A m b r o s i u s , De virg. I, 7.
[73] Vgl. das Gebet bei der Jungfrauenweihe im Gelasianum. W i l s o n , The
Gelasian Sacramentary, Oxford 1894, 156 ff.
[74] Testamentum Domini nostri Jesu Christi, ed. Ignatius Ephraem III R a h -
m a n i (syr. Text, lat. Übs.) Mainz 1899. Die syrischen Kirchen sind seit
dem Konzil von Chalcedon (351) von der Großkirche getrennt.

zur gleichen Zeit in der orthodoxen Großkirche. Die Witwen werden ordiniert (*Test. Dom.* I, XLI; Rahmani p. 98/99 IL, 94/95); die Jungfrauen nicht, auch wenn sie Diakonissen sind (IL 94/95). Sie werden kanonische Witwen genannt und stehen im Gottesdienst beim Klerus (I XXIII, p. 46/47), die Jungfrau-Diakonisse dagegen an der Eingangstür der Kirche (I, XIX, p. 26/27). Die kanonische Witwe hat die Diakonissen zu überwachen – *diaconissas perquirat* – (I, XL, p. 96/97), ist ihnen also deutlich übergeordnet. In der Aufstellung der Kleriker „hinter dem Vorhang",[75] d. h. also in der Apsis, gibt das *Testamentum Domini* eine genaue Anweisung[76] (I, XXIII, p. 36/37) über die Aufstellung des Klerus bei der Eucharistiefeier: der Bischof, rechts und links hinter ihm die Priester, auf der linken Seite hinter diesen die kanonischen Witwen, auf der rechten Seite – in Entsprechung zu ihnen – die Diakone. Die Witwen empfangen die Kommunion mit den Klerikern nach den Diakonen (I XXIII p. 46/47), die Jungfrauen-Diakonissen dagegen mit dem Volk (ebd.), aber vor den übrigen Frauen. Obwohl den kanonischen Witwen bei ihrer Ordination keine eigentlich priesterlichen Aufgaben, wenn auch „Dienste im Hause Gottes" (I, XLI, p. 98/99) zugewiesen werden, die sie „freudig" ausführen mögen, werden sie im großen Fürbittgebet, bei dem in der Reihenfolge für Bischof, Priester, Diakone, Witwen einzeln, für Subdiakone, Lektoren, Diakonissen zusammen gebetet wird (I, XXXV, p. 86/87), als *„Presbyteri (femini)"*, syrisch *qašišātā* bezeichnet. Sie werden hier also in der Feminin-Form des für den Priester gebräuchlichen Wortes aufgeführt. Wie weit dabei *presbyter* im engen Sinne den *sacerdos* oder im weiteren Sinne etwa „den Alten" bzw. „die Alte" bezeichnet (denn die Witwen sollten auch hier 60 Jahre alt sein), ist vermutlich schwer auszumachen. Aber es ist nicht zu bestreiten, daß die Witwe klerikalen Rang vor der Jungfrauen-Diakonisse hatte. Doch ist offenbar der Geltungsbereich dieser syrischen

---

[75] s. dazu Friedrich H e i l e r , Die Ostkirchen, München (1971) 190, 323.

[76] Rahmanis Übersetzung des syrischen Ausdruckes für umgrenzten oder abgegrenzten Raum mit „atrium" (p. 27) ist irreführend; ebenso, wenn er die Stelle, den Ort, an dem der Bischof mit dem Klerus in der Apsis steht, mit „aedes" wiedergibt. Es handelt sich um die Platzordnung der Kleriker während der heiligen Handlung innerhalb des Sanctuariums, wo auch den kanonischen Witwen ihr Platz zugewiesen wird. Vgl. Zscharnack, Dienst S. 120.

Kirchenordnung zumindest auf die von der orthodoxen Großkirche getrennten Kirchen beschränkt geblieben und hat auch letztere wohl nicht einmal alle erreicht. Jedenfalls ist die allgemeine Entwicklung von ihr nicht berührt worden.

In der orthodoxen Großkirche wie in der abendländischen Kirche beobachten wir eine steigende Wertschätzung der unbefleckten Jungfräulichkeit. So kam es, daß die Jungfrauen-Diakonisse vor der dienenden Witwen-Presbyterin den Vorrang erlangte. So stehen bei Pseudo-Ignatius die Diakonissen an erster Stelle, die Jungfrauen (welche kein Amt haben) an zweiter, die Witwen erst an dritter Stelle. Der Vorrang der Jungfrauen vor den Witwen findet seine Begründung bei B a s i l i u s : χηρεία παρθενίας ἐλάτων – *viduitas virginitatis inferior.*[77] Diese Entwicklung führte allmählich dazu, daß das für die dienenden Frauen vorgeschriebene Alter von 60 Jahren (1. Tim. 5, 9) auf 40 Jahre herabgesetzt wurde und daß schließlich der *Viduat* vollständig aus dem kirchlichen Leben verschwand.

Viduat und weiblicher Diakonat waren gleicherweise ein Amt der Kirche. Die Witwe und die jungfräuliche Diakonisse gehörten dem aus der Laiengemeinde ausgesonderten Klerus an. Während die Träger der niederen Ämter (Hypodiakone und Lektoren) keine eigentlichen Weihen empfingen, sondern nur eine Segnung, empfingen die weiblichen Mitglieder des Klerus, Witwen und Diakonissen die Weihe vom Bischof in der gleichen Weise wie die Presbyter und Diakone durch Handauflegung und Herabrufung des Heiligen Geistes. In dieser kommt der Zusammenhang der Amtsgnade mit den urchristlichen Charismen zum Ausdruck – es ist derselbe Geist, der in der ältesten Zeit Männer wie Frauen in gleicher Weise ohne alles menschliche Zutun ergriff und zu außerordentlichen Funktionen befähigte wie Vorhersagen der Zukunft, Zungenreden, wunderbare Krankenheilungen, vor allem zum prophetischen Verkünden und Beten. Dieser Geist wurde nun in einem feierlichen Gebet für den Amtsträger erfleht. Der Amtsträger wird so durch die Weihe zum Geistträger, die Frau ebenso wie der Mann.

Das älteste Weihegebet bei der Ordination der Diakonissen, das nicht jünger ist als die ältesten uns erhaltenen Weihegebete von Bischöfen

---

[77] „Witwenschaft steht unter der Jungfräulichkeit" – was die Wertschätzung betrifft. B a s i l i u s , Ep. 199 c. 18

und Presbytern, ist im 8. Buch der a p o s t o l i s c h e n K o n s t i t u -
t i o n e n erhalten:

„O ewiger Gott, Vater unseres Herrn Jesu Christi, du Schöpfer
des Mannes und des Weibes, der du mit dem Geist Miriam, Debora,
Hanna und Hulda erfüllt hast, der du dich nicht gescheut hast, deinen
eingeborenen Sohn von einem Weibe gebären zu lassen, der du auch
im Zelt des Zeugnisses (Bundeszelt) und im Tempel Frauen zu Wächte-
rinnen deiner heiligen Türen eingesetzt hast, blicke nun auch auf diese
deine Dienerin herab, die zur Diakonie erwählt wird, und gib ihr den
heiligen Geist und reinige sie von aller Befleckung des Fleisches und
des Geistes, auf daß sie würdig vollziehe das Werk, das ihr aufgetragen
ist, zu deiner Ehre und zum Preise deines Christus, mit dem dir und
dem heiligen Geiste sei Ehre und Anbetung in alle Ewigkeit. Amen."[78]

Das Bedeutsamste an diesem Weihegebet ist die Betonung des inneren Zusammenhanges, der zwischen dem Diakonissenamt und der
weiblichen Prophetie des Alten Bundes besteht, wobei daran zu erinnern
ist, daß Miriam und Debora wahrscheinlich nicht nur Prophetinnen,
sondern auch Priesterinnen waren – wenngleich entsprechend der damaligen religiösen Entwicklungsstufe Zauberpriesterinnen – und daß
dieses alttestamentliche weibliche Prophetenamt in den urchristlichen
Prophetinnen wieder auflebte.

Der b y z a n t i n i s c h e R i t u s[79] der Diakonissenweihe, dessen
älteste Handschrift dem 7.–8. Jahrhundert entstammt, der aber wesentlich älter ist und der heute noch vollzogen wird, hat etwas längere
Gebete: „Heiliger und allmächtiger Gott, der du durch die Geburt
deines eingeborenen Sohnes und unseres Gottes aus der Jungfrau nach
dem Fleisch das weibliche Geschlecht geheiligt und nicht nur Männern,
sondern auch Frauen die Gnade und die Herabkunft (ἐπιφοίτησις)
deines heiligen Geistes geschenkt hast, blicke nun auch, o Herr, auf
diese deine Dienerin herab und berufe sie in das Werk deiner Diakonie
und sende auf sie herab die reiche Gnade deines heiligen Geistes.
Bewahre sie im rechten Glauben und in tadellosem Wandeln und laß
sie die dir wohlgefällige Liturgie in allem vollziehen (Liturgie hat hier

---

[78] Didascalia et Constitutiones Apostolorum VIII, 19–20; ed. F. X. F u n k
Paderborn (1905) 525.

[79] Text bei A. v. M a l t z e w , Die Sakramente der Orthodox-Katholischen
Kirche des Morgenlandes, Berlin 1898. Anhang.

einen weiteren Sinn; auch die caritative Arbeit ist Liturgie). Denn dir
gebührt aller Ruhm, alle Ehre ..."

In der darauffolgenden allgemeinen Ektenie wird die Bitte eingefügt:
„für die jetzt erwählte Diakonisse und ihr Heil, daß unser menschen-
liebender Gott ihr einen fleckenlosen und tadellosen Dienst schenke,
lasset uns den Herrn anrufen: *Kyrie eleison.* Während der Diakonen-
Ektenie betet der Bischof: „Du Herr und Herrscher, der du auch die
Frauen nicht zurückstößest, die sich dir weihen und die entschlossen
sind, wie es sich geziemt, deinen heiligen Häusern liturgisch zu dienen
(λειτουργεῖν), sondern diese in den Stand der Liturgen aufnimmst,
schenke die Gnade deines heiligen Geistes auch dieser deiner Dienerin,
die sich dir weihen und die Gnade der Diakonie erfüllen will, wie du
die Gnade deiner Diakonie der Phöbe gegeben hast, die du zum Werk
der Liturgie berufen hast; gewähre ihr, o Gott, schuldlos in deinen
heiligen Tempeln zu verharren, bedacht zu sein auf ihren eigenen Wandel, am meisten auf Maßhalten (σωφροσύνη) und mache deine Dienerin
vollkommen, damit auch sie, wenn sie vor den Richterstuhl deines
Christus tritt, den gebührenden Lohn für ihren guten Wandel empfange,
durch die Barmherzigkeit und Menschenliebe deines eingeborenen Sohnes ..."

Nach dem Amen legt der Bischof um ihren Nacken unter das
Memophorion (Schleier) das *Orarion* (Stola) der Diakone, beide Enden
nach vorn ziehend. Darauf sagt der Diakon, auf dem Ambo stehend:
,Aller Heiligen gedenkend ...' Nachdem dieselbe aber den heiligen Leib
und das kostbare Blut empfangen hat, übergibt ihr der Bischof den
heiligen Kelch, den sie nimmt und auf die heilige *Mensa* (Altar) zurückstellt.[80]

Der Hinweis auf Phöbe schließt in sich die Übertragung aller jener
Funktionen, welche diese von Paulus so hoch gerühmte Diakonin der
Gemeinde von Kenchreae innehatte, wenn er sie die προστάτης πολλῶν
(Vorsteherin von vielen), auch seine eigene προστάτης nannte, kurz die
Übertragung aller jener Funktionen der Frauen im Urchristentum, also:
das prophetische Reden und Beten im Gottesdienst einschließlich des
eucharistischen Hochgebetes, das Vorsteheramt in Hausgemeinden, die
missionarische Wirksamkeit, Taufe und katechetische Arbeit. Die Praxis

---

[80] M a l t z e w , Die Sakramente, Anhang S. 12 ff.

blieb freilich hinter der Theorie weit zurück. Obgleich in dem Weihegebet stets noch die uneingeschränkte Frauenwirksamkeit der Urkirche feierlich verkündet wird, war im tatsächlichen Leben der Gemeinde das Wirken der Frau schon in der Zeit, da dieses Gebet formuliert wurde, stark beschnitten, weil ja die Entrechtung der Frau schon im 2. und 3. Jahrhundert weit fortgeschritten war. Immerhin erklärt die in der Mitte des 3. Jahrhunderts geschriebene *Didascalia apostolorum*: „Außer für die Arbeit in den Frauengemächern brauchen wir auch sonst notwendig einen weiblichen Diakon" – χρείας γυναικὸς χρύζομεν διακόνου.[81]

Die prophetische Tätigkeit der Frauen war völlig erloschen, freilich nicht nur die der Frauen, sondern auch der Männer. Die Lehrtätigkeit beschränkte sich auf die katechetische Vorbereitung der weiblichen Taufkandidaten, speziell auf die Tauffragen, auf Hausbesuche von Frauen sowie auf den Unterricht der Waisenkinder – alles im Auftrag und unter der Kontrolle des Bischofs. „Es gibt Häuser, in welche du (o Bischof) einen Diakon zu Frauen nicht schicken kannst wegen der Ungläubigen (Heiden), so kannst du einen weiblichen Diakon schicken wegen der φαύλων διανοίας (der etwaigen schlechten Nebengedanken der Ungläubigen)." Das Taufen wird den Frauen in der *Didascalia* rundweg verboten, ja sogar als widergesetzlich und gottlos bezeichnet (παράνομον καὶ ἀσεβές).[82] Immerhin hielt man die Assistenz von Frauen bei der Taufe von weiblichen Kandidaten für unentbehrlich. Es wurde als unschicklich empfunden, daß männliche Kleriker (die Bischöfe oder die Priester und der Diakon) die Frauen sahen, während sie nackt in das Taufbecken stiegen und wieder herauskamen, ebenso, daß Diakone die Frauen am ganzen Körper salbten. Diese Aufgabe fiel der Diakonisse zu; sie hatte die Frauen am Körper zu salben und nur die Stirn wurde vom Diakon gesalbt; und wenn die Frauen aus dem Taufwasser herausstiegen, wurden sie von der Diakonisse empfangen und in ihre weißen Kleider gehüllt. Nur Bischof oder Priester sprachen, während sie sich im Taufwasser befanden und von der Diakonisse dreimal untergetaucht wurden, die dreifache Formel: „Es wird getauft die Dienerin Gottes N. N. im Namen des Vaters und des Sohnes und des heiligen Geistes."

Ja, auch hinsichtlich des eucharistischen Sakramentes verblieb den

---

[81] Didascalia III 16, 2; Funk p. 208/209.
[82] Const. apost. III 9, 1, ed. Funk 198/199.

Frauen ein Rest ihrer Mitwirkung bei der urchristlichen Eucharistiefeier:
die Diakonissen durften die Eucharistie kranken Frauen in die Häuser
sowie Gefangenen in die Kerker bringen; sie durften ferner Mädchen
die Kommunion reichen, Knaben jedoch nur unter fünf Jahren. Als die
Nonnenklöster entstanden waren, ging das Recht, die Eucharistie den
Nonnen zu reichen, an die für diese Aufgabe geweihten Diakonissen,
in erster Linie an die Äbtissin über. Das ist ja auch der Sinn jener
Zeremonie des byzantinischen Ritus der Diakonissenweihe, daß der
neugeweihten Diakonisse vom Bischof der Kelch in die Hand gegeben
wird und sie ihn eigenhändig auf den Altar zurückstellt (vgl. o. S. 128
Anm. 80).

Weiter hatte die Diakonisse die Aufgabe, die Türen zu hüten, durch
welche die Frauen auf der Frauenseite der Kirche eintraten, damit keine
Ungetauften den Mysterien beiwohnten. Ferner mußte sie während
des Gottesdienstes dafür sorgen, daß die Frauen nicht schwatzten und
lachten. Eine weitere Funktion war die Untersuchung von Jungfrauen,
wenn es darum ging, festzustellen, ob sie unberührt waren. In den
Klöstern durften die Diakonissen das Stundengebet leiten und die
Schriftlesungen übernehmen; sie durften den Altarraum betreten und
Weihrauch in das Weihrauchfaß einlegen.

Alle Diakonissen waren z u r K e u s c h h e i t v e r p f l i c h t e t ,
ob sie nun Jungfrauen waren oder Witwen oder Frauen, die aus asketischen oder kanonischen Gründen von ihren Männern sich getrennt
hatten. Diakonissen, welche das Keuschheitsgebot verletzten, selbst
wenn sie eine Ehe eingingen, wurden nicht nur von der Kirche exkom-
muniziert, sondern vom Staate bestraft. Eine Novelle K a i s e r J u -
s t i n i a n s (527–565)[83] schreibt für sie die Todesstrafe vor, desgleichen für ihre Ehemänner oder Verführer, und zwar unter Hinweis
auf die Todesstrafe, welche die heidnischen Priesterinnen bei Verletzung
ihrer Keuschheitsverpflichtung traf. Die mildeste Strafe, die über solche
Diakonissen und ihre männlichen Partner verhängt wurde, war das
Abschneiden der Nase. Daß solchen Diakonissen kirchlicherseits die
ewige Höllenstrafe angedroht wurde, erschien selbstverständlich; Augustinus betont, daß solche Jungfrauen wie Ananias und Saphira

---

[83] Justinianae Novellae in Cod. iur. civ. ed. R. S c h o e l l / G. K r o l l (1895)
vol. III, cap. 6, pp. 44/45.

bestraft und zur Hölle verdammt werden müssen. Das spätere Christentum unterschied sich in diesem Punkte durchaus nicht von der sonst so bekämpften heidnischen Religion – Jesu vergebende Haltung gegenüber der Ehebrecherin war in jenen Jahrhunderten der Vergessenheit anheimgefallen; die diesbezügliche Perikope war ja großenteils aus den Evangelientexten entfernt worden (vgl. o. S. 89f.).

Die Blütezeit des Diakonissentums in der Ostkirche fällt ins 4. und 5. Jahrhundert, in die Zeit der großen Kirchenväter. Die Ausdehnung, welche es damals erlangt hatte, ersehen wir daran, daß (wie noch in der Novelle Justinians bezeugt ist) an der „heiligsten Kirche", der Hauptkirche Konstantinopels, der *Hagia Sophia,* nicht weniger als 60 Diakonissen tätig waren. Einzelne Diakonissen erlangten hohen Ruhm in der Kirchengeschichte, so Olympias, eine Verwandte des Johannes Chrysostomus, die viele heidnische Frauen unterrichtete und die ihrem Bischof ins Exil folgte; ferner Makrina, die Schwester Gregors von Nyssa, die dieser ἡ διδάσκαλος, die Lehrerin schlechthin, nannte; ferner Theodosia, seine Gattin, die als Diakonisse geweiht wurde, als ihr Gatte Bischof wurde, sowie Lampadia, eine Freundin von Makrina, und Marthena, die bei Seleucia lebte, welche die berühmte spanische Pilgerin Aetheria in Jerusalem kennengelernt hatte und dann wieder in ihrer Einsiedelei traf.

Fast überall verfiel jedoch das Diakonissentum. Als die Erwachsenentaufe aufhörte,[84] hörte eine der Haupttätigkeiten der Diakonissen auf. In den Pfarrkirchen verschwanden sie mehr und mehr, erhielten sich aber noch in den Kathedralen, vor allem in Konstantinopel, und in den Klöstern. In einzelnen Nonnenklöstern Griechenlands gibt es noch heute geweihte Diakonissen. Dagegen wirkten auch in späterer Zeit Diakonissen in Pfarrkirchen der ostsyrischen (nestorianischen) und der westsyrischen (jakobitischen) Kirche. Das Amt der Pfarrdiakonisse wurde wieder belebt von der „Lebendigen Kirche", die sich während der Revolutionszeit von der russisch-orthodoxen Patriarchenkirche abspaltete, verschwand aber wieder mit deren Untergang.

Schon im frühen zweiten Jahrtausend war der Sinn für die Bedeutung, welche das Diakonissenamt in der alten Kirche einmal besessen

---

[84] Von einer Einführung der Kindertaufe und damit zugleich dem Zurücktreten der Erwachsenentaufe kann man nicht vor dem 3. Jh. sprechen s. E. Dinkler, RGG[3] VI 636.

hatte, völlig vergessen. Der berühmte Kirchenrechtslehrer B a l s a m o n (1140–1195) erklärte den von den Diakonissen handelnden Kanon des Konzils von Chalcedon für gegenstandslos, da „heute keine Diakonissen mehr ordiniert werden".[85] Ein anderer Kanonist, B l a s t a r e s erklärte 1335: „Welches Amt im Klerus damals die Diakonissen innehatten, ist heute fast allen unbekannt. Manche behaupten, daß sie den zu taufenden Frauen dienten, weil es als unrecht angesehen wurde, daß sie, zumal wenn sie schon älter waren, als Getaufte nackt von den Augen der Männer gesehen wurden. Andere sagen, daß es ihnen erlaubt war, den heiligen Altarraum zu betreten und den Dienst der Diakonen in ähnlicher Weise zu versehen".[86] Und nun verrät dieser Kirchenrechtslehrer einen der Hauptgründe des Widerstandes gegen das Frauenamt: „Von den späteren Vätern wurden sie daran gehindert, diesen Raum zu betreten und diese Dienste zu verrichten wegen des unfreiwilligen monatlichen Blutflusses."[87] Noch schärfer drückt das Balsamon aus: „Die monatliche Verunreinigung (der griechische Ausdruck dafür χάκωσις ist noch schärfer) vertrieb diesen Dienst aus dem göttlichen und heiligen Altarraum".[88] Der aus der uralten Welt materialistischer Zaubervorstellungen stammende Gedanke von dem Tabu-Charakter der Menstruation, der in der geistig-sittlichen Welt des frühen Christentums keinen Platz mehr gehabt hatte, ist in das Denken der späteren Theologen erneut eingedrungen und hat zur Herabsetzung des Wertes der Frau geführt.

Die w e s t l i c h e K i r c h e , die ja in so vieler Hinsicht der östlichen folgte, kannte von Anfang an ebenfalls ein weibliches Amt in der Kirche, sowohl das Witwenamt wie das Diakonissenamt: die römische und die afrikanische, die gallische und die keltische Kirche. Hauptfunktionen waren Katechese und Taufassistenz. Berühmte Diakonissen waren Euphemia, die von ihrem früheren Gatten, Erzbischof

---

[85] Theodoros B a l s a m o n , In can. 15. conc. Nicaeni I, MPG 137, 441/442; Monumenta 64.
[86] Matthaeus B l a s t a r e s , Syntagma alphabeticum I – cap. XI. MPG 104, 1173/74. Monumenta 66.
[87] ebd.
[88] B a l s a m o n , Responso ad interrogatione Marci (Interr. 35) MPG 138, 987/988. Monumenta 64.

von Ravenna, geweiht wurde, und Radegundis, die fränkische Königin, die auf ihre inständigen Bitten hin vom Bischof Medardus zur *diacona* konsekriert wurde. Als Karl der Große im Triumph in Rom einzog, wurde er auch von den dortigen Diakonissen begrüßt. Es besteht sogar ein *Ordo Romanus ad diaconam faciendam* (gemeint ist eine Witwen-Diakonisse), der ein noch reicheres Ritual darstellt als das ostkirchliche. Die Konsekration der Diakonisse geschieht wie die Bischofs-, Priester- und Diakonenweihe in der Form der Präfation. Das Weihegebet lautet:

„O Gott, der du Anna, die Tochter Phanuels, nachdem sie kaum sieben Jahre vermählt gewesen, bis 84 Jahre in heiliger und unbefleckter Witwenschaft so bewahrt hast, daß du sie, die Tag und Nacht betete und fastete, zur Gnade der Prophetie bei der Beschneidung Christi führtest; der du nach der apostolischen Absicht dieser Ordination heiligen Frauen befohlen hast, die weiblichen Jugendlichen und Jungfrauen zu lehren und mit heiligem Chrisam zu salben, nimm, allmächtiger, gütigster Gott aller Dinge, den schweren, mühevollen und von vollkommener Jungfräulichkeit nicht sehr verschiedenen Entschluß (enthaltsamer Witwen) dieser Dienerin gnädig an, der du als Schöpfer aller Kreaturen weißt, daß die weltlichen Lockungen nicht zu vermeiden sind; doch wenn man zu dir kommt, quälen niemals die einmal belebten Seelen die furchtbaren Leidenschaften oder Schmeicheleien von Wollüsten. Denn den Sinnen, in die einzuströmen du dich herablässt, ist nichts ersehnenswerter als dein Reich, nichts furchtbarer als deine Gerechtigkeit. Gib also, o Herr, auf unsere Bitte dieser deiner Dienerin unter den Verheirateten eine dreißigfache, bei den Witwen eine sechzigfache Frucht. (Den Jungfrauen ist eine neunzigfache Frucht verheißen.) In ihr sei mit der Barmherzigkeit die Zurückhaltung, mit der Demut die Freigebigkeit, mit der Freiheit die Ehrenhaftigkeit, mit der Menschlichkeit die Nüchternheit verbunden. Sie betrachte Tag und Nacht dein Werk, damit sie am Tage ihrer Berufung so beurteilt zu werden verdiene, wie du sie durch den Geist der Prophetie wünschest. Durch unsern Herrn ...“[89]

Bei der Bekleidung mit der Stola (das den Priester und den Diakon auszeichnende Gewandstück) spricht der Bischof wie bei der Priester-

---

[89] Ordo Romanus ad diaconissam faciendam, ed. M. Hittorp, De divinis catholicae ecclesiae officiis et mysteriis, in: Magna bibliotheca veterum patrum, t. X, Paris 1944. vgl. Monumenta 59 f.

und Diakonenweihe: „Mit dem Gewande der Freude bekleide dich der Herr". Bei der Überreichung des Ringes: „Empfange den Ring des Glaubens, das Siegel des heiligen Geistes, daß du eine Braut Christi genannt werdest, wenn du ihm treu dienst." Bei der Überreichung des Kranzes: „Empfange das Zeichen Christi auf dein Haupt, daß du seine Gattin werdest und so in ihm bleibest, daß du ewig gekrönt werden mögest." (Hier folgt dieser Weiheritus dem Text der Jungfrauenweihe).

Im Westen setzte jedoch frühzeitig ein Widerstand gegen das Diakonissenamt wie auch gegen die Diakonissenweihe ein. Schon kirchliche Regional-Synoden wie die von Orange (494), von Epao (517) und die II. Synode von Tours (567) verboten die Konsekration von Diakonissen. Gleichwohl hörten die Diakonissenweihen nicht auf, sie verschmolzen aber allmählich mit der Weihe der Kanonissen oder *Sanctimoniales* (Frauen, die ein asketisches Leben führten, ohne einem Konvent anzugehören) und mit der Äbtissinnenweihe. Noch Peter Abaelard sprach von der Bedeutung des Diakonissenamtes in der alten Kirche und berief sich dabei auf Bischof Claudius von Tours († 827), aber er weiß, daß zu seinen Zeiten dieses Amt nur noch in dem der Äbtissin fortwirkt: *diaconissa, quam nunc abbadissam vocamus.*[90] Wenn im Westen der Verfall des Diakonissenamtes noch früher eintrat als im Osten, so erklärt sich dies daraus, daß die religiös motivierte Frauenfeindlichkeit im abendländischen Mönchtum viel größere Ausmaße annahm als im Osten – eine Feindschaft, die zwar in erster Linie gegen die natürliche Frau sich richtete, nicht gegen die asketisch-vollkommene, aber hinsichtlich der Befähigung der Frau zum kirchlichen Amt das weibliche Geschlecht überhaupt als *inferior* erklärte.

Die Zurückdrängung der Frau im Gemeindeleben zeigt sich aber nicht nur im allmählichen Dahinschwinden ihrer urchristlichen Aufgaben und Rechte und in dem Erlöschen des Diakonissenamtes als eines kirchlichen *ordo,* sondern auch in dem A u s s c h l u ß der Frauen a u s d e m G e s a n g der gottesdienstlichen Gemeinde. In der alten Zeit war es selbstverständlich, daß, wie auch im Tempel zu Jerusalem und in den heidnischen Kulten, Frauenchöre mit den Männerchören zusammenwirkten und insbesondere die Psalmen wechselweise von

---

[90] Peter A b a e l a r d , Sermo in Natal. S. Stephani; s. d u C o n g e , Glossar. lat. VI, p. 85 f.; vgl. Leidengeschichte und Briefwechsel, ed. Brost, 7. Brief, S. 182.

beiden gesungen wurden. Dies war letztlich ein Recht des auch der Frau zustehenden allgemeinen Priestertums. Schon in der im 3. Jahrhundert entstandenen *Didascalia* wird der Frauengesang in der Kirche verboten. Auf der Synode von Antiochien (379) wurde den Frauen untersagt, mit den Männern zusammen die Psalmen zu singen. An die Stelle des Frauengesangs trat der Gesang von Knaben. Weil die Frauen vom Gesang ausgeschlossen waren und die Singfähigkeit der Knaben zeitlich begrenzt war, ging man im Mittelalter dazu über, Knaben zu kastrieren, um sie dauernd als Sänger in der Kirche zu haben. Dieser Ausschluß der Frau vom Kirchengesang wurde 1903 in einem *Motu proprio* von Papst Pius X. wieder bekräftigt:

„Aus dem gleichen Grundsatz (daß Frauen nicht Priester werden können) ergibt sich, daß die Sänger in der Kirche ein richtiges liturgisches Amt ausüben und daß daher die Frauen, die nicht fähig sind, ein solches Amt innezuhaben, nicht Mitglieder des Chores werden können. Wann immer die Verwendung von Sopran- und Altstimmen wünschenswert erscheint, müssen diese nach der ältesten Tradition der Kirche von Knaben gesungen werden"[91] – es waren freilich nicht älteste Traditionen, sondern nur relativ alte Traditionen.

In Deutschland hatte freilich der Frauengesang in den Kirchenchören seit dem 18. Jahrhundert sich so eingebürgert, daß einige Jahre später diese päpstliche Bestimmung eingeschränkt wurde: „Der Frauenchor kann bleiben, wo diese Tradition besteht und die Funktion nicht der des Klerikerchores gleich ist".[92]

Die Zurückdrängung der Frau zeigte sich noch in anderer Hinsicht. Weil man in späterer Zeit nicht gern an die umfassende Frauentätigkeit in der ältesten Kirche erinnert werden wollte, scheute man nicht vor Eingriffen in den Text des Neuen Testamentes zurück. Man griff nicht nur zu Interpolationen wie der des *mulier taceat in ecclesia,* sondern man änderte auch unerwünschte Bemerkungen. So suchte der Abschreiber des Codex D die bedeutsame Stellung der *Prisca* (Priscilla) herabzudrücken, indem er Röm. 16, 5 die Erwähnung ihrer Hausgemeinde strich, und Apg. 18, 26 f. den von ihr und ihrem Gatten geschriebenen Brief diesen beiden entzog und ihm andere Verfasser („die Ephesier")

---

[91] Motu Proprio „Inter plurimis". 22. 11. 1903. Anal. Eccl. 12, 1/6. Gregorian. Rundschreiben 1904, 61/64.

[92] Acta Apostol. Sed. 1909, 175.

gab. Auch läßt er Apg. 17, 34 den neben D i o n y s i u s erwähnten
Namen einer Frau, D a m a r i s , einfach weg.

Eine der Hauptursachen für die fortgesetzte Zurückdrängung der
Frau im Dienste der Kirche war eine tiefgreifende Veränderung jener
neuen Wertung der Frau, die Jesus der Welt gebracht hatte. Die Frau
wurde mehr und mehr in ihrer natürlichen Weiblichkeit mißachtet; geachtet wurde sie in erster Linie nur noch bei geschlechtlicher Enthaltsamkeit, zumal um der unberührten J u n g f r ä u l i c h k e i t willen.
Die Frau erscheint immer mehr als die gefährliche Verführerin des Mannes, als geistig und sittlich minderwertig, darum dem Manne in allem
unterworfen und deshalb unfähig, ein kirchliches Amt zu bekleiden, ja,
aktiv am Gemeindegottesdienst mitzuwirken. Diese Geringschätzung der
Frau wurde gefördert durch kanonische wie deuterokanonische und
apokryphe S c h r i f t e n d e s A l t e n T e s t a m e n t e s und zwar besonders durch die beiden vielgelesenen Schriften, die S p r ü c h e S a -
l o m o s und das Buch J e s u s S i r a c h (= Ecclesiasticus), die harte
Worte über die Fehler der Frau enthalten. In letzterem heißt es: „Es ist
keine List über Frauenlist... Es ist kein Zorn so bitter als Frauenzorn.
Ich wollte lieber bei Löwen und Drachen wohnen denn bei einem bösen
Weibe... Alle Bosheit ist gering gegen der Weiber Bosheit". Ja, noch
mehr, die Frau ist schuld an allem Unglück der Welt. „Durch das
Weib", heißt es dort weiter, „hat die Sünde begonnen; seinetwegen
müssen wir alle sterben" (25, 18 ff.). Noch schroffer sind die Worte im
„Testament der XII Patriarchen", die Ruben in den Mund gelegt werden. „Schlecht sind die Weiber, meine Kinder... Denn auch über sie
redete der Engel Gottes zu mir und belehrte mich, daß die Weiber dem
Geiste der Hurerei mehr unterliegen als der Mann, und im Herzen
hegen sie tückische Anschläge gegen die Männer... Hütet die Sinne
vor jedem Weibe".[93]

In diese im Judentum verbreitete Geringschätzung der Frau fiel das
junge Christentum sehr bald zurück. Im 1. T i m o t h e u s - B r i e f
wird das Lehrverbot für Frauen mit der Verführerrolle Evas begründet.
„Nicht Adam wurde getäuscht, sondern die Frau, die sich täuschen ließ,
kam zu Fall" (2. 14). Damit ist ihre s i t t l i c h e I n f e r i o r i t ä t
gegenüber dem Manne ausgesprochen. T e r t u l l i a n klagt die Frau

---

[93] Test. Ruben 5, 1, 3; 6, 1. vgl. Gerhard D e l l i n g , Paulus' Stellung zu
Frau und Ehe, Stuttgart (1931).

mit schroffsten Worten an, nicht nur Eva, die Ahnherrin der Menschen, sondern das ganze weibliche Geschlecht:

„Weißt du nicht, daß du eine Eva (= Frau) bist? Es lebt der Richterspruch Gottes über deinem Geschlecht. Auch die Beschuldigung soll ihre Kraft behalten. Du bist die Tür des Teufels, du bist die Entsieglerin jenes Baumes, du hast zuerst das göttliche Gesetz im Stich gelassen, du hast jenen überredet, den zu überreden der Teufel nicht die Macht hatte; du hast das Bild Gottes, den Menschen, so leichtfertig zerschlagen. Wegen dessen, was du verschuldet hast, den Tod, mußte sogar der Gottessohn sterben".[94]

Doch Tertullian begnügt sich nicht damit, der Frau die Verführung des Mannes vorzuwerfen, er hält sie für schuldig sogar am Fall der Engel. Nach dem alttestamentlichen Mythus „sahen die Gottessöhne nach den Töchtern der Menschen, wie sie schön waren, und nahmen zu Weibern, wen sie wollten, und diese gebaren ihnen Kinder" (1. Mos. 6, 4). Mit dieser noch schlimmeren Verführung begründet Tertullian die Verschleierung der Frauen beim Gottesdienst. Schon Paulus hatte deren Verschleierung im Gottesdienst gefordert als magischen Schutz gegen die Engel. Die Frauen sollten auf ihrem Haupte eine ἐξουσία, d. h. eine magische Macht tragen. Der Mann bedarf eines solchen Schutzes nicht; denn er ist „das Abbild und der Abglanz Gottes", die Frau aber nur der Abglanz ihres Mannes. Darum ist die Frau, die ja nur um des Mannes willen geschaffen worden ist, dem Manne inferior und zur Unterordnung verpflichtet (1. Kor. 11, 2 ff.). Paulus wird hier von jüdischen Gedanken geleitet; die Forderung des Schleiertragens der Frau ist jüdisch, während die hellenistische Frau gewöhnlich unverschleiert ging. Paulus zwingt den korinthischen Frauen diese jüdische Sitte auf. Tertullian geht noch einen Schritt weiter: nicht nur Schutz gegen die Engel ist das Schleiertragen, sondern Ausdruck der Scham angesichts der Verführung der Engel durch die weiblichen Reize:

„Ein so verderbenbringendes Antlitz muß verhüllt werden, das bis in den Himmel hinein seine Ärgernisse geschleudert hat. Darum soll es, wenn es vor Gott tritt, vor dem es schuldig ist an der Ausstoßung der Engel, auch vor den übrigen Engeln erröten und jene ehemals schlimme Freiheit seines Hauptes unterdrücken und sie nicht einmal mehr Men-

---

[94] Tertullian, De cult. fem. I 1; ed. F. Oehler 703; BKV 7 (1912) 177.

schenaugen zeigen".[95] Im Gegensatz zur Frau gebührt dem Manne die
Ehre, seine Haare offen zeigen zu dürfen und nicht zu scheren; denn
„nicht um seinetwillen sind die Engel zu Fall gekommen; er ist ja der
Ruhm und das Abbild Gottes, weil sein Haupt Christus ist".[96]

Die Lehrverkündigung und Sakramentenspendung, die Tertullian aus
den damaligen häretischen Gemeinschaften bekannt war, brandmarkt
er als freche Anmaßung. *Mulieres haereticae! quam procaces!* „Diese
häretischen Frauen, wie frech sie sind! Sie wagen zu lehren, zu dispu-
tieren, Beschwörungen vorzunehmen, Heilungen zu versprechen, vielleicht auch zu taufen!"[97] Damit motiviert er den Ausschluß der Frau
aus jeder gottesdienstlichen Tätigkeit: „*Non permittitur mulieri in ecclesia loqui, sed nec docere, nec tinguere, nec offere, nec ullius virilis
muneris, necdum sacerdotalis officii sortem sibi vindicare*".[98]

Zwar findet Tertullian erhebende Worte über das gemeinsame Beten
der Ehegatten, aber auf dem Boden der Kirche verwehrt er der Frau
wegen ihrer religiösen und sittlichen Minderwertigkeit jede Aktivität.
Er klagt auch die Frauen wegen ihrer Untugenden an, insbesondere
wegen ihrer Putzsucht. Der Gebrauch von Schönheitsmitteln bedeutet
für ihn ein Herumbessern an dem Kunstwerk Gottes: dieses Vor-
täuschen von Schönheit stamme vom Vater der Lüge, dem Teufel.
Immerhin rühmt er an einzelnen christlichen Frauen, daß sie seit ihrer
Bekehrung ärmlicher und einfacher einhergingen als vorher.

Tertullian hat als erster die Auffassung von der religiösen und sittlichen Minderwertigkeit der Frau in der Kirche ausgesprochen; er ist
der Vater jener Weiberfeindschaft, die in der Kirche so rasch Schule
gemacht hat.

Schon in der altchristlichen Literatur begegnen wir einer
geradezu panischen Angst vor jedem Zusammensein mit einer Frau. Ein

---

[95] ders., De virg. vel. 7. MPL II, 899 B.
[96] ebd. 8. MPL II, 900 B.
[97] Tertullian, De praescr. haer. 41, 5; ed. G. Rauschen, Florilegium
patristicum IV, Bonn 1906, p. 57.
[98] Es ist der Frau nicht erlaubt, in der Kirche zu reden, auch nicht, zu lehren,
nicht (mit Weihwasser) zu besprengen noch das Opfer darzubringen noch
irgend eine männliche Funktion noch sonst eine Art von priesterlicher
Funktion (für sich) zu beanspruchen. De virg. vel. 9; vgl. Adv. Marc. 5, 8;
De bapt. 17.

besonders krasses Beispiel ist der Clemens von Rom zugeschriebene
Brief an die Ehelosen, der aus dem 3. Jahrhundert stammt:
„Bei uns kann keine Frau sein ... Nur Männer können mit Männern sein". „In der Gebetsversammlung geben wir Männer nur Männern den Friedenskuß. Die Frauen aber und die Jungfrauen müssen ihre
Hände in ihre Gewänder einwickeln. Auch wir wickeln bescheiden und
in aller Züchtigkeit mit zum Himmel erhobenen Augen und in aller
Dezenz die rechte Hand in unsere Kleider ein; und dann können die
Frauen herantreten und uns den Friedenskuß in unsere in die Kleider ge-
hüllte Rechte geben". „Wenn nur eine einzige Frau da ist und kein männlicher Christ, dann bleiben wir nicht an diesem Orte noch verrichten
wir dort Gebete noch lesen wir dort Schriften, sondern wir fliehen
davor wie vor dem Blick einer Schlange und wie vor dem Anblick der
Sünde. Weil sie allein ist, darum fürchten wir, daß jemand mit lügne-
rischen Worten uns Schmähungen bereiten könnte!"[99]
    So groß ist in der frühen Christenheit die Angst vor der verführe-
rischen Kraft der Frau, daß selbst Kirchenväter wie J o h a n n e s C h r y -
s o s t o m u s, G r e g o r v o n N a z i a n z und G r e g o r v o n
N y s s a Warnungen vor der Frau aussprachen. Besonders im Eremiten-
und Mönchtum wuchs eine unnatürliche Frauenangst und Frauenverachtung heran, die uns vom indischen Jainismus und Buddhismus gut bekannt ist und die angesichts der häufigen Verkehrsbeziehungen zwischen
Indien und dem Westen wahrscheinlich von jenen Mönchsreligionen in
das christliche Mönchtum eingedrungen ist. Schon der Vater des christlichen Einsiedlertums, A n t o n i u s erklärte, man dürfe mit den Frauen
überhaupt nicht reden noch auf sie achten. Der in der östlichen Kirche
hoch angesehene Mystiker I s a a k v o n N i n i v e sieht in der Frau
ein Instrument in der Hand des Teufels:
    „Die, welche in der Welt in einer Entfernung von einer oder zwei
Pasangen von der gewohnten Welt weilten, versuchte er in der Tat mit
einem Weibe in Berührung zu bringen. Aber jenen, bei denen er dies
nicht tun konnte, weil der Wohnplatz zu weit entfernt war, zeigte er
Bilder weiblicher Schönheit, indem er ihnen erschien, einmal in glänzen-
der Pracht und Feinheit und verführerischem Anblick, dann wieder in
der Gestalt einer nackten Frau. Einige von den Einsiedlern überwältigte
er durch diese und ähnliche Mittel, einige durch wirkliche Versuchung,

---

[99] C l e m e n s R o m a n u s, De virgin. II 2, 3–5.

einige durch Phantasiebilder, die ihren Fall durch die Lockungen ihrer Künste herbeiführten; so fielen sie in den Abgrund der Verzweiflung und kehrten in die Welt zurück, indem sie selbst der himmlischen Hoffnung sich beraubten."[100]

Um sich vor der Frau zu schützen, lernten die christlichen Mönche frauenfeindliche Sentenzen und riefen sie einander zu. Eine der mildesten lautete: „Das Weib ist eine Torheit, welches die Sinne zur Unzucht reizt." In einer dem N i l o s v o n A n k y r a zugeschriebenen Schrift über „Die acht Geister der Bosheit" ermahnt er die Mönche: „Der Anblick einer Frau ist ein Giftgeschoß. Er verwundet die Seele und flößt Gift ein, und je länger es währt, desto größere Vergiftung verursacht es ... Fliehe die Begegnung mit Frauen, wenn du enthaltsam bleiben willst, und gib ihr keine Gelegenheit, sich dir je anzuvertrauen ... Ihre Gesten und Reden werden für dich zu Angelhaken, die dich zum Tode locken, und zu eng verflochtenen Schlingen, die dich ins Verderben reißen."[101]

Wie sehr die frühchristlichen Mönche darauf bedacht waren, jedes Zusammensein mit Frauen, ja jeden Anblick derselben zu vermeiden, zeigt eine Einrichtung, die wir bei altchristlichen Asketen finden: In ihren Zellen hatten sie ein Loch in der Wand, durch das sie ihre Hand streckten, wenn eine Frau sie um ihren Segen bat. Weder konnte der segnende Asket die Frau sehen noch umgekehrt sie ihn. Noch heute ist in römisch-katholischen Klöstern die beichtende Nonne vom Beichtvater durch eine Stoffwand getrennt. Die Mönchsviten enthalten, wie der Münchener Byzantinist Hans Georg B e c k feststellte, „unglaubliche Disqualifikationen der Ehe und der Frau".[102] Die Mönchslegenden suchen vor allem Mönchen wie Weltleuten Schrecken vor der Verführung durch die Frauen einzujagen, indem sie die Rache schildern, welche die wundertätigen Heiligen an verführerischen Frauen übten. T h e o d o r e t erzählt von J a k o b v o n N i s i b i s, dem er den Beinamen ὁ μέγας, der Große, gibt: „Auf den Bergen umherwandernd, im Winter in einer Höhle liegend, von rohen Kräutern lebend und in Zie-

---

[100] I s a a c v o n N i n i v e s. bei A. J. W e n s i n c k, Mystic treatises ..., transl., with an introduction and register. Amsterdam (1920) S. 185 f.

[101] N i l o s von Ankyra, ed. O r e l l i u s, Op. II, 420.

[102] H. G. B e c k, Kirchliche und Theologische Literatur im Byzantinischen Reich. München (1959) S. 90.

genfell gekleidet, kam er in Persien an einer Quelle vorbei, in welcher Mädchen Tücher wuschen und sich dabei die Füße badeten. Als sie mit schamlos frecher Stirn und unverschämten Augen auf den Gottesmann hinblickten, ohne ihr Haupt zu verhüllen noch die aufgeschürzten Kleider herabzulassen, erzürnte der Mann Gottes so sehr, daß er von seiner Wundermacht gegen die armen Mädchen Gebrauch machte. Er verfluchte die Quelle, und sie versiegte sogleich; er verfluchte die jungen Mädchen, und alsbald wurden sie in grauhaarige Weiber verwandelt. Auf Bitten des Volkes ließ der große Jakobus zwar die Quelle wieder fließen, aber die Mädchen blieben alte Weiber." Theodoret fügt hinzu: „Jakob hat die unverschämten Mädchen nicht, wie Elisa die ihn als Kahlkopf verspottenden zweiundvierzig Knaben, kraft seines Fluches durch Bären zerreißen lassen, sondern auf harmlose Weise gestraft."[103]

Wir dürfen freilich nicht glauben, daß die Mönchsväter der Ostkirche nur eine solche Frauenverachtung zur Schau trugen. So erzählt J o a n n e s K l i m a k o s : „Als jemand eine ungewöhnlich schöne Frau erblickte, lobte er um ihretwillen den Schöpfer. Von ihrem Anblick entflammte in ihm die Liebe zu Gott, und aus seinen Augen stürzte ein Tränenquell. Und wundersam ist es anzusehen, wie das, was einem anderen zum Verderben gereichen würde, für ihn in übernatürlicher Weise zur Krone des Sieges wurde. Wenn ein solcher Mensch in ähnlichen Fällen die gleichen Gefühle und die gleiche Handlungsweise besitzt, dann ist er der Unsterblichkeit schon vor der allgemeinen Auferstehung der Toten teilhaftig geworden."[104]

Mit vielem Guten, das die westliche Christenheit von der östlichen übernahm, kam diese mönchische Frauenverachtung ins Abendland. H i e r o n y m u s , der ja viel im Osten weilte und vom östlichen Mönchtum bestimmt war, führte alles Böse in der Welt auf die Frau zurück. *Omnia mala ex mulieribus,*[105] schreibt er an Jovinian, der sich gegen die Überschätzung der Virginität wendete. Nach Hieronymus hat die Frau den Mann nicht nur zur sinnlichen Lust und Unkeuschheit verführt, sondern auch zum häretischen Hochmut. Alle bedeutenden Häretiker waren mit Frauen liiert – und von Frauen verführt:

---

[103] T h e o d o r e t , Rel. hist. c. 1, p. 1110. MPG 82, 1295.
[104] Joannes K l i m a k o s , MPG 88, 892; vgl. Nik. v. A r s e n i e w , Ostkirche und Mystik. München 1943², S. 49 f.
[105] H i e r o n y m u s , I 48. MPL 23, 260 ff.

„Mit Hilfe der Hure Helena gründete Simon Magus seine Sekte. Scharen von Frauen begleiteten Nikolaus von Antiochien, diesen Verführer zu aller Unreinheit. Marcion sandte eine Frau vor sich her nach Rom, um die Geister der Männer vorzubereiten, daß sie in seine Netze gingen. Apelles hatte seine Philomena, eine Genossin in den falschen Lehren. Montanus, dieses Mundstück eines unreinen Geistes, gebrauchte zwei reiche Frauen hoher Geburt, Prisca und Maximilla, um viele Gemeinden erst zu bestechen und dann zu verderben ... Arius, darauf bedacht, die Welt in die Irre zu führen, begann mit der Irreleitung der Schwester des Kaisers. Die Hilfsquellen der Lucilla halfen Donatus, so viele Unglückliche in Afrika mit seiner befleckenden Wiedertaufe zu verderben. In Spanien führte die blinde Frau Agape einen Mann wie Elipidius in das Grab. Ihm folgte Priscillian, ein begeisterter Verfechter Zarathustras und ein Magier, bevor er Bischof wurde, und eine Frau namens Galla unterstützte ihn in seinen Bemühungen und hinterließ eine Stiefschwester, um eine zweite Häresie geringerer Form fortzusetzen".[106]

Ja, selbst der größte abendländische Kirchenvater, A u g u s t i n u s , wurde von dieser Welle der Frauenfeindlichkeit erfaßt. Wohl redet er eine edlere Sprache als viele Mönchsschriftsteller vor und nach ihm. Er spricht voller Hochachtung nicht nur von seiner eigenen, ehrwürdigen Mutter Monika. Er preist auch Maria Magdalena, weil sie die Auferstehung Christi den Aposteln verkündet habe. Vor allem spricht er in dankbarer Verehrung von der Mutter Jesu, in welcher das ganze weibliche Geschlecht geehrt worden sei.[107] Wie es zuerst Irenäus getan hatte, so stellt auch Augustinus die unheilbringende Eva der heilbringenden Maria gegenüber.

Per feminam venenum, per Christum salus.[107a] Christus hat sich nicht gescheut, in den Schoß einer Frau einzugehen und von ihr sich gebären zu lassen. Wohl wäre es ihm ein Leichtes gewesen, auch auf andere Weise menschliches Fleisch anzunehmen. „Dann aber wären die Frauen verzweifelt eingedenk der ersten Sünde und hätten geglaubt, keine Hoffnung auf Christus haben zu können. Wohl kam Christus als Mann, um

---

[106] ebd.
[107] A u g u s t i n u s , Sermo 190, 2; vgl. den Index der Mauritaner Ausgabe (MPL 46) unter femina und mulier 192, 452 f.
[107a] Durch die Frau kam das Gift, durch Christus das Heil.

dem männlichen Geschlecht den Vorrang zu geben *(praeligere virilem)*, aber zugleich um, von der Frau geboren, das weibliche Geschlecht zu trösten. Christus spricht: ‚Damit ihr wisset, daß nicht das Geschöpf Gottes schlecht ist, sondern daß die schlechte Lust es verderbt, habe ich im Anbeginn den Menschen als Mann und Weib geschaffen. Nicht das Geschöpf verdamme ich, das ich gemacht habe. Siehe, ich bin als Mann geboren; siehe, ich bin von einer Frau geboren. So verdamme ich nicht die Kreatur, die ich gemacht, sondern die Sünde, die nicht ich gemacht habe. Jedes Geschlecht möge seine Ehre sehen und jedes seine Missetat bekennen und jedes das Heil erhoffen. Dadurch daß sie den Mann täuschte, wurde durch eine Frau das Gift gereicht; zur Wiederherstellung des Mannes wird das Heil durch eine Frau gereicht. Die Frau soll die Sünde des von ihr getäuschten Mannes wiedergutmachen, indem sie Christus gebiert. Darum haben auch den auferstandenen Gott zuerst Frauen den Aposteln verkündet. Ihrem Manne hat die Frau im Paradies den Tod verkündet; und Frauen haben den Männern in der Kirche das Heil verkündet. Die Auferstehung Christi sollten die Apostel den Völkern verkünden; den Aposteln haben sie Frauen verkündet. Niemand schmähe darum Christus, weil er von einer Frau geboren war, von deren Geschlecht der Erlöser nicht befleckt wird und deren Geschlecht der Schöpfer empfehlen mußte'".[108]

Doch obgleich das ganze weibliche Geschlecht durch die Mutter des Erlösers geehrt worden ist, bleibt es für Augustin das schwache und verführerische. Es ist dazu bestimmt, dem Manne zu dienen und von ihm beherrscht zu werden. Mit strengen Worten spricht Augustin zum Manne: „Du bist der Herr, sie die Magd; Gott hat beide geschaffen … Eure Mägde sind eure Frauen, ihr seid die Herren eurer Frauen".[109] Wegen dieser untergeordneten Stellung ist die Frau unfähig, ein kirchliches Amt zu bekleiden. Doch nicht nur beherrschen soll der Mann die Frau, sondern auch meiden: „denn nichts vermag den Mann von seiner festen Burg eher herabzustürzen als die Schmeichelkünste der Frau". Augustin gab für die Flucht vor der Frau selbst das Beispiel. Sein Biograph P o s s i d i u s berichtet:

„In seinem Hause verkehrte niemals eine Frau; keine blieb längere

---

[108] Sermo 51, II. 3, MPL 38, 334/335.
[109] Sermo 332, 4. MPL 38, 1563.

Zeit, nicht einmal seine Zwillingsschwester, die als Witwe Gott diente
und lange Zeit bis zu ihrem Tode als Vorsteherin der Dienerinnen
lebte; ebensowenig die Tochter seines Oheims und die Tochter seines
Bruders, die gleichfalls Gott dienten. Frauen sollten nach seiner Meinung nie mit Dienern Gottes, auch nicht mit den keuschesten unter
ihnen, unter einem Dache wohnen, damit nicht, wie gesagt, Ärgernis
oder Anstoß durch ein solches Beispiel den Schwächeren gegeben würde.
Und wenn er zufällig von einigen Frauen angegangen wurde, die ihn
sehen oder begrüßen wollten, so durften sie niemals ohne geistliche
Zeugen bei ihm eintreten; niemals sprach er allein mit ihnen, auch
nicht, wenn es sich um ein Geheimnis handelte."[110]

Diese ausgesprochene Frauenangst erklärt sich aus Augustins Ver-
gangenheit. Er trug von seiner jahrelangen außerehelichen Verbindung
mit einer Frau ein Trauma in seiner Seele. Rein menschlich gesehen
handelte er unschön an ihr, die ihm einen Sohn geboren hatte. Die
Trennung von ihr, die ihm durch die Kunde von den östlichen Mönchen
nahegelegt worden war, bildete für ihn das entscheidende Problem in
seiner inneren Krise. In seiner späteren Haltung zur Frau sind aber auch
die Einflüsse des Manichäismus und seines leibfeindlichen Vollkommen-
heits-Ideals zu spüren, dem er jahrelang angehangen und den er trotz
aller Polemik innerlich nie ganz überwunden hat. Augustins Erbsünden-
lehre zeigt unverkennbar ein manichäisches Element. Es ist die Zeugung,
durch welche die Erbsünde fortgepflanzt wird; darum ist der geschlechtliche Umgang an sich mit einem Makel behaftet, wenn er auch in der
Ehe nicht als Sünde angerechnet wird. Immerhin ist er, wenn er nicht
in der Absicht der Kinderzeugung erfolgt, eine läßliche Sünde,[111] eine
Anschauung, die sich durch die Jahrhunderte hindurch in der abendländischen Kirche fortgepflanzt hat und die in der römisch-katholischen
Kirche erst durch die neueren Moraltheologen als mit dem christlichen
Schöpfungsgedanken und der Stellung Jesu zur Ehe unvereinbar erkannt
und abgestoßen wird.

Augustins Stellung zur Frau ging in die mittelalterliche Theologie
ein. Kraft seiner überragenden Autorität hat er erheblich zur Geringschätzung der Frau in der Kirche der kommenden Jahrhunderte beigetragen. Diese Geringschätzung verstärkte sich noch bei dem Fürsten der

---

[110] Vita S. Augustini c. 26.
[111] A u g u s t i n u s , De nupt. et concup. I, 14.15 MPL 44, 422 f.

Scholastik, T h o m a s v o n A q u i n o. Während Augustinus in vielem von Plato beeinflußt war, welcher die Ebenbürtigkeit der Frau anerkannt hatte, stand Thomas von Aquino unter dem Einfluß des Aristoteles, der die Inferiorität der Frau lehrte. Nach Thomas ist der Mann das Prinzip und der Zweck der Frau, so wie Gott das Prinzip und der Zweck aller Kreatur ist (vir est principium mulieris et finis, sicut Deus principium est et finis totius creaturae). Darum ist die Frau unvollkommener (imperfectior) als der Mann. Der Zweck der Erschaffung der Frau ist einzig und allein das Gebären von Kindern. Die Teilnahme des Mannes am Zeugungsakt tendiert nach der Erzeugung eines männlichen Geschöpfes, denn jedes handelnde Wesen handelt auf ein sich selbst ähnliches vollkommenes hin (omne agens agit sibi simile perfectum). Wenn dennoch ein weibliches Wesen geboren wird, so liegt das außerhalb der Tendenz der Natur; ein weibliches Wesen ist aliquid deficiens et occasionatum (etwas Mangelhaftes und Zufälliges), weil die aktive Kraft (virtus), die im Samen des Mannes ist, ein sich ähnliches vollkommenes zweites männliches Geschöpf hervorbringen will. Wenn jedoch ein weibliches Wesen gezeugt wird, so geschieht das wegen der Schwäche der aktiven Kraft oder zufolge einer Indisposition der Materie oder auch auf Grund einer von außen kommenden Veränderung, etwa, der Südwinde, die, wie man weiß, feucht sind'.[112] Die Frau ist natürlicherweise dem Manne unterworfen, weil von Natur der Mann die stärkere Unterscheidungskraft der Vernunft besitzt.

Diese die Frau herabsetzende Theorie des Aquinaten von dem naturbedingten, d. h. in der Schöpfungsordnung gegebenen status subiectionis der Frau ist tief in die ganze dogmatische, kanonistische, moral- und pastoraltheologische Literatur eingedrungen. Selbst ein so kraftvoller, selbständiger und feiner Geist wie M e i s t e r E c k h a r t übernahm unbesehen diese aristotelisch-thomistische Theorie:

„Darumbe wolte din natûre allezît würken einen sun, enhête si niht hindernüsse. Es kumet vor ungelüke, sô ez ein tochter wirt; ez si der natûre liep oder leit, si wil allewege erwürken einen sun."[113]

Die aristotelisch-thomistische Theorie gab der aus dem östlichen Mönchtum stammenden Frauenangst und -feindschaft eine rationale

---

[112] Summa Theol. I q. 92 a. 1; q. 93 a. 4.
[113] Meister E c k h a r t, Predigten XLIV 131, 2–5.

Grundlage. Die körperlich-seelische Inferiorität der Frau begründete
ihre moralische Minderwertigkeit. Die Idee dieser sittlichen Inferiorität
schuf eine große f r a u e n f e i n d l i c h e L i t e r a t u r , zunächst eine
theologische in lateinischer Sprache, dann eine weltliche, zumeist in den
verschiedenen romanischen Sprachen. Besonders reich an solchen frauenfeindlichen Werken ist das 12. Jahrhundert; aber noch im 16. Jahrhundert erschien eine Fülle von Schmähschriften gegen das weibliche Geschlecht. Diese frauenfeindliche Literatur schöpfte nicht nur aus der
Bibel und den Kirchenvätern, sondern auch aus antiken Quellen, besonders der Spruchsammlung des Secundus und der Blütenlese des Sto-
baeus, ja selbst aus der indischen Literatur, nämlich dem „Buch der
sieben Meister", nach dem angeblichen Verfasser Sindibad genannt, das,
ins Persische und Arabische übersetzt, im 12. Jahrhundert in französi-
scher Sprache im Abendland bekannt wurde.[114] An der Spitze der die
Frau herabsetzenden asketisch-moralischen Werke steht das *Speculum
morale,* das dem Aristoteliker V i n c e n z v o n B e a u v a i s zugeschrieben wurde. Hier wird aus den Worten des Jesus Sirach *(Ecclesiasticus)* und der Kirchenväter ein Bild von den Frauen zusammengestellt,
nach welchem sie die verworfensten und gefährlichsten Geschöpfe sind,
deren Umgang der Mann fliehen muß. „Satans Fackel", „süßes Gift",
„ansteckende Pest", „Fallstrick des Teufels", „Pforte des Bösen", „Weg
zur Hölle"[115] – das sind die abschreckenden Beiworte, mit denen dieser
Mönchstheologe die Frauen kennzeichnet. Ähnliche Epitheta finden sich
in einer A n s e l m v o n C a n t e r b u r y zugeschriebenen Schrift:
*dulce malum, mors animae, faex satanae, nil est in rebus muliere nocen-
tius* (Süßes Übel, Seelentod, Satans Badeplatz, kein Ding schädlicher als
Frauen). „Auf tausenderlei Weise versteht die Frau den Geist der Männer
zu erobern. Mit Schmeichelkünsten bricht sie die männliche Geisteskraft.
So tötet sie die Seelen und stürzt viele in die Hölle hinab." Darum darf

---

[114] Zu den folgenden Zitaten vgl. August W u l f f , Die frauenfeindlichen
Dichtungen in den romanistischen Literaturen des Mittelalters bis zum
Ende des XIII. Jahrhunderts (Romanistische Arbeiten, hsg. Carl Voretzsch)
Halle 1914, Bd. 4.

[115] Speculum morale, lib. III, p. 9; de fug. societatem mulierum. Vgl. Joh.
Anton T h e i n e r , Die Einführung der erzwungenen Priester-Ehelosigkeit
und ihre Folgen, 2 Bde. 1828, II 305 f.

der nach Heiligkeit strebende Mann sich nicht in ein Gespräch mit einer Frau einlassen. In dem Anselm zugeschriebenen *Carmen de vanitate mundi* heißt es:

Femineum fuge colloquium; vir sancte, caveto,
Femineas si vis vincere blanditias.
Flieh das Gespräch mit der Frau, du heiliger Mann, und hüt' dich,
willst du der Frau Schmeichelei siegreich bestehen als Mann.

Ein anderer priesterlicher Dichter, M a r b o d v o n R e n n e s (1035–1123), legte seine Lebenserfahrungen in einem Werk von zwölf Kapiteln nieder. Das dritte, sehr unfreundlich *De meretrice* betitelt, widmet er dem weiblichen Geschlecht. Hier legt er in neunundachtzig Hexametern die Gefährlichkeit der Frau dar, wobei er Beispiele aus der Bibel, der Geschichte und Sage anführt. Eines davon mag genügen:

Femina dulce malum, pariter favus atque venenum
Melle linens gladium cor confodit et sapientum.
Süß ist das Übel, die Frau, Gifttrank und Kuchen zugleich.
Glättend mit Honig das Schwert bohrt sie durch's Herz selbst der
                                                            Weisen.[116]

A l e x a n d e r N e c k h a m († 1217) ist der Verfasser einer poetischen Schrift *De vita monachorum*, in der er seufzend ausruft:

Si Loth, Samsonem, si David, si Salomonem
Femina dijeccit, quis modo tutus erit.
Wenn schon das Weib den Loth, den Samson, David und Sal'mon
in ihrer Feste gestürzt, wer kann noch bleiben geschützt![117]

Alle diese lateinisch dichtenden Frauenfeinde überbietet jedoch H i l d e b e r t v o n T o u r s (1057–1133) in seiner Schrift *Quam nociva sint sacris hominibus femina, avaritia, ambitio*. Er spricht nur in negativen Superlativen von der Frau:

---

[116] Liber Marbodi Episcopi X capitulorum; MiPL 171, 1693; vgl. Wulff S. 20.
[117] Alexander N e c k h a m. vgl. Wulff S. 28 f.

Vipera pessima, fossa novissima, mota lacuna,
omnia suscipis, omnia decipis, omnibus una,
horrida noctua, publica ianua, semita trita,
igne rapacior, aspide saevior est tua vita.
Schlimmste der Schlangen,
schmerzlichste Grube, wallender Abgrund,
alles empfängst du, alles betrügst du, allen du gleichest,
schaurige nächtliche offene Türe, Pfad ausgetreten,
fressend wie Feuer, wilder als Schlangen, so ist dein Leben.[118]

Den Gipfel erreicht der Frauenhaß in der lateinischen Schmähschrift
betitelt *Lamentatio* des M a t h e o l u s · l e · B i g a m i c. Er entwirft
von dem schönen Geschlecht das empörendste und abschreckendste Bild,
das jemals ein Dichter zu zeichnen gewagt hat" (Wulff). Dieses Werk,
das auch in einer französischen Übersetzung erschienen ist, bildet zusammen mit einem Werk des J e h e n · l e · M e u n g bis ins 16. Jahrhundert hinein den Ausgangspunkt sowohl für die Bekämpfer als auch
für die Verteidiger des weiblichen Geschlechtes.

Die Schmähungen, welche Priester und Mönche in lateinischen Versen gegen das weibliche Geschlecht ausstießen, wurden von weltlichen
Dichtern aufgenommen und in den verschiedenen Volkssprachen, vor
allem in romanischen (provençalisch, altfranzösisch, italienisch und spa-
nisch), in Versen wiedergegeben. „Die frauenfeindlichen Dichtungen
sind aus den Händen der Geistlichen in die der Spielleute übergegangen
und erhielten hier einen roheren und obszöneren Ton".[119] Diese weltlichen Dichter wollten nicht asketische Prediger und Morallehrer sein,
sie waren vielmehr zynische Satiriker.

Dieser systematische Kampf gegen die Frau hatte furchtbare Folgen.
Die Frauenfeindschaft wurde eine geistige Epidemie, welche zahllose
Frauen hinmordete – in der wahnsinnigen Hexenverfolgung. In der
Schule dieser Frauenfeinde entstand der *Malleus maleficarum*[120] (von
1447 bis 1669 nicht weniger als 29 mal gedruckt), die Anweisung für
die Inquisitoren bei Hexenprozessen, nach Walter Nigg „das unheil-

---

[118] s. Wulff S. 185.
[119] Wulff S. 196.
[120] Der Hexenhammer, hsg. von J. W. R. S c h m i d t (1906) 1920².

vollste Buch der Weltliteratur".[121] Hier erscheint die Frau als „unvollkommenes Tier", während der Mann zum privilegierten Geschlecht gehört, aus dem Christus hervorgegangen ist. „Es ist die denkbar niedrigste, direkt beleidigende Auffassung von der Frau, welche im ‚Hexenhammer' sich austobt, und es scheint, daß seine Verfasser nie daran gedacht haben, daß auch sie einer Mutter das Leben verdankten. Das hehre Mutterbild, das jeder religiöse Mensch als heiliges Vermächtnis allezeit in sich trägt, konnte nicht gemeiner besudelt werden, als es in diesem theologischen Buche geschehen ist. ... Der weißglühende Haß gegen das weibliche Geschlecht, der die Autoren des ‚Hexenhammers' von den Frauen verächtlich als von den ‚alten Vetteln' reden läßt, hängt mit der unerlösten Verstrickung in die sexuelle Sphäre zusammen, die sich an diesen Inquisitoren aufs schwerste gerächt hat."[122]

Wie furchtbar diese frauenfeindliche Epidemie wirkte, die vom frühen bis ins späte Mittelalter sich hinzog, sehen wir daran, daß selbst die edelsten Geister ihr ihren Tribut zollen mußten. Auch der liebenswürdige Herold der Gottesliebe und der vollkommenen Freude, F r a n z   v o n   A s s i s i , war von dieser Epidemie angesteckt. Er unterließ es nicht, in seiner *Regula prima*[123] seine Jünger nachdrücklich vor der Begegnung mit Frauen zu warnen. Und er selbst gesteht, daß er – ausgenommen Clara Sciffi und Jacopa – keines Frauenantlitzes sich erinnern könne – wir fragen unwillkürlich: auch nicht des Antlitzes seiner Mutter? Selbst die zarte geistliche Freundschaft mit seiner ergebenen Nachfolgerin im armen Leben, St. Clara, half ihm nicht zur Überwindung der asketischen Frauenangst und zur freudigen Anerkennung des göttlichen Lichtes, das im Angesicht der Frauen aufstrahlt. Ich habe es selbst erlebt, daß die Töchter der heiligen Clara in ihrer Kirche in Assisi, wenn sie den Pilgern Bildchen und Rosenkränze gaben, ihr Haupt völlig verhüllten. Der begeisterte Franziskusforscher und beredte Darsteller seines Lebens, P a u l   S a b a t i e r , sagt treffend: „Der Sonnengesang ist sehr schön, doch fehlt ihm eine Strophe:

---

[121] Walter   N i g g , Das Buch der Ketzer. Zürich (1949) S. 311.

[122] Ebd. S. 312.

[123] Regula prima 12. Analekten zur Geschichte des Franziskus von Assisi, hsg. Heinrich   B ö h m e r , Tübingen 1904, 13; vgl. T h o m a s   a   C e l a n o , Legenda secunda, II 78.

Gepriesen seist du, mein Herr, für unsere Schwester Clara,
du hast sie schweigsam gemacht, tätig und zart,
und durch sie glänzt dein Licht in unseren Herzen."[124]

Die Volkslegende Umbriens freilich schildert das Verhältnis des
Poverello zur Frau viel unbefangener, als es in Wirklichkeit war und
in der Klosterlegende des Thomas von Celano dargestellt wurde. Ein
Straßenfeger in Assisi erzählte Paul S a b a t i e r folgende Geschichte:
„St. Franziskus und St. Clara liebten es, miteinander zu sein und ge-
wannen aus ihrer gegenseitigen Gemeinschaft Kraft und Trost. Es ge-
schah nun, daß sie an einem Freitag im Dezember nach Spello gingen
und in dem Gasthaus außerhalb des Tores müde und hungrig um etwas
Brot und ein kleines Stück Käse bettelten. Da nun am Freitag Markttag
in Spello war, waren viele Menschen im Gasthaus, und sie sahen
einander an, lachten und sagten: ‚Sieh, diese beiden Heiligen, der heilige
Bruder Franz und Schwester Clara, immer beisammen wie jeder andere
Mann und Frau; das ziemt sich nicht.' Und um dem heiligen Paar einen
Streich zu spielen, brachte ihnen der Gastwirt ein Huhn anstatt Käse,
um den sie gebettelt hatten. Nun war es Freitag, und es war deshalb
unerlaubt, Fleisch zu essen. Aber Franziskus machte das Kreuzzeichen
über dem Huhn, das sogleich in zwei Fische verwandelt wurde, die er
und St. Clara dankbar aßen. Als das Mahl beendet war, gingen sie
ihren Weg bis zur Kirche San Girolamo. Und als sie diese erreichten,
sagte St. Franziskus zu St. Clara: ‚Schwester Clara, hörtest du, was die
Leute im Gasthaus über uns sagten?' ‚Ja, in der Tat, Bruder Franz',
sagte St. Clara, ‚und ich bin sicher, daß Gott sie strafen wird, weil
sie solche bösen Gedanken in ihre Herzen eingehen lassen.' ‚Trotzdem', erwiderte St. Franziskus, ‚kann ich nicht erlauben, daß unser
Leben eine Quelle des Anstoßes für die Leute wird. Wir müssen ausein-
andergehen und dürfen uns nicht mehr sehen.' Als nun St. Clara St.
Franziskus so reden hörte, wurde sie sehr betrübt und weinte; aber sie
sagte: ‚Wenn du es befiehlst, Bruder Franz, muß es so sein.' So sagten
sie einander sehr traurig Lebewohl, und St. Franziskus kehrte nach
Assisi zurück, und St. Clara ging weiter zum Benediktinerinnenkloster
auf dem Berge Subasio.

---

[124] P. S a b a t i e r , Vie de St. François d'Assise, édition définitive. Paris 1931,
419; dtsch. von Margarete Lisco, Zürich 1919, 284.

Aber als sie nur wenige Schritte gegangen war, stieß sie ihren Fuß in den Schnee, wobei sie sich zurückwandte und rief: ‚Bruder Franz!' Da blieb St. Franziskus stehen und sagte: ‚Was ist denn, Schwester Clara?' ‚O Bruder Franz', sagte sie, ‚du hast nicht gesagt, wann wir uns wieder begegnen wollen.' Und St. Franziskus antwortete: ‚Wir werden uns begegnen, wenn die Rosen blühen.' Da kehrte St. Clara um und ging ihren Weg weiter. Aber kaum war sie einige wenige Schritte gegangen, da sah sie, daß dort, wo der Schnee gelegen hatte, nun Rosen in voller Blüte standen. So kehrte sie zu St. Franziskus zurück und sagte: ‚Sieh, Bruder Franz, der gute Gott hat uns Rosen gesandt.' Da gaben St. Franziskus und St. Clara ihren Plan einer Trennung auf, und sie kehrten beide zurück nach Assisi."[125]

Die Geringschätzung der Frau, die sich bis zur Verachtung und Feindschaft steigert, gilt dem natürlichen, leiblichen Wesen, dem anderen Geschlecht. Sie hat großenteils ihre Wurzel in der Angst, von den weiblichen Reizen gefangengenommen zu werden, einer Angst, welche sich nicht eingesteht, daß die Liebe der Frau und die Liebe zur Frau etwas Beglückendes ist – *craindre les aimer, c'est avouer qu'elles sont aimables.* Diese negative Bewertung der Frau als der Liebenden und Geliebten des Mannes wurde überkompensiert durch eine Überbewertung der Jungfräulichkeit, eine grenzenlose Hochschätzung der ehelosen Frau, insbesondere der unberührten Jungfrau, welche den natürlichen Liebesdrang zum Manne überwunden, oder, richtiger gesagt, auf Christus übertragen hat. Die natürliche Frau ist nach der Auffassung vieler Asketen „der Teufel, der den Mann verführt"; die asketische Frau hingegen, welche ihre Liebe dem himmlischen Bräutigam weiht, ist engelgleich, ein Abbild des Gottessohnes, des ἀρχιπάρθενος und der ἀειπάρθενος. Maria mußte nach dieser Auffassung Jesum jungfräulich empfangen, weil der Welterlöser nicht befleckt durch geschlechtliche Leidenschaft in die Welt eingehen durfte – dieselbe Vorstellung von der Empfängnis ohne Mannessamen, wie sie vor Christus schon die Anhänger Buddhas von seiner Mutter Māyā und ebenso die Anhänger Lao-tzŭ's von ihrem Meister hatten. Die *virginitas ante partum* genügte

---

[125] Shrines and Cities of France and Italy. From an early diary of Evelyn Underhill, ed. and arranged by Lucy Menzies, Green & Cie. London 1949.

aber weder den Buddhisten und Taoisten noch den hellenistischen Christen. Sie glaubten auch an die *virginitas in partu,* eine körperliche Unversehrtheit in der Geburt, anatomisch gesprochen: die Unverletztheit des Hymen. Die Legende des apokryphen Jakobus-Evangeliums schildert, wie Maria bei der Geburt unverletzt geblieben ist; die Hebamme, welche, zweifelnd an diesem Wunder, es wagt, ihren Leib zu untersuchen, wird von Gott sogleich gestraft – ihr Arm verbrennt und fällt ab und wird erst durch die Berührung des göttlichen Kindes geheilt. Als Braut des heiligen Geistes mußte Maria nach der Auffassung der meisten altkirchlichen Theologen auch nach Jesu Geburt jungfräuliche Asketin bleiben. Deshalb wurden von ihnen die Brüder und Schwestern Jesu, von denen die Evangelien berichten, zunächst als Kinder Josephs aus erster Ehe erklärt, später als Vettern und Basen Jesu.

In der ganzen altchristlichen und mittelalterlichen Literatur begegnen wir einer grenzenlosen Hochschätzung des Virginitätsideals, die mit Geringerbewertung der Ehe verbunden ist. Schon Paulus verkündet den Korinthern, daß das Ideal des Christen die Ehelosigkeit ist: „Wer heiratet, tut gut; wer nicht heiratet, tut besser" (1. Kor. 7. 38). Das Motiv dieses Grundsatzes ist einmal der Glaube, daß eine ungeteilte Hingabe an Christus in der Ehe nicht möglich ist: „Die Unverheiratete (Frau und Jungfrau) sorgt, was dem Herrn gehört, daß sie heilig sei am Leibe und auch am Geiste; die Verheiratete sorgt, was der Welt gehört, wie sie dem Manne gefalle" (1. Kor. 7, 34). Das zweite Motiv ist die Auffassung, daß die Ehe lediglich ein *remedium fornicationis,* ein Schutz- und Heilmittel gegen die sonst unvermeidliche Unzucht sei. „Um der Hurerei willen soll jeder seine eigene Frau und jede Frau ihren eigenen Mann haben" (v. 2). Man hat diese nicht eben hohe Auffassung von der Ehe dadurch zu heben versucht, daß man auf den Epheserbrief hinwies, der die eheliche Lebensgemeinschaft als ein Abbild der innigsten Gemeinschaft zwischen Christus und der Kirche preist. Allein der Epheserbrief wird von der neutestamentlichen Kritik Paulus abgesprochen. Paulus steht in seiner Eheauffassung nicht auf der Höhe Jesu. Seine Anschauung von der Höherwertung der Jungfräulichkeit hat dazu beigetragen, daß im Frühchristentum der Gedanke sich verbreitete, daß alle getauften Christen ehelos sein müßten, d. h. daß die Verheirateten enthaltsam leben müßten, die Unverheirateten aber keine Ehe eingehen dürften. Dieser Grundsatz war zeitweise in der syrischen Kirche maßgebend und hat bei den Marcioniten und Montanisten sich durchgesetzt. Die Großkirche hat zwar diese extreme Auffassung nicht anerkannt, aber um so nachdrücklicher hat sie die Jungfräulichkeit als die eigentliche Blüte des Christentums gepriesen. Die Paulusschülerin Thekla fügte den Seligpreisungen der Bergpredigt drei weitere bei, welche die Ehelosigkeit verherrlichen:

„Selig sind die, welche das Fleisch in Keuschheit bewahren; denn sie werden ein Tempel Gottes sein."

„Selig sind die Enthaltsamen, denn zu ihnen wird Gott reden."

„Selig sind die, welche Frauen haben, als hätten sie keine, denn sie werden Gott erben."[126]

Die Verherrlichung der Virginität, deren Kehrseite die Herabsetzung des Wertes der Ehe ist, zieht sich durch das gesamte Schrifttum der Patristik. Eine Reihe von Kirchenvätern hat dem Virginitätsideal eigene Schriften gewidmet, so im Osten Athanasius, Johannes Chrysostomus, Gregor von Nazianz und Gregor von Nyssa, Basilius von Ancyra und Evagrius Ponticus, im Westen Pseudo-Clemens, Cyprian, Ambrosius, Augustinus. C y p r i a n ruft den Jungfrauen zu: „Was wir in Zukunft sein werden (bei der Auferstehung), das beginnt ihr jetzt. Ihr haltet bereits die Glorie der Auferstehung in dieser Welt in Händen und durch die Welt schreitet ihr ohne Befleckung der Welt hindurch."[127] M e - t h o d i u s   v o n   O l y m p u s hat in seinem Dichtwerk *Symposion* ein rauschendes Preislied auf die Jungfräulichkeit angestimmt. Virginität ist für ihn nicht eine Tugend wie andere. Sie ist die christliche Tugend *par excellence,* sie kann nicht bestehen, wenn die anderen Tugenden sie nicht umgeben; aber die anderen werden unfruchtbar bleiben, wenn sie nicht durch sie belebt und geheiligt sind. J o h a n - n e s   C h r y s o s t o m u s schreibt: „Gut ist die Ehe; aber darum ist die Jungfräulichkeit bewundernswert, weil sie besser ist als das Gute, und zwar um so viel besser, als der Steuermann besser ist denn die Schiffsleute und der Feldherr besser ist denn die Soldaten. Die Jungfräulichkeit ist um so viel besser als die Ehe, als der Himmel besser ist denn die Erde, als die Engel besser sind als die Menschen." In einem anderen Vergleich sagt A u g u s t i n u s : „Eine Mutter wird im Himmelreich einen geringeren Platz einnehmen, weil sie verheiratet ist,

---

[126] Paulus- und Thekla-Akten. s.: Neutestamentliche Apokryphen, hsg. H e n - n e c k e - S c h n e e m e l c h e r , II (1964³) 244.

[127] C y p r i a n , De hab. virg. 22; MPL 4, 462 A.

als ihre Tochter, weil sie unverheiratet ist ... Aber beide werden dort
sein, so wie ein leuchtender Stern und ein dunkler Stern, die dennoch
beide am Himmel sind."[128] A m b r o s i u s verkündet: „Die Jungfrau
ist Gottes Geschenk, das Geschenk der Mutter, das Priestertum der
Keuschheit. Die Jungfrau ist das Opfer der Mutter, durch dessen
tägliche Darbringung die göttliche Macht gnädig gestimmt wird."[129]
H i l a r i u s schreibt an seine Tochter Abu: „Weder das Himmelslicht
noch das Blau des Meeres noch die Herrlichkeiten der Natur kommen
gleich der kostbaren Perle (der Jungfräulichkeit); sie schützt vor Krankheit, Alter und Tod."[130] B e d a V e n e r a b i l i s sagt in einem kennzeichnenden, von M e i s t e r E c k h a r t wiederholten Wort: „Gut
ist die eheliche Keuschheit, besser die Enthaltsamkeit der Witwen, am
besten aber die jungfräuliche Vollkommenheit nach jenem Wort bei
Matthäus 13: ‚die eine bringt hundertfältige Frucht, die andere sechzigfache, die andere dreißigfache‘."[131]

Die Kirchenväter erheben aber nicht nur die Jungfräulichkeit hoch
über die Ehe, sondern sie belegen die E h e mit einem Makel. So
schreibt J o h a n n e s C h r y s o s t o m u s : „Du siehst, woher die
Ehe ihren Anfang nahm, warum sie notwendig zu sein schien: vom
Ungehorsam, vom Fluch, vom Tod. Wo der Tod, da ist die Ehe; wenn
diese nicht ist, dann folgt auch nicht der Tod nach. Aber die Jungfräulichkeit hat nicht diese Folgen, sondern ist immer nützlich, immer
schön, immer selig, vor dem Tod wie nach dem Tod, vor der Ehe wie
nach der Ehe. Sage mir, welche Ehe zeugte einen Adam, welche Geburtswehen eine Eva? Du könntest es nicht sagen. Was fürchtest du
vergeblich und zitterst, daß nach dem Aufhören der Ehe auch das
Menschengeschlecht aufhöre? Zehntausende von Engeln dienen Gott,
Tausend über Tausend Erzengel stehen vor ihm, und keiner von ihnen
ist aus der Empfängnis hervorgegangen, keiner aus der Geburt, den
Geburtswehen und der Schwangerschaft. Hätte Gott nicht viel eher die

---

[128] A u g u s t i n u s , Sermo 354. Ad continentes habitus c. 9; MPL 39, col.
     1568.
[129] A m b r o s i u s , De virgin. I 7; MPL 16, 193 ff.
[130] H i l a r i u s MPL 10, 549/B / 550 A/B. Briefe 2,3 f.
[131] B e d a V e n e r a b i l i s , Hom. 13 in Dom. 2 post Epiph. MPL 94, 68;
     Meister E c k h a r t , Expos. s. evang. sec. Joann. cap. 2, 1 (Ausgb. der
     Forschungsgemeinschaft 24).

Menschen ohne Ehe machen können, wie er ja die ersten Menschen gemacht hatte.[132] Ja, bisweilen haben die ehelosen Asketen die christliche Demut vergessen und sich über die Verheirateten erhoben und diese deutlich zur stolzen Überheblichkeit geradezu aufgefordert, so, wenn H i e r o n y m u s einer gottgeweihten Jungfrau zuruft: „Warum machst du Besuch bei der Gattin eines irdischen Mannes, Verlobte Gottes? Lerne in dieser Hinsicht den heiligen Stolz; wisse, daß du besser bist als jene!"[133]

Diese Hochschätzung der Virginität führte dazu, daß Heiligkeit und Jungfräulichkeit geradezu miteinander identifiziert wurden. Wer den Heiligenkalender der östlichen wie der westlichen Kirche aufschlägt, findet, worauf gerade ein katholischer Theologe, Franz Xaver A r n o l d , hingewiesen hat, „neben einem Heer heiliger Mönche, Jungfrauen und Witwen so gut wie keine heiligen Gatten".[134] Im römischen Heiligenkalender werden die weiblichen Heiligen unter zwei Kategorien klassifiziert: *virgo – non virgo*. Arnold bemerkt dazu:

„Die Christen haben allzu häufig nicht recht Ernst gemacht mit dem Gedanken, daß sie im Ehestande in einem heiligen Stande, in einer wahrhaft übernatürlichen Gemeinschaft stehen und leben, und daß diese Gemeinschaft durch den ehelichen Verkehr nicht beeinträchtigt wird ... So finden sie nicht den Willen und den Mut zu einem bewußten gottgewollten ehelichen Leben. Die Ehe erscheint gelegentlich wohl gar als ein Stand minderer Vollkommenheit ... Es war und ist in der Tat zu viel die Rede von der Heiligkeit ‚trotz der Ehe', zu wenig aber von der Heiligkeit ‚durch die Ehe' ".[135]

Im alten Christentum bildeten die Jungfrauen einen besonderen privilegierten Stand neben den Witwen und Diakonissen. Sie nahmen in der Kirche neben diesen einen besonderen Ehrenplatz ein. Die Bedeutung dieses Standes fand einen feierlichen Ausdruck in der Gelübdeable-

---

[132] Johannes C h r y s o s t o m u s , De virgin. 14; MPG XLVIII, 544.
[133] H i e r o n y m u s , Ep. 22. MPL XXII, 403.
[134] Franz Xaver A r n o l d , Mann und Frau in Welt und Kirche. Nürnberg 1958². S. 145.
[135] ders. ebd.

gung und einer damit verbundenen Einsegnung, der J u n g f r a u e n -
w e i h e , die jedoch im Abendlande – im Unterschied von der Diakonissenweihe – nicht den Charakter der Ordination zu einem geistlichen Amt der kirchlichen Hierarchie trug, sondern den einer Hochzeit
zwischen der Jungfrau und Christus: Darum erfolgt bei der Feier der
Jungfrauenweihe Überreichung des Ringes, das Auflegen des Kranzes und die Bekleidung mit dem Schleier. Die dabei gebrauchten Formeln sind den bei der Überreichung der *Instrumenta* in den
einzelnen *ordines* gebrauchten fränkisch-römischen Formeln nachgebil-
det: „*Accipe annulum fidei*" – „nimm hin den Ring des Glaubens, das
Siegel des heiligen Geistes, daß du eine Braut Christi genannt werdest,
wenn du ihm treu dienst." Bei der Auflegung des Kranzes heißt es:
„*Accipe signum Christi . . .*" „Nimm hin das Zeichen Christi auf dem
Haupte, daß du seine Gattin werdest und, wenn du in ihm verharrst,
ewig gekrönt werdest." Bei der Bekleidung mit dem Schleier: „*Accipe
velamen sacrum . . .*" „Nimm hin den heiligen Schleier, durch den du
erkennen läßt, daß du die Welt verachtest und dich Christus, dem
Bräutigam der Jungfrauen, mit ganzem Herzen als Braut für immer
übergeben hast."[136]

Die Ehe der gottgeweihten Jungfrau mit Christus findet ihren symbolischen Ausdruck darin, daß am Tage der Jungfrauenweihe das Bett der
Nonne als Brautbett mit Blumen geschmückt und ein Kruzifixus hin-
eingelegt wird. Die Verletzung des so geschlossenen Ehebündnisses
wurde schon in der alten Kirche als ein geistiger Ehebruch und somit
als strafwürdiges Verbrechen angesehen. A u g u s t i n u s sagt: „Die,
welche solches gelobt und nicht gehalten haben, sollen wissen, daß sie
nicht die irdische Todesstrafe erleiden, sondern zu ewigem Höllenfeuer
verurteilt werden."[137]

In der altkirchlichen Zeit lebten die gottgeweihten Jungfrauen in
ihrer Familie oder zusammen in Jungfrauenhäusern (παρθενῶνες) oder
Asketenhäusern (ἀσκητήρια); häufig aber auch schlossen Asketen und
Asketinnen eine geistliche Ehe. Solche Jungfrauen, die sich unter den
Schutz eines christlichen Mannes begaben, trugen den Namen συνείσαx-

---

[136] Pontificale Romanum, Rom 1941, p. 107–122, De Benedictione et Con-
secratione Virginum.
[137] A u g u s t i n , Sermo 148, MPL 38, 800.

τοι, *virgines subintroductae.*[138] Dieses Zusammenleben ohne Verletzung der Keuschheit galt als besondere asketische Kraftleistung, ja als eine Art ständiges Martyrium. Schon das 7. Kapitel des ersten Korintherbriefes setzt diese Sitte voraus; Paulus spricht hier (v. 36 f.) nicht, wie man es später mißverstanden hat, von einem Vater und seiner heiratsfähigen Tochter, sondern von den beiden Partnern einer geistlichen Ehe, denen die Kraftprobe zu schwer zu werden droht, da sie den sinnlichen Ausdruck ihrer gegenseitigen geistlichen Neigung nicht aufzuhalten vermögen. Ihnen stellt Paulus die Schließung einer richtigen Ehe frei. „Besser heiraten als brennen" (v. 9). Das Syneisaktentum wurde von der Kirche allmählich unterdrückt, erhielt sich aber noch bis ins Mittelalter, vor allem in der keltischen Kirche. Die wandernden Keltenmönche führten, wie im Urchristentum die Apostel, Frauen als *cohospitae* mit sich, die sie bei ihrer Missionspredigt unterstützten, ja, sogar bei der Messe assistierten. Die Doppelklöster, die in Irland bestanden und dann auch in Frankreich und Spanien errichtet wurden, stehen mit diesen Gepflogenheiten im Zusammenhang. In vergeistigter Form lebte diese Art der Gemeinschaft weiter in den geistlichen Freundschaften zwischen Mönch und Nonne, besonders den mystisch gesinnten. Beispiele für die zumal im Briefwechsel gepflegten geistlichen Ehen sind Venantius Fortunatus und Radegundis, Jordan von Sachsen und Diana von Andalo, Bernhard von Clairvaux und Hildegard von Bingen, Petrus Dacus und Christine von Stommeln, Heinrich von Nördlingen und Margareta Ebner, Heinrich Seuse und Elsbeth Stagel, Franz von Sales und Madame Chantal, welch letztere sogar eine förmliche geistliche Ehe am Alter schlossen. Der Germanist Wilhelm Oehl hat in seiner Sammlung „Deutscher Mystikerbriefe"[139] einen guten Einblick in die Psychologie dieser spiritualistischen Erotik gegeben, die viel Schönes und Zartes, gelegentlich aber auch Ungesundes in sich schließt. In neuerer Zeit lebte dieses Syneisaktentum in der Josephsehe wieder auf, d. h. einer Ehe, welche unter gleichzeitigem Versprechen der Enthalt-

---

[138] Hans A c h e l i s , Virgines subintroductae. Ein Beitrag zum 7. Kapitel des ersten Korintherbriefes, Leipzig 1902; A d o l f J ü l i c h e r , Die geistliche Ehe in der älteren Kirche. Archiv für Religionswissenschaft 7, 1904, 373–386.

[139] W. O e h l , Deutsche Mystikerbriefe des Mittelalters. München 1937.

samkeit geschlossen wird, oder einer bereits bestehenden Ehe, bei der die Eheleute das Gelöbnis ablegen, den ehelichen Verkehr nicht mehr fortzusetzen.

Nach dem Entstehen des koinobitischen Mönchtums[139a] wurde das Institut der gottgeweihten Jungfrauen klösterlich organisiert; dem Mönchtum trat ein N o n n e n t u m zur Seite. Maria, die Schwester des Pachomius, des Vaters des koinobitischen Mönchswesens, gründete 330 das erste Frauenkloster in Tabenisi in Ägypten. Schon im 4. Jahrhundert entstanden zahlreiche weitere solche Nonnenklöster in Ägypten und im Orient. Die Freundin des Hieronymus, Paula, errichtete mit ihrer Freundin Eustachium drei solche Klöster in Bethlehem. Melania die Ältere († 440) folgte ihr mit ähnlichen Stiftungen in Jerusalem. Im beginnenden vierten Jahrhundert schuf Emmelie in Pontus Klöster unter der Leitung des Basilius, des Schöpfers der bedeutendsten klösterlichen Mönchsregel. Auch im Abendland breitete sich im 4. Jahrhundert das Nonnentum aus. Die Schwester des Ambrosius von Mailand leitete ein von diesem gegründetes Kloster. In Hippo stand an der Spitze eines Nonnenkonventes Perpetua, die Schwester Augustins. Die großen westlichen Kirchenväter (Ambrosius, Augustinus, Hieronymus und Caesarius von Arles) verfaßten Regeln für die Nonnenklöster. Während im Osten bis heute und ursprünglich auch im Westen die einzelnen Klöster ihr eigenes Statut erhielten, entstanden im Abendlande im Zusammenhang mit den großen Männerorden Nonnenorden, die diesen affiliiert waren: Benediktinerinnen, Zisterzienserinnen, später Dominikanerinnen, Franziskanerinnen, Karthäuserinnen, Karmeliterinnen, in denen sich die Eigenart der betreffenden männlichen Orden widerspiegelt.[140] Daneben entstanden, zumal in der nachtridentinischen Zeit, zahlreiche selbständige weibliche Orden und Kongregationen, die mit keinem männlichen Orden in Verbindung standen, die teils dem Unterricht sich widmen wie die Ursulinen, die Englischen Fräulein, die Armen Schulschwestern, teils in der Krankenpflege tätig sind wie die Vinzentinerin-

---

[139a] Das koinobitische Mönchtum bedeutet, im Unterschied zum vorausgegangenen Einsiedlertum, ein klösterlich geordnetes Zusammenleben der Mönche bzw. der Nonnen; vgl. dazu Friedrich H e i l e r , Die Ostkirchen, München (1971) 253 ff., 257 ff. u. ö.

[140] vgl. M. H e i m b u c h e r , Die Orden und Kongregationen der katholischen Kirche. 3 Bde. Paderborn 1907/08², 1932/34³, 2 Bde.

nen. Die Leitung der alten Orden (Benediktinerinnen und Zisterzienserinnen) lag in den Händen von Äbtissinnen, die wie die Äbte den
Stab zum Zeichen ihrer Würde trugen, die der jüngeren Orden von
Priorinnen oder Superiorinnen. An der Spitze des das gesamte Gebiet
der römischen Kirche umfassenden Ordens steht eine Generaloberin.
Ihre Befugnisse und Rechte sind freilich geringer als die einer früheren
Äbtissin eines einzelnen Klosters.[141] Einige Äbtissinnen besaßen sogar
kirchliche, geradezu bischöfliche Jurisdiktion über ein bestimmtes Gebiet. Die Kleriker waren ihr unterstellt und mußten ihr Gehorsam leisten und ihre Unterordnung durch ihre Reverenz erweisen, indem sie
ihr wie einem Bischof den Ring unter Kniefall küßten. Diese Jurisdiktion wurde den einzelnen Äbtissinnen in besonderen päpstlichen Schreiben zugesprochen und bestätigt.

Eine besondere Eigentümlichkeit sind die D o p p e l k l ö s t e r –
gemeinsame Klöster von Mönchen und Nonnen, die entweder unter
der Leitung eines Abtes oder einer Äbtissin standen. Schon Kaiser
Justinian I. wandte sich gegen diese Einrichtung;[142] die späteren Maß-
nahmen von Patriarchen zeigen jedoch, daß sie sich nur schwer besei-
tigen ließen. Diese Doppelklöster waren eine besondere Eigentümlichkeit der keltischen Kirche,[143] in der ja auch das alte Syneisaktentum
weiterlebte. Die keltische Kirche war nicht eine bischöfliche, sondern
eine Mönchskirche. Die Jurisdiktion lag in den Händen der Klosteräbte
oder -Äbtissinnen, denen Weihbischöfe zur Vornahme der Ordina-
tionen zur Seite standen. Besonders berühmt waren B r i g i d a , Äbtissin
des irischen Doppelklosters von Kildare, die bischöfliche Jurisdiktion
ausübte, und H i l d a , die Tochter eines Königs, die Leiterin des Doppelklosters von Hartlepole und später Streaneshalch. Dadurch, daß die
iroschottischen Mönche auch das europäische Festland durchwanderten,
entstanden solche Doppelklöster auch in Frankreich und Spanien. Das
berühmteste unter ihnen ist das von R o b e r t d ' A r b r i s s e l in
Fontevault 1099 gegründete. Dieses Doppelkloster trug matriarchalischen
Charakter, insoferne die Mönche den Nonnen unterstanden. In der
Regel heißt es: „Die Priester und Kleriker ... müssen den *sanctimonia-*

---

[141] Hildegard B o r s i n g e r , Rechtsstellung der Frau in der katholischen
Kirche, Zürich (1930) 75.
[142] Codex I 3, 42 vom Jahre 529; Novelle 123, 36 von 543.
[143] Nachweisbar seit dem 6. Jahrhundert.

les (gottgeweihten Jungfrauen) unter dem Bann des Gehorsams bis zum Tode dienen". Nur die Äbtissin durfte Novizen aufnehmen und einen ungehorsamen Mönch wieder in Gnaden annehmen. Die Mönche mußten für den Lebensunterhalt und den Gottesdienst sorgen, wie einst der Jünger Johannes für die Mutter des Herrn, Maria, gesorgt hatte. Robert d'Arbrissel stellte sich bewußt in den Dienst der Frau und erkannte sie als Herrin über die männlichen *religiosi* an. Die Äbtissin sollte alle klösterlichen Niederlassungen leiten; in ihre Hand legten Männer und Frauen die Profeß ab. Roberts Vermächtnis lautet: „Was ich in dieser Welt errichtet habe, diente ganz allein zu Nutz und Frommen unserer Sanctimonialen, für deren Ansehen ich alle meine Kräfte zur Verfügung gestellt und mich und meine Jünger ihrem Dienst unterworfen habe."[144] Noch A b a e l a r d entwickelte eine Theorie des Doppelklosters: die Äbtissin, die er *diaconissa* nennt, sollte sich den *spiritualia* widmen, während die äußere Sorge um das Kloster in den Händen der Männer liegen sollte. Der Abt wie alle Mönche sollten sich gegenüber der Äbtissin in dienender Stellung befinden; sie sollten die Äbtissin als ihre *Domina* anerkennen und auf den Wink gehorchen und, wenn sie rufe, sofort erscheinen. Diese matriarchalische Einstellung hängt vor allem bei Robert d'Arbrissel mit der Marienverehrung zusammen, die dieser besonders pflegte. Maria hat der Menschheit die Erlösung ermöglicht, darum ist die Frau für alle das lebendige Symbol dieser Erlösertat.

Das matriarchalisch regierte Doppelkloster erhielt neue Bedeutung durch die heilige B i r g i t t a   v o n   S c h w e d e n[145]. Sie ist die Stifterin eines Doppelordens, der im Spätmittelalter sich rasch ausdehnte, dann aber seine Eigenart verlor und sich zu einem reinen Frauenorden gestaltete. Die Äbtissin erschien hier als Stellvertreterin der Gottesmutter, die ihr untergeordneten Priester-Mönche als die Stellvertreter der Apostel. In geistlichen Dingen steht der Äbtissin der ‚General-Konfessor' als Ratgeber und zugleich als unmittelbarer Vorgesetzter der Brüder zur Seite. Das Haupt des Klosters ist jedoch wie bei den Klöstern

---

[144] s. die Vita des Robert d'Arbrissel von Balderich von Dol. MPL 162, 1043 –1058. Dom Philibert S c h m i t z , Histoire de l'Ordre de Saint Bénoît, Maredsous 1948–1956. 7 Bde. s. III S. 18–20 u. ö.

[145] Emilia F o g e l k l o u , Die heilige Birgitta von Schweden. Übertr. von Maja Loehr. Mit einem Vorwort von Friedrich H e i l e r , München 1929.

von Fontevault die Äbtissin. Diesem matriarchalischen Charakter entsprach es, daß das Stundengebet des Ordens das matriarchalische Offizium ist. Jeder Tag der Woche ist in eine besondere Beziehung zur Gottesmutter gesetzt.

Die Hochschätzung der asketischen Ehelosigkeit hat im christlichen Nonnentum zu reicher Entfaltung der schöpferischen Kräfte der Frau und zur Heranbildung edler, in der Hingabe an das Höchste gereiften Frauenpersönlichkeiten geführt. Der Eros für das Absolute, die Liebe zur Urliebe wurde in vielen, in den Besten von ihnen zur beherrschenden und prägenden Kraft. Emil L u c k a hat in seinem Werk „Drei Stufen der Erotik"[146] gezeigt, wie die geschlechtliche Askese als Vorstufe einer rein seelischen und metaphysischen Erotik zur Anerkennung des Selbstwertes der Frau als geistiger Persönlichkeit geführt hat. In der Hingabe an Gott hat die asketische Virginität die Frau zur vollen Entbindung jener geistigen Kräfte geführt, die von Anfang an in ihr grundgelegt waren.

Während in der Ostkirche das Nonnentum nur eine begrenzte Tätigkeit auf dem Gebiet der Erziehung, der Paramentenanfertigung und der Caritas ausübte, hat es im Abendland eine weit ausgedehnte schöpferische Tätigkeit entfaltet. Beispiele sind auf dem Gebiet der kirchlichen Leitung B r i g i d a v o n K i l d a r e und H i l d a v o n W i t b y , auf dem Gebiet der Mission L i o b a , die Verwandte des Bonifazius, auf dem der Kirchenpolitik B i r g i t t a v o n S c h w e d e n und K a t h a r i n a v o n S i e n a , auf dem der Ordens- und Klostergründung B i r g i t t a v o n S c h w e d e n , auf dem der Ordensreform T e r e s i a v o n J e s u s , auf dem der Caritas E l i s a b e t h v o n T h ü r i n g e n , auf dem des Unterrichts M a r y W a r d , auf dem der mystischen Schau G e r t r u d v o n H e l f t ä und J u l i a n a v o n N o r w i c h , B i r g i t t a v o n S c h w e d e n und K a t h a r i n a v o n G e n u a , auf dem der Dichtung R o s w i t h a v o n G a n d e r s h e i m , auf dem der autobiographischen Darstellung E l s b e t h S t a g e l und M a r g a r e t h a E b n e r , auf dem der humanistischen Bildung C a r i t a s P i r c k h e i m e r. Auf dem Gebiet der Liturgie haben mittelalterliche Nonnen eine Reihe von neuen Andachtsformen geschaffen, die Gemeingut der römischen Kirche geworden sind. Die Herz-Jesu-

---

[146] Emil L u c k a , Drei Stufen der Erotik. Berlin 1916³.

Andacht, die Kindheit-Jesu-Andacht, die Feier des Fronleichnamsfestes, die Andacht zur aufbewahrten Eucharistie, die „ewige Anbetung" des ausgesetzten Allerheiligsten – sie alle sind die Schöpfung von Nonnen-Mystikerinnen.[147] Die universalste aller christlichen Nonnen des Abendlandes ist H i l d e g a r d   v o n   B i n g e n , die zugleich mystische Visionärin und Prophetin, Politikerin, Naturforscherin und Ärztin, Dichterin, Malerin und Komponistin war, eine Frau von gewaltiger Weite und Tiefe, Freiheit und Kühnheit. Obgleich die mittelalterliche Theologie der Frau die Fähigkeit zum Empfang einer kirchlichen Weihe absprach, haben die großen weiblichen Heiligen doch einen ungeheuren Einfluß auf die Mitwelt und die Nachwelt ausgeübt. Aus den Gebetszellen und Gebetschören der Nonnenklöster fließen mächtige Ströme und Kräfte hinüber in das religiöse und kulturelle Leben der mittelalterlichen Welt, ja bis in das Leben der Gegenwart. Zu den im Mittelalter am meisten verbreiteten Gebeten gehören die der hl. Birgitta. Unsere moderne deutsche Sprache ist von der deutschen Mystik des Mittelalters bestimmt, und die Sprache der mittelalterlichen Mystiker ist zum großen Teil eine Schöpfung von Frauen, zumal der Begine M e c h t h i l d   v o n   M a g - d e b u r g . Die Predigten Meister Eckharts, das kostbarste seiner schöpferischen Mystik, sind durch die Nachschriften von Dominikanerinnen auf uns gekommen. Auch die erste deutsche Autobiographie entstammt der Feder einer Dominikanerin. Die weitreichenden Wirkungen der mittelalterlichen Nonnen sind der stärkste Beweis für die schöpferische Kraft der ehelosen Frau.

Freilich darf über dem Großen, Gesunden, Bewundernswerten – selbst bei den Hervorragenden unter ihnen, den Visionärinnen – das nicht unerhebliche Maß von Krankhaftem, Ungesundem, ja, Widernatürlichem nicht vergessen werden, ganz zu schweigen von den vielen mittelmäßigen Seelen, die durch die – freiwillige oder aufgezwungene – Übernahme eines religiösen Ideals seelisch und körperlich schwer litten, ja, daran zu Grunde gingen, zerbrachen. Viele Frauen wurden zum klösterlichen Leben oder zum Leben in Beginenhäusern gezwungen, teils um eines religiösen Ideals willen, teils aber auch, zumal in den Zeiten der männermordenden Kreuzzüge, aus wirtschaftlichen Gründen. Denn

---

[147] Mystik deutscher Frauen im Mittelalter, übertr. und erläutert von Anne Marie H e i l e r . Berlin 1929; d i e s . Die Mystikerin in der Kirche. EhK (1939) 88–112.

der Mangel an Berufsmöglichkeiten für alleinstehende Mädchen und Frauen nötigte sie oft genug, ihr Leben hinter Kloster-Gittern und -Mauern zu verbringen.

Die Frau war aber nicht nur aktiv in der Kirche tätig, sie wurde vielmehr selbst Gegenstand der Verehrung. Als die Frau nicht mehr im kirchlichen Leben als Prophetin, Lehrerin und Liturgin wirken konnte, wurde sie selbst Objekt des Kultes. Alle antiken Religionen kannten die Verehrung der großen Muttergöttin, die als mächtige Königin und barmherzige Mutter angerufen wurde. Die Religionsgeschichte hat das Wort des ephesinischen Silberschmiedes Demetrius von der „großen Göttin" bestätigt, „die ganz Asien, ja der Weltkreis verehrt" (Ap. G. 19, 27). Das Christentum war in seiner Ursprungszeit von seiner jüdischen Mutterreligion her von stark männlichem Charakter geprägt; Gott ist „Herr", „König" und „Vater". Diese männliche Religion erhielt eine Ergänzung durch die weiblichen Gestalten der göttlichen Weisheit, der Mutter Kirche und der jungfräulichen G o t t e s m u t t e r.[148] Maria wird zum Urbild der Virginität, zur einzigartigen Frau, die umwoben ist vom Glanz des Wunders – *sola sine exemplo placuisti femina Christo* („Du bist allein die Frau, die in beispielloser Weise Christo wohlgefallen hat"), wie C a e l i u s S e d u l i u s in seinem *Carmen paschale* singt. Die Gottesmutter gilt als Muster aller Frauen in der Reinheit, Demut und Liebe. Sie wird als die fürbittende Allmacht angesehen, welche alle Not, gerade alle Frauennot versteht und ihr abhilft. Dieses Bild der „immerwährenden Jungfrau" und Gottesmutter wird in der Dichtung[149] und in der bildenden Kunst des Abendlandes immer mehr vermenschlicht. Schon der Dichter des H e l i a n d und O t f r i e d v o n W e i ß e n b u r g sehen in Maria „die Maid, die Vielschöne", „der Frauen schönste", „aller Mütter teuerste", das „adelbürtige Weib",

---

[148] s. dazu: Friedrich H e i l e r , Die Hauptmotive des Madonnenkultes. Zeitschr. f. Theol. u. Kirche, N. F. 1 (1920) 417–447; ders., Die Gottesmutter im Glauben und Beten der Jahrhunderte. Hochkirche (1931) 172–203; ders., Die Madonna als religiöses Symbol. Eranos-Jahrbuch, hsg. Olga Fröbe-Kaptein, Zürich (1934) 277–317.

[149] Anne Marie H e i l e r , Die Gottesmutter in der alten deutschen Dichtung. Hochkirche (1931) 214–228.

ja die Magd, Frau und Mutter schlechthin. „Unsere liebe Frau" heißt
Maria in der Sprache des Mittelalters. Ihr tiefstes Geheimnis ist die
mütterliche Liebe zum Kinde. Das ewig Menschliche wird verklärt ins
ewig Göttliche. In der mittelalterlichen Kunst wird dieses Urweibliche
in Maria immer stärker zum Ausdruck gebracht; immer mehr wird sie
ein Bild der Schönheit und Liebe, „die Mutter der hübschen Minne",
„die Mutter der schönen Liebe". Die weltabgeschlossene jungfräuliche
Asketin wirft schließlich ihren Nonnenschleier ab und wird zur schlichten rosigen Maid und herzlichen Mutter, die unverhüllt ihr weibliches
Haar trägt und die ihr Kind vor aller Augen herzt und säugt.

Großen Anteil an diesem Wandel hat der Minnesang, der Ausdruck
einer freigeistigen Frauenanbetung, einer „Religion der Frau", in welcher
der Liebende die geliebte Frau als Inkarnation der Gottheit betrachtete
und anbetete. Die Frau steht im Mittelpunkt der Dichtung der Minne-
sänger; sie bildet den tiefsten Lebensinhalt des Mannes. F r e i d a n k
sagt: „Vom Freuen sind die Frau'n benannt; ihr' Freud' erfreuet alle
Land". „Wer Böses von den Frauen spricht, er kannte ihre Freuden
nicht". Die Kirche suchte diese Frauenanbetung zu überwinden, indem
sie dieselbe in das Strombett des Marienkultes lenkte. Maria wurde die
douce dame des Dichters, dem der Lobpreis der weltlichen Dame verwehrt war. Seither zeigt der abendländische Madonnenkult ein stark
erotisches Element, das übrigens auch im Osten anzutreffen ist, zwar
nicht bei den griechischen und slavischen, wohl aber bei den semitischen
(syrischen und äthiopischen) Christen. Das Verhältnis Marias zu Christus und zur Dreieinigkeit wurde als Minnespiel vorgestellt, das Verhältnis des frommen Verehrers zur Himmelskönigin als geistlicher Min-
nedienst. Die schönste Form erlangte diese Marienminne bei H e i n -
r i c h   S e u s e. Für ihn wurde Mariendienst zur schlichten Ehrfurcht
vor jeder, auch der ärmsten Frau: der Eros wandelte sich in die Agapê.
Seine Biographin Elsbeth Stagel erzählt folgende kennzeichnende Be-
gebenheit aus seinem Leben: „Einst ging er über ein Feld, und auf dem
schmalen Weg kam ihm eine Frau entgegen. Da sie nahe kam, wich er
vom trockenen Weg und trat in die Nässe und ließ sie vorgehen. Die
Frau erkannte ihn und sprach: ,Lieber Herre, wie meint ihr das, daß
ihr, ein ehrwürdiger Herr und Priester, mir armen Frau so demütig
ausweicht, da ich doch viel eher euch ausweichen sollte?' Er aber antwortete: ,Eija, liebe Fraue, es ist meine Gewohnheit, daß ich allen
Frauen gerne Ehre erweise um der zarten Mutter Gottes willen im

Himmelreich.' "[150] Hier ist der Madonnenkult nicht mehr Verehrung eines fernen asketischen Virginitätsideals, sondern ehrfürchtige Beugung vor der wirklichen Frau in ihrer geistleiblichen Werthaftigkeit. In diesem Sinne haben die großen deutschen Dichter die Madonna verherrlicht, von Schiller und Goethe über Novalis bis zu den modernen Mariendichtern wie Erich Bockemühl, der vor dem Bild der Madonna spricht: ›Jede Mutter mit dem Kind bist, Maria, du.‹ Am Ende der langen und komplizierten Entwicklung des Marienkultes steht das rein menschliche Bild des „Ewig-Weiblichen". Das asketische Jungfräulichkeitsideal war der Umweg zu einer tieferen und reineren Erfassung der Frau als Selbstwert und als Persönlichkeit. Durch diese Entwicklung des Madonnenkultes sind viele Abirrungen wieder gut gemacht worden. Mag auch bei der Masse des die Gottesmutter verehrenden Volkes der Zusammenhang mit dem asketisch-mythologischen Denken der alten Welt weiterbestehen, so sind doch die tieferen und freieren Geister zu einer rein symbolischen Form der Madonnenverehrung fortgeschritten, welche die Hülle einer echt menschlichen und zugleich tief sittlichen Wertung der Frau bildet.

Noch in anderer Hinsicht zeigt sich der Fortschritt gegenüber der durch den frühchristlichen Asketismus bedingten Geringschätzung der Frau. Als die mittelalterlichen Scholastiker die Zahl der Sakramente auf die heilige Zahl Sieben begrenzten, nahmen sie die Ehe als siebentes Sakrament darin auf und stellten sie dem *ordo*, dem Weihesakrament, an die Seite. Entscheidend dafür war der Gleichnischarakter der Ehe für das große Mysterium der innigen Gemeinschaft zwischen Christus und der Kirche, von dem der Verfasser des Epheserbriefes (5, 22) spricht. Dieser Gleichnischarakter wird besonders in den Gebeten des ostkirchlichen Trau-Ritus betont. Zwar fehlt auch in diesem nicht die Verherrlichung der Enthaltsamkeit – der Kranz, mit welchem die Brautleute gekrönt werden, gilt als Symbol der Bewahrung der vorehelichen Keuschheit, des Sieges über das Verlangen der Brautleute nach leiblicher Vereinigung. Die Theologie betrachtete weiterhin die Jungfräulichkeit als ein wesentliches Moment des *status perfectionis* und stellte sie damit

---

[150] Leben Seuses Kap. 18; Heinrich Seuses deutsche Schriften, hsg. Karl B i h l m e y e r, Stuttgart (1907); hsg. N. H e l l e r, Regensburg (1926). übs. Georg Hoffmann, Düsseldorf 1966.

über die Ehe. Dennoch war durch die s a k r a m e n t a l e W e r t u n g
ein für allemal die Würde und H e i l i g k e i t d e r E h e gesichert
und jener Makel von ihr genommen, der ihr in der Anschauung vieler
kirchlicher Schriftsteller anhaftete. Ja, die Ehe erlangte in gewisser Hinsicht sogar einen Vorrang vor der Jungfräulichkeit, insoferne sie zu
einem von Christus eingesetzten Sakrament erhoben wurde, während
die Jungfrauenweihe nur als ein *Sacramentale,* d. h. eine von der Kirche
eingeführte Segnung angesehen wurde. Dadurch, daß die abendländische
Kirche im Unterschied zu den östlichen das Wesen des Ehesakramentes
nicht in der priesterlichen Einsegnung, sondern im *Consensus* und der
leiblichen Einigung der Eheleute sah, kam die Gleichwertigkeit von
Mann und Frau zum Ausdruck.

Von einer ganz anderen Seite her drang das Christentum ebenfalls
zu dieser christlichen und menschlichen Wertung der Frau vor, durch
die R e f o r m a t i o n. Zwar steckte L u t h e r in mancher Hinsicht
noch tief im mittelalterlichen Denken;[151] er war nicht frei von der
mönchisch-asketischen Betrachtung des Geschlechtlichen. Ganz in der
augustinischen Lehre von der erbsündlichen Konkupiszenz befangen, sah
er in der geschlechtlichen Einigung etwas Sündhaftes, Befleckendes,
wenn auch eine unvermeidliche Sünde und darum eine Sünde, die von
Gott nicht als solche angerechnet wird. Über den alten paulinischen
Gedanken, das „Ehelichwerden sei eine Arznei gegen die Hurerei",[152]
kam auch Luther nicht hinaus. Die asketischen Schlacken in der Auffassung von der Frau, von denen ein mittelalterlicher Dominikaner wie
Seuse sich befreit hatte, hafteten dem ehemaligen Augustinermönch
Luther noch an. Trotz dieser Fesseln drang aber Luther zu einer natür-
licheren und freieren Auffassung von der Frau durch, indem er die
Minderschätzung der Ehe überwand. Die Ehelosigkeit erschien ihm,
obgleich sie eine größere Wirkungsmöglichkeit auf religiösem Gebiet
eröffnete, geringer als die Ehe: „Man soll keinen Stand vor Gott besser
sein lassen als den ehelichen".[153] Zwar lehnte Luther die Ehelosigkeit
nicht rundweg ab; aber er betrachtete sie als eine „Gnade über der

---

[151] Vgl. Martin R a d e , Stellung des Christentums zum Geschlechtsleben,
1910, 40 ff.
[152] L u t h e r , Tischreden; Erl. 57, 273.
[153] Predigt vom ehelichen Leben. 1522. Erl. 16², 539.

Natur", als ein außerordentliches *Charisma*, das eben deshalb etwas Seltenes sei. Die geist-leibliche Gemeinschaft der Ehe ist für Luther Gottes Schöpfungsordnung; darum scheint ihm die Höherwertung der Virginität als eine Kritik an Gottes Schöpfungswerk: „Wer sich der Ehe schämt, der schämt sich auch, daß er ein Mensch sei oder heißt, oder er mach's besser, denn Gott gemacht hat".[154] Luther kehrt die Theorie vom *status perfectionis* um. Der schlichte Dienst der Frau in Haus und Küche ist ihm etwas Größeres als alle außerordentlichen Leistungen des Nonnentums; die einfache Magd, welche Staub kehrt oder Kinder wäscht, tut größere Werke als die Nonne, die tagtäglich viele Stunden dem Gebet weiht. Eine neue Wertung der alltäglichen Frauenarbeit bricht bei Luther auf. Der häusliche Liebesdienst ist Gottesdienst im Vollsinne des Wortes. Im Mitmenschen findet der Mensch Gott, im Nächsten die Heiligen Gottes. Dabei hat Luther auch erkannt, daß die Frau für die vollkommene Hingabe an Gott stärker veranlagt ist als der Mann: „Wenn Weiber die Lehre des Evangeliums annehmen, sind sie stärker und brünstiger im Glauben, halten härter und steifer darüber denn Männer".[155]

Die innere Dynamik des Protestantismus ging weiter. C a l v i n betonte noch stärker als Luther den Charakter der Ehe als göttliche Schöpfungsordnung. Es ist für ihn christlicher Grundsatz: „Von Anfang an gab Gott der Frau einen Mann bei, daß sie beide einen unversehrten Menschen ergeben; wer also eine Frau verschmäht, hat gleichsam den halben Teil seines Selbst losgerissen"; „der die Frau entbehrende Mann ist gleichsam ein halber Mann".[156]

Der Protestantismus hat ein bürgerliches Frauenideal geschaffen. Die Frau wird ganz dem Hause zugewiesen. „Die Weiber sollen" nach Luthers Wort „daheimbleiben, im Hause stille sitzen, haushalten, Kinder tragen und ziehen."[157] Der Frauendienst war in der Kirche des Reformationsjahrhunderts sehr beschränkt. Mit dem Nonnentum, von dem nur einige Reste in den lutherischen Kanonissenstiften sich erhielten, fiel gar vieles von dem segensreichen Dienst der Frau in der Kirche dahin. Nur in wenigen protestantischen Gemeinden wurde das früh-

---

[154] Brief an Wolfang Reißenbusch vom 27. 3. 1527; Erl. 53, 299.
[155] Tischreden; Erl. 57, 270.
[156] Corpus Reformatorum 45, 528, 401.
[157] Tischreden; Erl. 57, 272.

christliche Diakonissenamt wiederhergestellt. So hatte die unabhängige
Gemeinde in Amsterdam unter ihren 300 Kommunikanten eine Diakonisse. „Sie war eine alte Witwe, welche die Zierde der Gemeinde war.
Sie saß gewöhnlich auf einem geeigneten Platz in der Gemeinde mit
einem Birkenzweig in der Hand und flößte den kleinen Kindern Respekt
ein, sodaß sie nicht die Gemeinde störten. Sie besuchte häufig die
Kranken und Schwachen und sorgte, wenn sie arm waren, für Linde-
rung ihrer Not. Man gehorchte ihr wie einer Mutter in Israel und
einem Diener Christi."

Während das amtliche Diakonissentum im alten Protestantismus
sporadisch blieb, entstand eine bürgerliche Form desselben in der Wirksamkeit der Pfarrfrauen, die ihren Mann in der karitativen Arbeit
unterstützten. Das Luthertum hielt die Achtung vor der Frau auch dadurch lebendig, daß es an der Ehrung der Gottesmutter festhielt. Luther
selbst sang oft den Lobpreis der Mutter des Herrn, erfüllt von dem
Glauben, daß Maria „die größte Frau im Himmel und auf Erden" ist,
„die Frau über alle Frauen", die „Fürstin unter dem ganzen Menschengeschlecht", „die höchste, edelste und heiligste Mutter"; er bekennt,
daß „kein Weib einem Manne solch reine Gedanken gibt als diese
Jungfrau".[158] M e l a n c h t h o n erklärt in der Apologie des Augsbur-
gischen Bekenntnisses die Gottesmutter und immerwährende Jungfrau
als *dignissima amplissimis honoribus* (die allerhöchster Ehren Wür-
digste).

Der Protestantismus des 19. Jahrhunderts erweiterte und vertiefte
die Auffassung der Reformatoren von der Frau und machte die Bahn
frei für einen neuen Frauendienst in der Kirche. Die letzten Reste der
Geringschätzung des Leiblichen und Geschlechtlichen im Sinne des
alten Asketentums fielen weithin dahin, aber auch die Geringschätzung
der ehelosen Frau im Sinne des bürgerlichen Altprotestantismus. Unter
dem Einfluß der Aufklärung und der modernen Naturwissenschaften
wurde die geist-leibliche, sinnlich-übersinnliche Einheit des Menschen
in geschlechtlicher Hinsicht erfaßt, am tiefsten von dem Herold der
modernen protestantischen Theologie, F r i e d r i c h   S c h l e i e r m a -
c h e r. Er predigte mutig die „Heiligkeit der Natur und der Sinnlichkeit". Die Antike mit ihrer Freude am schönen Leiblichen darf nicht

---

[158] Predigt am Tage der Heimsuchung Mariae; Erl. 3², 423 f.; am Christtage;
Erl. 10², 140.

einfach abgestoßen werden, sondern muß weitergeführt werden durch den christlichen Glauben an die Einigung von Gott und Mensch. „Die Hälften der Menschheit sollen zu einem mystischen Ganzen vereinigt werden". „Wer nicht so in das Innere der Gottheit hineinschaut und die Mysterien dieser Religion nicht erfassen kann, der ist nicht würdig, ein Bürger der neuen Welt zu werden".[159] Hier ist die Frau in ihrer Ganzheit, als Gesamtpersönlichkeit verehrungswürdig, nicht mehr nur als jungfräuliche Asketin, als Witwe oder Nonne; und die Liebesgemeinschaft mit ihr wird als „vollkommene Einheit von Geist und Sinnlichkeit", als ein göttliches Mysterium betrachtet.

Auf dem Hintergrund dieser neuen Wertschätzung der Frau bahnte sich ein neuer Frauendienst in den protestantischen Kirchen an: die Institution der Armenpflege. Sie wurde von A m a l i e S i e v e k i n g ins Leben gerufen als Dienst an den alleinstehenden, berufslosen Frauen, dann aber auch an allen sonstigen Notleidenden – weiterhin die Institution der Krankenpflege, begründet von den deutschen Pastoren T h e o d o r F l i e d n e r und W i l h e l m L ö h e. Sie schufen nach dem Vorbild der tätigen römisch-katholischen Nonnenorden ein neues Diakonissentum für die Krankenpflege und die Jugenderziehung. Viele evangelische Landes- und Freikirchen in Deutschland und in anderen Ländern folgten diesem Beispiel, zumal in den Vereinigten Staaten von Nordamerika. Die Engländerin F l o r e n c e N i g h t i n g a l e, die sich in der Diakonissenanstalt in Kaiserswerth hatte ausbilden lassen, gründete eine ähnliche Einrichtung in London. M a r i o n H u g h e s erweckte in der anglikanischen Kirche das Nonnentum zu neuem Leben. Heute bestehen in der anglikanischen Kirche mehr Nonnenklöster als in der Zeit Heinrichs VIII., der diese in England (1535–40) rigoros aufgehoben hatte. Zahlreiche Formen der weiblichen Liebestätigkeit – sowohl in der Inneren wie in der Äußeren Mission – entstanden in den evangelischen Kirchen, als „Diakonisches Werk", die den mannigfachen Formen der katholischen Caritas ebenbürtig zur Seite treten.

Während die Diakonissen der großen Mehrzahl der protestantischen Kirchen nur karitative und pädagogische Arbeit übernommen haben,

---

[159] Friedrich S c h l e i e r m a c h e r, Vertraute Briefe über Friedrich Schlegels „Lucinde". Lübeck–Leipzig 1800. Neuausgabe: Jena 1907, S. 482. s. dazu: Martin R a d e (s. o. Anm. 151) 61 ff.

belebte die a n g l i k a n i s c h e K i r c h e in der zweiten Hälfte des
19. Jhdts. das a l t k i r c h l i c h e D i a k o n i s s e n a m t. Ein anglika-
nischer Kirchenhistoriker, D e a n H o w s o n, forderte die Wiederherstellung des ursprünglichen Diakonissenamtes, das in der westlichen
Kirche abgekommen und vergessen war. Als Motto seines 1862 ver-
öffentlichten Buches: *„Deaconesses or the official help of women in
parochial work and in charitable institutions"*[160] wählte er einen Satz
der apostolischen Konstitutionen: „Für viele Nöte bedürfen wir eines
weiblichen Diakons".[161]

Er schloß sein Buch mit folgendem Appell:

„Unsere Überzeugung ist tief und ernst, daß das dringendste Bedürfnis des modernen Christentums in England die Organisation einer
weiblichen Arbeit ist – damit das Evangelium eine stärkere Macht über
die nächste Generation erlange, als es über die gegenwärtige hat, müssen wir hauptsächlich nach unseren Frauen ausschauen – und daß ein
solcher Diakonat die beste Hilfe für die Verwirklichung des Grundsatzes sein wird, der das Prinzip sowohl der religiösen als auch der
weltlichen Politik sein wird: *Gagnez les femmes!"*

Im gleichen Jahr weihte Bischof Dr. Tait von London E l i z a b e t h
F e r a r d durch Handauflegung. Sie war die erste anglikanische Diakonisse. Nach einer Erprobungszeit von sechs Jahrzehnten gab 1920 die
Lambeth-Conference aller anglikanischen Bischöfe dem *ordo* der Diakonisse die volle Anerkennung. Nach einer weiteren Periode der Auseinandersetzung über das weibliche Amt in der Kirche bestätigte die
Lambeth-Conference von 1930 die frühere Erklärung und bestimmte
nochmals die Funktionen der Diakonisse. Die Kommission der Erzbi-
schöfe gab 1935 weitere Empfehlungen. Die überseeischen anglikanischen Kirchen in Indien, China, Japan, Südafrika, Neu-Seeland und
Australien folgten dem Beispiel ihrer Mutterkirche. Wie in der altchristlichen Kirche wird die Diakonisse feierlich vom Bischof geweiht.
Der Weiheritus umfaßt ein Gebet, die Handauflegung und eine Formel
der Ermächtigung zum Amt einer Diakonisse, ähnlich der Formel bei
der Weihe der Diakone, Priester und Bischöfe, und schließlich die Über-

---

[160] John Saul H o w s o n, Deaconesses or the official help of women in
parochial work and in the charitable institutions. London 1862; ders. The
Diaconate of Women in the Anglican Church. London 1886.

[161] Didascalia et Const. apostol., ed. F. X. F u n k, (1905) 208/09.

reichung der Bibel und eines Kreuzes. Die Aufgaben der Diakonisse sind die Unterstützung des Priesters in der Vorbereitung der Tauf- und Firm-Kandidaten, die Taufe und die Abhaltung des Morgen- und Abendgebetes und der Litanei in der Kirche, Unterricht und Predigt. Außer diesen kirchlichen Aufgaben üben diese Diakonissen karitative und seelsorgerliche Tätigkeit in den Pfarreien. Vor allem besuchen sie die Gläubigen in den Häusern, in Hospitälern und in Gefängnissen. Der *ordo* der Diakonissen ist in der anglikanischen Kirche der einzige weibliche *ordo* und nicht nur das weibliche Gegenstück zum männlichen Diakonat. Während die innere Struktur dieses kirchlichen *ordo* dieselbe ist wie in der frühchristlichen Kirche, sind seine Aufgaben heute weiter gesteckt als damals. Es kann kein Zweifel sein, daß – auch wenn diese Entwicklung sicher nicht schnell vor sich gehen wird – das Diakonissenamt der anglikanischen Kirche der Ausgangspunkt für eine weitere Entwicklung sein wird. Ein Teil der anglikanischen Geistlichkeit wünscht, daß die Frauen auch zum Priesteramt geweiht werden mögen. Ein warmer Befürworter des Frauenpriestertums, Canon R. A. H o - w a r d , erklärte in einer Predigt in Oxford:

„Es kann sein – sicherlich, es muß sein – daß, wenn genug solche Frauen gefunden werden können, um als Pionierinnen zu wirken, unsere Kirche als Ganze eines Tages diese Hingabe und diesen Dienst anerkennen wird als eine echte Antwort Gottes, als einen so klaren und unmißverständlichen Ruf, daß zuerst das Kirchenvolk und dann die Bischöfe nicht länger wagen werden, die Identifizierung des Rufes als eines klaren Gebotes des heiligen Geistes abzulehnen, welcher wie einstens spricht: ‚Sende m i r diese Frauen aus für das Werk des vollen Amtes, zu dem i c h sie berufen habe.‘

Wenn jener Tag kommt, da in der ganzen Christenheit Frauen volle Freiheit haben werden, in der Kirche ihre bescheidenen, aber rechtmäßigen Ämter auszuüben, geweiht oder als Laien, dann mag es sein, daß die Erweckung der Religion, nach der wir verlangen, von Gott kommen wird, und dann wird schließlich die alte Prophezeiung des Psalmisten erfüllt werden: „Du, o Gott, sendest einen reichen Regen; du stärkst dein Erbe, als es erschöpft geworden... Der Herr gibt das Wort: Frauen, welche die Botschaft predigen (*ham^ebass^erôt*) sind eine große Schar... und die Schöne des Hauses teilt die Beute aus" (Ps. 68, 10–13).

Zu den Befürwortern des weiblichen Priestertums gehört auch der

Dean von St. Paul's, W. R Matthews. Er schrieb 1953 das Vorwort
zur Neuausgabe der Aufsätze einer englischen Frau, Edith Picton-
Turberville, die schon zu Beginn dieses Jahrhunderts in bewegten
Worten über die Zurücksetzung der Frauen in der Kirche geklagt hatte.
„Der Platz der Frau im Amt der Kirche ist heute ebenso bedeutend wie
damals, aber auch ebenso umstritten, als Miss P.-T. diese Kapitel 1916
schrieb, deren Neuerscheinen ich begrüße. Ich bin meinerseits zu dem
Schluß gekommen, daß alle sogenannten theologischen Argumente
gegen die Ordination von Frauen trügerisch sind, und der einzige ernste
Einwand ist ein solcher der Zweckmäßigkeit. Im Hinblick darauf
scheint es mir noch wahr zu sein, daß die wirkliche Zweckmäßigkeit
in einem Satz ausgesprochen ist, den ich in einem Missionsbericht 1921
geschrieben habe: ‚Das Amt der Kirche ist von einer so hohen und so
schweren Berufung, daß die vollen Hilfsquellen der Menschheit zu
seiner Erfüllung ausgeschöpft werden müßten'."[162]

Der anglikanische Bischof von Hongkong tat den mutigen Schritt
und erteilte seiner Diakonisse die Priesterweihe für ein Gebiet im kom-
munistischen China, das ohne Versorgung durch einen Priester war.
Die anglikanische Bischofskonferenz billigte diesen Schritt nicht. Aber
sie erklärte die Weihe nicht für ungültig, sondern beschränkte sich auf
die Erklärung, daß die anglikanische Kirche nur einen weiblichen
ordo habe, das Diakonissenamt.

Die *Commission on Women and Holy Orders* in ihrer Sitzung vom
Dezember 1966 kam zu keiner einheitlichen Auffassung und konnte
in dem Bericht nur die völlig konträren, miteinander unvereinbaren
Auffassungen der beiden Gruppen einander gegenüberstellen, deren
Argumente in jeweils 6 Punkten niedergelegt worden sind. Die wich-
tigsten davon sind:

Gegner: 1. Eine solche Ordination wäre gegen die Tradition der
                  Kirche seit der apostolischen Zeit;
               2. es ist falsch, diese Ordination als logische Folgerung
                  der ständig wachsenden Anerkennung des vollen
                  Menschseins der Frau aufzufassen;

---

162 Edith Picton-Turberville, Women in the Church (together with
    B. H. Streeter) 1917; Daraus zwei Kapitel unter dem Titel: Should Women
    be Priests and Ministers? 1953.

3. ein weibliches Priestertum würde praktische Schwierigkeiten mit sich bringen;

4. vieles vom Wert des eigentümlich weiblichen Dienstes ginge verloren, wenn Frauen zum ordinierten Priestertum herangezogen würden.

Befürworter: 1. Es gibt keinen biblischen Beweis *(evidence)*, der den Ausschluß der Frauen vom Priestertum rechtfertigen würde;

2. das Priestertum kann nie voll repräsentativ sein, bis Männern und Frauen gestattet wird, ihren Platz in gleicher Weise darin einzunehmen;

3. die Wandlungen in den sozialen Verhältnissen der Frau haben jetzt die Beschränkungen beseitigt, welche es Frauen in den vergangenen Jahrhunderten unmöglich machten, ordiniert zu werden;

4. es können keine Gründe für den Ausschluß der Frauen lediglich auf Grund ihres Frauentums vorgebracht werden;

5. ihrer Anlage nach sind die Frauen für die Erfordernisse des Priestertums ebenso geeignet wie die Männer.

Das Priestertum der Frau würde zwar nicht das gleiche sein wie das des Mannes. Aber die Frau würde für das Priesteramt besondere Gaben und Einsichten mitbringen, welche seine Blickrichtung erweitern, seine Zeugniskraft bereichern und es wahrhaft reformatorisch gestalten würden.[163]

Das ganze Problem soll vor die in den ersten Monaten des Jahres 1967 tagende *Church Assembly* und vor die nächste (1968) Lambeth-Konferenz der anglikanischen Kirche gebracht werden.

Während die anglikanische Kirche gerade in der Betonung der apostolischen Sukzession stärker traditionsgebunden ist als die meisten anderen reformatorischen Kirchen, konnte in vielen von diesen in den letzten Jahrzehnten das volle kirchliche Frauenamt Rechtskraft erlangen. Darin waren ihnen viele ‚Sekten' der alten, mittelalterlichen und neueren

---

[163] Church Times, London, December 16, 1966, pp. 1, 11, 20.

Zeit vorangegangen. Gerade jene Gruppen, in denen der ursprüngliche Enthusiasmus des Urchristentums aufloderte, haben den Prophetinnen wie den Propheten freien Raum für ihre charismatische Wirksamkeit gewährt. Dies gilt besonders von den französischen Camisarden, den englischen Independenten und den Quäkern, in deren Gottesdiensten Männer und Frauen das Recht zur prophetischen Verkündigung und zum Gebet haben. Andere, fester organisierte Gemeinschaften, die sogenannten Freikirchen in England, den Vereinigten Staaten und in Holland, haben Frauen zum geregelten Pastorinnenamt zugelassen, so die Kongregationalisten, die *Disciples of Christ,* ein Teil der Baptisten und Methodisten, die Unitarier, die holländischen Remonstranten und Mennoniten. In anderen Kirchen, die sich sträuben, zumal den presbyterianischen, werden dauernd Anträge zur Einführung des weiblichen Pfarramtes eingereicht. In der Heilsarmee haben Männer und Frauen das gleiche evangelistische Werk vollbracht; ihre Frauen sind ebenso mutig in die Slums der Großstädte eingedrungen wie die Männer. Frauen sind hier zu den gleichen ‚militärischen‘ Rängen emporgestiegen wie Männer. Die enge Zusammenarbeit in der Führung der Heilsarmee von ihren Begründern W i l l i a m   B o o t h   und seiner Gattin C a t h e r i n e   M u m f o r d   ist hierfür kennzeichnend. Auch in der *Christian Science* sind Männer und Frauen völlig gleichgestellt. Ihre Gründerin, eine moderne Heilige, Mrs. M a r y   B a k e r   E d d y , verkündete, daß die göttliche Liebe nicht in einseitig männlicher Symbolik ausgedrückt werden kann. Gott ist ebenso der Vater wie die Mutter der Menschheit. Seit 1942 besteht eine interdenominationelle *„Society for the equal ministry of men and women in the Church".*

Auch die Jungen Kirchen, die auf den Missionsfeldern entstanden und die nicht belastet sind durch alte kanonische Gesetze und theologische Doktrinen, haben mit einem natürlichen Instinkt die Gleichheit von Männern und Frauen in der missionarischen Aufgabe verwirklicht, wie sie in der ältesten Christenheit bestanden hatte. An vielen Orten predigen Frauen nicht nur das Evangelium, sondern taufen auch die Bekehrten und leiten die neuen christlichen Gemeinden. Ein Beispiel einer solchen Jungen Kirche ist Kyodan, die Vereinigte Kirche Japans, eines Landes, in dessen nichtchristlichen Religionen Priesterinnen wirken. Sie ist durch die Vereinigung von Presbyterianern, Kongregationalisten und Methodisten entstanden. Diese japanischen Christen sind überzeugt, daß „alle Menschen Kinder Gottes sind und als solche gleiche

Möglichkeiten zu seinem Dienste haben." Der Beitrag weiblicher Pastoren in Japan ist bemerkenswert; eine Frau ist Pfarrer an einer der größten Kirchen in Tokyo. Diese Erneuerung der urchristlichen Gleichstellung von Mann und Frau hat einen großen Eindruck auf einen anglikanischen Priester gemacht. F. D. B a c o n schreibt in seinem Buch „Women in the Church":

„Einige von den Freikirchen haben in der Zulassung von Frauen zum kirchlichen Amt den höchsten Stand überschritten, der im Osten erreicht worden ist; sie scheinen die ursprüngliche Übung wiedererlangt zu haben. Ich bin sicher, daß die Freikirchen von der künftigen Kirche Ehre empfangen werden dafür, daß sie so viel getan haben, um einen Abfall zu überwinden, der seit 16 Jahrhunderten angedauert hat. Das wird vielleicht ihr großer Beitrag zu einer christlichen Wiedervereinigung sein."[164]

Auch in den evangelischen Landeskirchen Europas, den lutherischen und reformierten, hat das weibliche Pfarramt trotz starker Widerstände von Seiten der konservativen Theologen Fuß gefaßt. Seit dem Ende des ersten Weltkrieges sind in den deutschen evangelischen Kirchen Frauen, welche ein volles theologisches Studium an Universitäten absolviert hatten, als ‚Vikarinnen' für besondere Dienste in der Frauenseelsorge, besonders in Krankenhäusern und Gefängnissen, eingesetzt worden. Andere Frauen, welche eine kürzere Ausbildung in besonderen Seminaren erhalten haben, wirken als Pfarrhelferinnen in den Gemeinden. Während des letzten Krieges mußten wegen des Mangels an Pfarrern Theologinnen, Pfarrhelferinnen und selbst nicht vorgebildete Pfarrfrauen alle Funktionen des kirchlichen Amtes ausüben. Die Gemeinden waren allgemein dankbar für diesen Dienst, in dem Frauen sich nicht nur bewährt, sondern einen beispielhaften Heroismus gezeigt haben. So ist eine solche Vikarin barfuß, als polnische Bauersfrau verkleidet, über die Grenze nach Schlesien gegangen, um dort von Ort zu Ort zu wandern und in den von Pfarrern verwaisten Gemeinden mit Wort und Sakrament zu dienen. Während des Krieges haben mehrere Landeskirchen die Zulassung zum vollen Pfarramt beschlossen, so die kurhessische, die hessen-nassauische, die holsteinische, die Evangelische Kirche der Union, die oldenburgische und die hannoversche (lutherische) Lan-

---

[164] F. D. B a c o n , Women in the Church. London & Redhill (1946) 146 S.

deskirche. Streng ablehnend verhält sich die bayrische lutherische Landeskirche.

Auch in den skandinavischen Kirchen (mit Ausnahme von Finnland) werden jetzt Frauen zum Pfarramt (Priesteramt nach skandinavischem Sprachgebrauch) zugelassen. Der Kampf gegen die Einführung wurde dort mit größter Erbitterung geführt. In der Abwehr des weiblichen Priestertums finden sich die extremsten Richtungen – die Hochkirchlichen und die Biblizisten – zusammen. In Norwegen und Dänemark wurden die diesbezüglichen Gesetze vom Parlament beschlossen, aber die große Mehrzahl der Bischöfe weigerte sich, den Frauen die Ordination zu erteilen. Immerhin fanden sich einzelne bereit. In Schweden wurde lange hart um das weibliche Priesteramt gekämpft, bis es 1960 durch Parlamentsbeschluß Gesetzeskraft erlangte. Als ich 1948 in Schweden einem Vespergottesdienst beiwohnte, hörte ich den Pfarrer beten: „Bewahre uns, Herr, vor weiblichen Priestern." Der schwedische Bischof Bo Giertz von Göteborg forderte die Pfarrer und Laien auf zum systematischen Boykott der Gottesdienste und Amtshandlungen von weiblichen Pfarrern. Mit der Drohung des Austritts aus der Landeskirche im Falle der Zulassung von Frauen zum Amt haben freilich nur wenige Ernst gemacht.

Am stärksten ist der Widerstand gegen einen Frauendienst in der Kirche bei den Missouri-Lutheranern. Als ich 1955 in ihrem Zentrum, dem *Concordia-Seminary* in St. Louis, eine Gastvorlesung hielt, war eine einzige Frau unter den Studenten. Auf meine Frage wurde mir gesagt, daß keine Frau dort Theologie studieren dürfe; bei dieser Frau sei eine Ausnahme gemacht worden, weil sie in die Mission gehen wolle und dort ihrem Manne helfen müsse. Das *Concordia Publishing-House* gab auch in englischer Übersetzung eine Schrift des österreichischen Theologen Fritz Z e r b s t heraus, welche sozusagen ein Kompendium aller lutherischen Einwände gegen das Frauenamt in der Kirche enthält. „Gegen die Forderungen, daß das Amt den Frauen völlig geöffnet werde, muß Widerstand geleistet werden, weil sie wesentlich ein Angriff auf die Schöpfungsordnung sind." Zerbst verkündete die alte Lehre des Thomas von Aquino hinsichtlich des *status subiectionis*. Er beruft sich auf die drei fanatischen Bekämpfer des weiblichen Priestertums Tertullian, Epiphanius und Hieronymus.

Die Forderung des weiblichen Amtes in der Kirche hat nicht nur im Protestantismus weithin sich durchgesetzt, sie pocht heute auch an die

Pforten der orthodoxen und der römisch-katholischen Kirche. In der griechisch-orthodoxen Kirche, wo noch Reste des Diakonissenamtes sich erhalten haben, ist das Interesse an dieser Institution neu erwacht. Ein griechischer Theologe, E v a n g e l o s   T h e o d o r o u ,[165] veröffentlichte zwei höchst interessante Monographien, eine über die Diakonisse im allgemeinen, die andere über die Ordination (χειροθεσία) im besonderen. In Paris wirkt V a l e n t i n e   Z a n d e r , Witwe des Professors an der dortigen orthodoxen Theologischen Fakultät, Lev Zander, für einen weiblichen Dienst in der orthodoxen Kirche. Nach der Revolution in Rußland führte die sogenannte „Lebendige Kirche", eine Absplitterung von der Patriarchenkirche, das Diakonissenamt wieder ein. In einem Teil der polnischen Mariaviten-Kirche, die aus einem katholischen Franziskanerorden in eine Kirche sich entwickelte und vorübergehend mit der altkatholischen Kirche der Utrechter Union verbunden war, wurden Nonnen zu Priesterinnen und Bischöfen geweiht. Auch die Tschechoslowakische Kirche, die nach dem ersten Weltkrieg aus einer katholischen Reformbewegung zu einer liberalen Kirche sich entwickelte, führte das weibliche Pfarramt ein. In einer ausgezeichneten Studie über „Die Rechtsstellung der Frau in der katholischen Kirche" wies die Schweizer katholische Juristin H i l d e g a r d   B o r s i n g e r nach, daß die thomistische Lehre vom *status subiectionis* der Frau zeitgeschichtlich bedingt war. Sie vertrat die Auffassung, daß die heutige Ablehnung des weiblichen Priestertums nur auf dem wandelbaren kanonischen Recht beruhe und keine dogmatischen Hindernisse gegen die Erteilung von Weihen an Frauen bestehen. „Im katholischen kanonischen Recht hat eine allgemein rückschrittliche Bewegung hinsichtlich der Frauenrechte stattgefunden, die in radikalem Gegensatz steht zu dem Fortschritt, welchen die Frau auf dem Gebiet des profanen Rechtes gemacht hat. Wir können hoffen, daß die Kirche in ihrer Anpassungsfähigkeit sich auch den veränderten Umständen anpassen wird."[166] Eine andere katholische Gelehrte, die mehrfach zitierte J o s e p h i n e   M e y e r , hat ein wertvolles Textbuch über die altchristlichen Witwen und Dia-

---

[165] Evangelos T h e o d o r o u , ʿΑι διακονίσσαι τῶν αἰώνων, Athen 1946; ders. ʿΗ „χειροτονία" ἤ „χειροθεσία" τῶν διακονίσσων, Athen, „Theologia" Bd. 25 (1954) 430 ff., 576 ff. Bd. 26 (1955) 57 ff.

[166] Hildegard B o r s i n g e r , Rechtsstellung der Frau in der katholischen Kirche. Zürich 1930.

konissen („*Monumenta*")[167] herausgegeben. Sie ist in einem Aufsatz im
„Hochland" für die erloschene und fast vergessene altkirchliche Institution der Diakonisse eingetreten, indem sie mit Nachdruck darauf
hinweist, daß „Kirchenordnungen und Kirchenväter, religiöse und pro-
fane Schriftsteller, geistliche und weltliche Gesetzgebung" „uns von
einem amtlichen kirchlichen Frauendienst berichten" (99).[168]

Der seit mehreren Jahrzehnten bestehende Internationale Verband
katholischer Frauen, der sich unter das Patronat von J e a n n e d ' A r c
gestellt hat, „*St. Joan's International Alliance*", hat 1963 in einer Reso-
lution „die größere Beteiligung der Frauen im Dienst der Kirche" gefordert und zwar:

1. die Zulassung der Frau zum Theologiestudium und zu allen
   akademischen theologischen Graden;
2. die Zulassung zum Laien-Diakonat, wie dieser mittlerweile vom
   2. Vatikanischen Konzil beschlossen wurde;
3. die Zulassung von Frauen zu den Kommissionen des Konzils;
4. die Revision der Kanones des *Codex iuris,* die sich auf Frauen
   beziehen;
5. es folgt die Erklärung, „daß Frauen gewillt und bereit wären,
   das Priestertum anzunehmen, wenn die Kirche in ihrer Weisheit
   zu gegebener Zeit beschließen wollte, diese Würde auf die Frauen
   auszudehnen."[169]

Das bemerkenswerteste Dokument aber ist die „Eingabe an die
Hohe Vorbereitende Kommission des II. Vatikanischen Konzils über
Wertung und Stellung der Frau in der römisch-katholischen Kirche",[170]
deren Verfasserin eine Schweizer Juristin ist, Dr. G e r t r u d H e i n -

---

167 Monumenta de viduis, diaconissis virginibusque tractantis. Collegit, notis
   et prolegomenis instruxit Josephine M e y e r. Bonn 1938.
168 d i e s., Vom Diakonat der Frau. „Hochland" 1938/39, S. 98–108.
169 The Catholic Citizen, October 1963 and 1964. Vgl. Gertrud H e i n z e l -
   m a n n, Wir schweigen nicht länger. Frauen äußern sich zum II. Vatika-
170 Gertrud H e i n z e l m a n n, Frau und Konzil, Hoffnung und Erwartung.
   nischen Konzil. Interfemina-Verlag Zürich (o. J.) S. 111, dtsch. S. 77 f.
   Eingabe an die Hohe Vorbereitende Kommission des II. Vatikanischen
   Konzils über Wertung und Stellung der Frau in der römisch-katholischen
   Kirche. (23. V. 1962) Verlag der „Staatsbürgerin", Zürich. (1962) Abgedruckt in „Wir schweigen nicht länger (s. o. Anm. 169) 26–44.

z e l m a n n. Diese seit langem in der Frauenbewegung stehende Frau
will ihre „Worte verstanden wissen als Klage und Anklage einer halben
Menschheit – der weiblichen Menschheit, die während Jahrtausenden
unterdrückt wurde und an deren Unterdrückung die Kirche durch ihre
Theorie von der Frau in einer das christliche Bewußtsein schwer ver-
letzenden Weise beteiligt war und beteiligt ist" (20). Die Verfasserin
legt ausführlich die Lehre des Thomas von Aquin über die Frau dar
und zeigt dabei, daß dem „hl. Thomas der Zeugungsvorgang in seinem
naturwissenschaftlichen Inhalt unbekannt war" (23) und daß er von
diesen „falschen Prämissen" (30) aus zu einer völlig schiefen Auffassung
von der Stellung der Frau kommen mußte. Es sei darum „verständlich,
daß die Tätigkeit der Frau im öffentlichen Leben ... sich nicht stützen
konnte auf die thomistische Lehre von der unbedingten Untertanen-
schaft der Frau unter die Mann, ihrer Niedrigkeit, Unvollkommenheit
und Mangelhaftigkeit im Verhältnis zum Manne" (31). Andererseits
widerspreche es dem thomistischen Grundsatz von der Gleichheit der
vernünftigen Seele in Mann und Frau, „wenn die mit Geistesgaben
ausgestattete Frau auf ein rein privates Wirken verwiesen und vom
öffentlichen Wirken in der Kirche ausgeschlossen wird" (37). Ein letzter
Widerspruch liege bei Thomas darin, daß die Frau zwar das Sakrament
der Taufe gültig spenden kann, nicht jedoch das der Eucharistie. Die
thomistische Lehre vom *status subiectionis,* die der thomistischen Ablehnung der Weihe der Frau zugrunde liegt, steht rechtlich „im Widerspruch mit den besten menschlichen Bestrebungen unserer Zeit. Sie
sieht über die Tatsache hinweg, daß ohne sie und sehr oft im Widerspruch zu ihrer offiziellen Lehre die Menschheit in den letzten Jahrhunderten auf den verschiedensten Lebensgebieten große Entwicklungen
durchlaufen hat. Was den Menschen selber anbetrifft, wurde der Stand
der Leibeigenschaft gänzlich aufgehoben, mit dem Thomas von Aquin
als einer ständigen Einrichtung gerechnet hat." Auch besteht in keinem
modernen Staat mehr die von Thomas vorausgesetzte „rechtliche Un-
selbständigkeit und Abhängigkeit, die jede Frau während der ganzen
Dauer ihres Lebens unter die Vorherrschaft des Vaters, des Ehemannes
oder eines männlichen Verwandten stellte" (39). „In den Gottesdiensten
der katholischen Kirche wie beim Sakramentsempfang übersteige der
Anteil der Frauen regelmäßig die Hälfte, er dürfte zwei Drittel und
mehr ausmachen. Durch ihre Treue, ihre tiefen religiösen Bedürfnisse
und ihren Dienst in der Kindererziehung sind die Frauen eine we-

sentliche Stütze der Kirche ... Es ist anzunehmen, daß eine bessere und
vor allem verbreitetere Kenntnis der offiziellen kirchlichen Lehre die
moderne Frau in ihrer Haltung gegenüber der Kirche ganz wesentlich
ernüchtern könnte. Für die begabte religiöse Frau aber ist der bald 2000
Jahre dauernde Ausschluß vom Priestertum und Wort eine m e n s c h -
l i c h e   T r a g ö d i e von größtem Ausmaß. Die schweren seelischen Leiden, welche dieser Ausschluß im Innern der besten
und tiefsten Frauen während all' den vergangenen Jahrhunderten aus-
gelöst haben muß, lassen sich nicht erahnen. Jedoch in einer Frau wie
der großen heiligen T h e r e s i a v o n A v i l a kann erfühlt werden,
wie sehr ihr religiöses Genie sich eingeengt, verringert und erniedrigt
gefühlt hat, denn in ihrer ... Lebensbeschreibung sind ihre unmißverständlichen Klagen zu lesen. Liegt es wirklich in der Absicht Gottes,
der Mann und Frau erschaffen und der geistbegabten Frau von seiner
Fülle mitgeteilt hat, daß diese sich ein Leben lang beklagen muß, als
Frau geboren zu sein?

Tatsächlich aber bleibt der geistbegabten und der im weiteren Sinn
religiösen Frau in der katholischen Kirche nichts anderes übrig als
diese Klage. Denn die Kirche bietet der Frau, die eine Berufung zu
einem speziellen religiösen Werk fühlt, keine Möglichkeit eines ent-
sprechenden, sie in diesem Sinne erfüllenden Berufes ..." Die Krankenpflege ist heute nicht mehr wie im christlichen Altertum eine religiöse Angelegenheit. Ebenso wird auch die Tätigkeit vieler Orden in
weltlichen Berufen ausgeübt. Gegenüber dem Rat des hl. Thomas, die
Frau, welche die Gabe der Weisheit und Wissenschaft habe, solle im
privaten Verkehr diese Gaben zur Entfaltung bringen, stellt Heinzel-
mann fest, daß Thomas, der „vor der Erfindung der Buchdruckerkunst
gelebt hat, sich nicht vorstellen konnte, daß die Wirkung des geschriebenen Wortes als Druckerzeugnis weit über den Rahmen des Privaten
hinausgeht" (42 f.).

„Jeder mäßig begabte Mann, der in der Lage ist, sich das vorgeschriebene theologische Wissen anzueignen, wird zum Priester geweiht
und zum Wort in der Kirche zugelassen. Jede Frau – auch die höchst
geistige Frau, deren Schriften weltweite Verbreitung und Anerkennung
finden – wird vom Priestertum und vom Wort in der Kirche ausgeschlossen. In der frühesten Zeit der Kirche waren hinreichende An-
sätze zu einer andersartigen Entwicklung vorhanden. Dieselben wurden
unterdrückt. In der schriftstellerischen und damit öffentlichen Tätigkeit

der großen Mystikerinnen würden hinreichend Gründe liegen, um der Frau von Seiten der Kirche das Wort zuzuerkennen ...

Meine Eingabe schließe ich in der Hoffnung, es sei mir gelungen darzulegen, wie beleidigend und erniedrigend die Wertung der Stellung der Frau – also der halben Menschheit – in der Kirche nach deren offizieller Lehre ist und wie sehr das in dieser halben Menschheit verkörperte Menschentum in Entfaltung, Tätigkeit und Ausdruck behindert und unterdrückt wird" (44).

Die Formulierungen dieser katholischen Juristin sind zweifellos sehr scharf, aber die von ihr geltendgemachten Punkte sind dieselben historischen Fakta, wie sie in unserer rein wissenschaftlichen Darlegung festgestellt sind.

Nicht weniger temperamentvoll ist die Eingabe der Diplom-Theologin Josepha Theresia M ü n c h an die Konzilsväter vom 5. Oktober 1962,[171] welche sich für die Aufgabe von *Canon 968* § 1 des *Codex iuris canonici* einsetzt, nach welchem nur ein *vir baptizatus* – ein getaufter Mann – die Priesterweihe gültig empfangen könne (45 f.). Sie fragt: ist dieser Passus „ein positiv göttliches Gesetz" oder ist er als „positiv kirchliche Bestimmung" zu bezeichnen? Da er nach ihrer Ansicht und nach Ansicht auch einiger anderer aus der Entstehungszeit zu erklären sei, wäre er abänderbar und man sollte von *persona baptizata* oder *homo baptizatus* sprechen (45).

Die Forderung der Frau nach gleichen Rechten mit dem Mann auch in der Kirche läßt sich heute nicht mehr übergehen. Dazu kommt dann noch die Not der Zeit, der Mangel an Nachwuchs im Pfarr- bzw. im Priesteramt. Aber auch das stärkere Hervortreten der Frau im Öffentlichen Leben – wenn auch kaum zahlenmäßig, so aber doch an Evidenz zunehmend – wird dazu beitragen, Vorurteile und Fehlentwicklungen

---

[171] Josepha Theresia M ü n c h , Antrag auf Abänderung von CIC can. 968 § 1; abgedruckt in „Wir schweigen nicht länger (s. o.) S. 45–53 (Auszug aus verschiedenen Eingaben); d i e s.: Die Meßliturgie und die Frauen. Eingabe an die Konzilsväter vom 3. November 1963. Abgedruckt in „Wir schweigen nicht länger" S. 54–57. Vgl. dazu: Diakonia, Zeitschrift für Pastoral-Theologie, Mainz–Olten 1967, 2. Jahrgang, Heft 4; Stellungnahmen von zahlreichen Akademikerinnen verschiedener Berufe zur Frage Frau und katholische Kirche.

zu überwinden und der Frau stärkere Wirkensmöglichkeiten im kirchlichen Raum zu erschließen. Pfarrhelferinnen wirken heute nicht nur in evangelischen, sondern auch in katholischen Gemeinden, und zwar mit zunehmender Eigenverantwortlichkeit, was vor 50 Jahren nicht möglich gewesen wäre. Als während der kirchlichen Verfolgung in Spanien und Mexiko die Priester teils in Gefängnissen waren, teils sich verborgen halten mußten, teilten Frauen in Privathäusern die aufbewahrte Eucharistie den Gläubigen aus.

Die Entwicklung der kirchlichen Verhältnisse drängt in der ganzen Christenheit auf eine stärkere Beteiligung der Frau am Dienst der Kirche. Die Kirche braucht diesen Dienst der Frau mehr als in vergangenen Zeiten, wie das schon bei den Verhandlungen der Amsterdamer Weltkonferenz 1948 erkannt worden ist. Die Meinungsgegensätze sind heute auch nicht mehr so absolut wie vor einigen Jahrzehnten, sondern gehen zumeist dahin, ob dieser Dienst dem männlichen Dienst völlig gleichgestellt oder auf besondere ‚weibliche Aufgaben‘ begrenzt werden soll.

Der historischen Wissenschaft kam es zu, viele falsche Einwände richtigzustellen. Diese Einwände erweisen sich einer unabhängigen und unbefangenen historischen Untersuchung gegenüber, wie sie unsere Aufgabe war, teils als Nachwirkungen uralter Vorurteile, ja abergläubischer Vorstellungen, z. B. des Tabu-Charakters der menstruierenden Frau, teils als Folge der Unkenntnis der geschichtlichen Tatsachen hinsichtlich der Stellung und Wirksamkeit der Frau in der ältesten Christenheit. Vor allem läßt sich die Ablehnung des weiblichen Priestertums und der weiblichen Wortverkündigung nicht mit einem so ungesicherten und so umstrittenen Wort begründen wie dem vermeintlich paulinischen *mulier taceat in ecclesia*. Das Wort ist nach unserer text- und literarkritisch wohl begründeten Auffassung eine spätere Interpolation. (s. o. S. 117 ff.) Aber selbst wenn es ein echtes Pauluswort wäre, so ließe sich darauf nicht die Theorie von der Unfähigkeit der Frau zum kirchlichen Dienst aufbauen. Nicht nur, daß dieses Wort so verschiedenartig gedeutet wird – es bleibt der unwiderlegliche Widerspruch zu dem anderen Wort, das den Frauen das Recht zur Verkündigung in der Gemeinde zubilligt. An welchen Paulus soll man sich dann halten, an den, der ja – oder an den, der nein sagt? Die sich hier auf Paulus berufen, übersehen zweierlei:

1. So manches hat Paulus gelehrt, was niemand als gültig für alle

Zeiten annimmt, sondern als zeitgeschichtlich bedingt erklärt: seine
Begründung der Verschleierung der Frau als eines magischen Schutzes
gegen die Engel nimmt heute niemand mehr in Anspruch; der stell-
vertretende Empfang der Taufe für schon Gestorbene, den Paulus besonders hervorhebt, ist schon sehr bald in der Kirche völlig abgekommen; seine künstliche und rabulistische Exegese alttestamentlicher
Stellen kann heute unmöglich als verbindlich gelten; seine Rechtferti-
gung der Ehe als eines Heilmittels gegen die Hurerei wagt heute kaum
noch ein Moraltheologe zu wiederholen; seine Motivierung der Ehelosigkeit mit dem nahen Weltende ist von den geschichtlichen Ereignissen widerlegt worden. Wenn so vieles von dem, was Paulus vertreten
hat, heute als zeitgeschichtlich bedingt erklärt wird, warum sollen dann
gerade die textkritisch ungesicherten Worte gegen das Reden der Frau
in der Gemeinde, zumal sie einer anderen Aussage desselben Apostels
widersprechen, als ewig gültig die heutige Kirche verpflichten? Und
schließlich muß man doch wohl ernsthaft fragen – und zwar mit Paulus
selbst! –, auf wen denn die Kirche gegründet ist, wer für sie – auch in
der Kirchenordnung – Maßstab und Richtschnur ist (s. 1 Kor. 1, 13).
Der Ernst, mit dem Paulus es für sich selbst ebenso wie für die anderen
Apostel ablehnt, die erste Stelle einnehmen zu dürfen, sollte unüberhör-
bar sein. Er weiß sich als Gesandten; der Herr ist Jesus, der Christ.

2. Aber auch die Berufung auf die Schöpfungsordnung ist fehl am
Platze, denn die Erlösungsordnung des Neuen Testamentes steht über
der Schöpfungsordnung des Alten Testamentes. Das neutestamentliche
„Hier ist nicht Mann noch Weib" hebt das alttestamentliche „Er soll
dein Herr sein" auf. Wenn vielleicht heute noch für viele ein weibliches
Pfarr- oder Priesteramt unvorstellbar, ja, schockierend ist, so muß,
wenn auch nur vergleichsweise, daran erinnert werden, daß noch zu
Beginn dieses Jahrhunderts, also viele Jahrhunderte hindurch, bei uns
jedes öffentliche Amt einer Frau unvorstellbar war – sei es als Schöffin,
Richterin oder Rechtsanwältin, als Stadtverordnete oder Mitglied einer
gesetzgebenden Körperschaft, natürlich auch als Mitglied eines Pres-
byteriums, eines Gemeinde-Kirchenvorstandes, gar einer Synode. Es
liegt gewiß zu einem guten Teil im Zuge der kulturellen Gesamtent-
wicklung, daß der Frau, wenn freilich nur zögernd und zu allerletzt,
auch auf kirchlichem Gebiet die volle Einsatz- und Entfaltungsmöglich-
keit ihrer Gaben und Kräfte zugestanden wird. Dabei geht es aber,
allem Augenschein zum Trotz, nicht um die bürgerliche Rechtsgleich-

heit, sondern um die Verwirklichung einer dem Christentum eigentüm-
lichen, ihm wesensmäßig inhärenten Strukturform: die Gleichbegna-
dung, die Teilhabe von beiden – Mann und Frau – an der Neuen
Schöpfung, die im Gegensatz steht und von Paulus in Gegensatz gestellt
wird zur alten Ordnung, zur Ordnung des Alten Testamentes. Die
Dienste in der christlichen Gemeinde, in der Kirche Christi, erfolgen ja
nach den Darlegungen des Apostels (1 Kor. 12) auf Grund von „geistlichen Gaben", von denen die Frauen nicht ausgeschlossen waren, d. h.
auf Grund der Neuschöpfung, als „Amt nicht des Buchstabens, sondern
des Geistes" (2 Kor. 3, 6), an welchem die Frau teilhat.

Daran sollte man festhalten, auch wenn man billigerweise zugeben
muß, daß die bürgerliche Frauenbewegung und die sozialistische Arbei-
terinnenbewegung vielfach erst unseren Blick dafür geschärft, wenn
nicht überhaupt erst die Augen dafür geöffnet haben, was Gleichbegna-
dung, Neue Schöpfung in Bezug auf die Stellung der Frau in der Kirche
beinhaltet. Der große russisch-orthodoxe Theologe am Institut St. Serge
in Paris, P a u l   E v d o k i m o v († 1970) hat das beschämende Fazit
aus diesen Vorgängen gezogen: „*C'est l'Église qui possède le message
de libération, mais ce sont les autres qui 'libèrent'.*"[172] („Die Kirche
hat den Auftrag der Befreiung, aber die anderen ‚befreien'.") Und er
führt im Blick auf die Stellung der Frau überhaupt aus, daß die Unterordnung der Frau unter den Mann, wie sie Paulus im Epheserbrief (15,
22–24) fordert, nicht weiterhin einseitig von ihr verlangt werden könne,
so lange nämlich der Mann, der „den Erlöser repräsentiert", nicht bereit ist, sein Leben für sie, die Frau, hinzugeben. „Erst das Männliche
und das Weibliche zusammen bilden den Körper (Leib, frz. *corps*) des
königlichen Priestertums" (S. 16).

Es ist ohne Zweifel ein der Frau hoch anzurechnendes Verdienst, daß
sie das „Herdfeuer der Nächstenliebe" am Brennen erhalten hat. In
keiner Religion der Menschheit hat die Liebe einen so zentralen Platz
wie im Christentum. Indem die Frau die dienende Liebe in ihrem Leben
verwirklichte – ob von einer Magd oder als Königskind geboren – erwies
sie sich auch ohne Amt und offizielle Beauftragung als Stellvertreterin

---

[172] Paul   E v d o k i m o v , La femme et le salut du monde. Étude d'anthropo-
logie chrétienne sur les charismes de la femme. Tournai (1958) 18. Dtsch.:
Die Frau und das Heil der Welt, übs. von Elisabeth v. Flotow, München
1960.

des Erlösers (s. Mk. 10, 45 u. a.). Letztlich ist ja auch das kirchliche Amt seinem innersten Wesen nach nichts anderes als ein Offenbar-machen der dienenden Liebe Christi. Diese Aufgabe hat die evangelische Begründerin der Armen- und Krankenpflege in Deutschland, A m a l i e S i e v e k i n g , sehr schön umschrieben, wenn sie sagt:

„Eine Mission, meine ich, ist allen Frauen gemeinsam, sie seien hoch oder niedrig gestellt, wenn sie gleich nach der verschiedenen Stellung sich sehr verschieden gestalten mag. Es ist die Mission einer auf dem Glauben basierten, demütig dienenden Liebe".[173]

Auf diesem Gebiet haben vor allem die Kirchen der Reformation – darin den Klosterfrauen der alten Kirchen folgend – seit der Mitte des vorigen Jahrhunderts viele neue Möglichkeiten erschlossen – man denke an die Werke eines T h e o d o r F l i e d n e r oder W i l h e l m L ö h e. Aber karitative Tätigkeit allein genügt nicht. Andere Aufgaben-bereiche wurden erschlossen und müssen es weiterhin werden. Die Ent-wicklung muß weitergehen, und sie geht weiter. Mögen die äußeren Bedingungen sich geändert haben: nicht nur für die vom Charisma her geleiteten Gemeinden, sondern auch für die durch Gesetzgebung und Verwaltungsvorschriften bestimmten Ämter der christlichen Kirche gelten die Aussagen des Apostels Paulus von den „mancherlei Gaben" (1 Kor. 12). Wir müssen diese Mahnungen nur ernsthaft auf unsere Zeit, auf die heutige Situation beziehen und praktisch anwenden, und zwar ohne falsche Vorurteile, seien diese nun Rudimente magischer Vorstellungen oder Reste eines noch vom judaischen Gesetz abhängigen, nicht wirklich frei gewordenen Christentums. Wo die Botschaft zur Freiheit recht verstanden wird, da ist Raum für ein volles, vielgestal-tiges, den männlichen Diensten gleichwertiges Frauenamt.

Dabei sei noch einmal betont: die Eingliederung der Frau in die kirchlichen Ämter ist eine W i e d e r eingliederung; sie greift auf uran-fängliche Ordnungen der Kirche zurück und stellt diese – heutiger Situation entsprechend – wieder her. Die bürgerliche Gleichberechtigung gibt der Frau – ohne früheres Vorbild im zivilisierten Europa oder der

---

[173] Denkwürdigkeiten aus dem Leben der Amalie Sieveking, in deren Auftrag von einer Freundin derselben (Emma Poel) herausgegeben. Hamburg 1860; zitiert in: Von Goethes Mutter zu Cosima Wagner, Zweihundert Jahre deutsches Frauenleben, hsg. Georg M o l l a t , Stuttgart 1938², 133 ff.

antiken Welt – die Rechtsstellung, die ihr als geistig-sittlichem Wesen
gebührt. Die kirchliche Gleichstellung restituiert, was schon einmal
war, was die vom Gottesgeist ergriffene Urgemeinde richtig verstanden
und praktiziert hat: den Dienst von Frauen wie von Männern im Auf-
trage Gottes, erfüllt von Seinem Geist zur Verkündigung Seines Evangeliums, zur Verwaltung Seiner Mysterien. Über den Schwierigkeiten
einer solchen gemeinsamen Arbeit von Mann und Frau – den vielleicht
manchmal nicht geringen, oft aber nur kleinen Problemen – hat man
im menschlich- all zu menschlichen Alltag die Größe dieses Auftrages
vergessen. Im Ordnungswillen einer kanonistischen Gesetzgebung, in
der Verbeamtung der Gemeindedienste hat man die Frau und ihr Amt
verdächtigt, bald verdrängt und endlich vergessen. Für die Kirche aber
– darauf hinzuweisen ist die Pflicht des Historikers – gab es Aussagen
im Neuen Testament und im frühchristlichen Schrifttum außerhalb desselben über die Urformen des Lebens der Gläubigen in den ersten
Gemeinden, die uns zeigen können, wie das „Es ist alles neu geworden"
auch im Hinblick auf das Wirken der Frau auf palästinensischem, vor
allem aber auf hellenistischem Boden und im kleinasiatischen Raum
verstanden wurde und wie es heute noch verstanden werden will: nicht
als „im Zuge der Zeit" liegend, sondern vom Ansatz, von der Botschaft
und der Tat Jesu Christi her.

Die Botschaft und der universale Auftrag der Kirche, der letztlich
allen ihren Gliedern gilt, verlangt, je nach Begabung und Lebensum-
ständen, nach Charisma und Auftrag, heute den Dienst der Frau ebenso
wie in den Anfangszeiten, als der Verfasser einer frühchristlichen
Kirchenordnung, der *Didascalia Apostolorum* (etwa: Beginn des 3.
Jhdts.) schrieb: καὶ γὰρ εἰς πολλὰς χρείας γυναικὸς χρύζαμεν διακόνου (s. Anm. 81).

Das bedeutet, wenn man „weiblicher Diakon" nicht als Amtsbe-
zeichnung im engeren Sinne der hierarchischen Rangfolge, sondern als
generelle Forderung nach Beauftragung und Eingliederung von Frauenarbeit vielfältiger Art in die kirchlichen Dienste versteht:

> Für viele Aufgaben und Nöte brauchen wir in der Kirche
> den anerkannten und geordneten Dienst der Frau.

NACHWORT DER HERAUSGEBERIN

Das vorliegende Buch enthält die Vorlesungen zum Thema »Frau und Religion«, wie sie der Verfasser in ständig neuen Überarbeitungen und Ergänzungen während seiner mehr als 40jährigen Lehrtätigkeit an der Universität Marburg und zuletzt als Lehrbeauftragter in seiner Heimatuniversität München gehalten hat. Bei allen Erweiterungen und Neuformulierungen der Fragestellung war die Grundtendenz doch wohl schon 1920 vorhanden, als er von einer Dozentur der Philosophischen Fakultät in München auf den neuerrichteten Lehrstuhl für Religionsgeschichte in die Evangelisch-Theologische Fakultät der Universität Marburg berufen wurde und als Thema für eine Vorlesung »Madonnenkult« wählte. Es muß kaum gesagt werden, daß dieses Thema dort einiges Aufsehen erregte und daß unter den Hörern sicher auch solche waren, die aus einer gewissen Sensationslust dorthin kamen. Sicher waren auch Anhänger der damals noch lebendigen Jugendbewegung darunter, junge Menschen, die mehr aus einer gewissen romantischen Schwärmerei als aus einer auf die Mutter Jesu Christi bezogenen Frömmigkeit heraus volkstümliche Marienlieder sangen. Die meisten aber wollten wahrscheinlich den Mann kennenlernen, der das kurz zuvor erschienene, viel beachtete Buch über »Das Gebet« geschrieben hatte. Daß in der Vorlesung schon sehr bald die in den östlichen Kirchen wie in der abendländisch-katholischen Kirche gepflegte Verehrung der Gottesmutter auf Wurzeln zurückgeführt wurde, die viel tiefer lagen als auch die in Kirchengeschichte Geschulten bisher gesehen hatten, das löste Erstaunen und lebhaftes Interesse aus – ein Interesse, das bald jeder Sensationslust den Boden entzog.

Im Laufe der Jahre wurde bei erneuter Behandlung dieses Themas das Gewicht bei der Betrachtung mehr auf die aktive Rolle der Frau in den Religionen gelegt. Während bis Ende der dreißiger Jahre laut Titelangabe im Vorlesungsverzeichnis noch die passive Rolle der Frau – die Frau als Gegenstand göttlicher Verehrung – im Vordergrund zu stehen scheint, stellte Heiler in den Seminarübungen, also auch in den eigenen Forschungsarbeiten, die aktive Rolle der Frau stärker heraus. 1939 erscheint als Vorlesungsthema zum ersten Mal die umfassendere

Formulierung: »Die Rolle der Frau in den Religionen«, unter welchem Thema er 1955 an der Divinity-School of Chicago sechs Vorlesungen gehalten hat. Die letzte Ausformung samt Einbeziehung der Frage nach dem Pfarramt bzw. Priesteramt der Frau erfuhren die Vorlesungen während der sechziger Jahre in München. Damals wurden die Gesetze über die Ordination von Frauen in den verschiedenen deutschen evangelischen Landeskirchen formuliert.

Im April 1966 sprach mein Mann zum ersten Mal von der Absicht einer Veröffentlichung dieser Vorlesungen. Der Text lag zwar in Teilpublikationen schon vor (besonders in »Eine heilige Kirche« 1939, Heft I und in der Festschrift für Johannes Hessen 1949), vollständig in einem maschinenschriftlichen Exemplar, bei dem aber, soweit er seit den Teilpublikationen erweitert war, der wissenschaftliche Apparat noch fehlte. Ich konnte ihn teils nach dem stenographierten Original, teils nach den Literaturangaben in den umfangreichen Zettelkästen herstellen. Denn andere literarische Arbeiten und Krankheit hatten den Autor nicht mehr zur Ausführung dieses Planes kommen lassen.

Den Text habe ich unverändert gelassen, auch da, wo das gesprochene Wort eine mehr persönliche Hinwendung zum Zuhörer ergab als es im gedruckten Text sonst üblich ist.

Ich möchte allen denen herzlich danken, die mich bei der Arbeit an diesem Buch unterstützt haben. Für Hilfe bei der Verifizierung von Zitaten aus dem Sanskrit und bei der Transkription von Sanskrit-Namen und Termini danke ich Herrn Dr. Martin Kraatz, einem früheren Schüler und Freund meines Mannes, der jetzt die Religionskundliche Sammlung der Universität Marburg leitet. Hinsichtlich der Übersetzung von fremdsprachlichen Zitaten glaubte ich, weiter gehen zu sollen, als das in der Vorlesung geschehen ist. Bei einigen schwierigen lateinischen Zitaten hat mir unser Freund, der Altphilologe Dr. Paul Schwarz aus Marburg, geholfen. Für treue Hilfe beim Lesen der Korrekturen danke ich Frau Anni Boymann, der auch mein Mann schon so manches Mal in einem Vorwort gedankt hat. Ebenso danke ich dem Studenten der Religionswissenschaft und Indologie, Herrn Ekkehart Olschowski, für seine Hilfe beim Korrekturlesen wie auch bei der Herstellung des Registers.

Möge dieser Gang durch die Geschichte der Stellung der Frau in den Religionen, insbesondere ihre Stellung im Christentum mit ihrem Auf und Ab von Hochschätzung und Abwertung, von Gleichrangigkeit und Unterdrückung, von höchster Verehrung und einem vielfach aus Angst vor dem anderen Geschlecht geborenen Haß beitragen zur Verdeutlichung dessen, was Rö. 8,21 mit der »herrlichen Freiheit der Kinder Gottes« gemeint ist Es lag dem Autor daran, aus der Geschichte, und zwar gerade aus den Strukturen der Urgemeinden des Christentums zu zeigen, daß Frauen und Männer – bei aller Unterschiedlichkeit der generellen wie der Einzelbegabung – zum Dienst in der Kirche Jesu Christi in seiner ganzen Vielfalt berufen sind.

Marburg, am 30. Januar 1976.   Anne Marie Heiler

NEUERE LITERATUR ZUR FRAGE
»FRAU UND AMT IN DER KIRCHE«
AUSWAHL

Elisabeth Schüssler, Der vergessene Partner. Düsseldorf 1964.

Ilse Bertinett, Frauen im geistlichen Amt. Problematik in evangelisch-lutherischer Sicht. Berlin 1965.

Charles Meyer, Ordained Women in the Early Church. Chicago Studies. Herbst 1965.

Tine Govaart-Halkes, Frau, Welt, Kirche. Graz 1967.

Ida Raming, Zum Ausschluß der Frau vom Amt der Kirche. (Zu Can. 968 des CIC) 1969. 168 + XII + 108 S. Diss. Münster 1970.

Women and Ministry. Edited by the National Assembly of Women Religious in Chicago. Rom 1973.

Die Frau bleibt unrein. Amtskirche contra Evangelisten. Neues Forum, Wien, 1973, Jg. 20, Heft 230/231. S. 58.

Sister Albertus Magnus McGrath, ESPA, Consecrated Women in the Church. Rom 1973.

Emily C. Asquith and Suzanne R. Hyatt, (Anglikanisch) Women Priests — Yes or No? New York 1973.

Placidus Jordan, OSB (Beuron), Die Töchter Gottes. Zum Thema Frau und Kirche. Frankfurt/M. 1973.

Jean Marie Aubert (Straßburg), La Femme. Antiféminisme et Christianisme (Theologisch und soziologisch). Paris 1975.

SACH- UND NAMENSREGISTER